義永美央子＋山下仁 編

ことばの「やさしさ」とは何か
批判的社会言語学からのアプローチ

三元社

ことばの「やさしさ」とは何か　批判的社会言語学からのアプローチ　**目次**

はじめに　　　　　　　　　　　　　　山下　仁　009

第1章
日本語教育と「やさしさ」
日本人による日本語の学び直し

義永　美央子　019

1　はじめに　019
2　「日本人による日本語の学び直し」に関する議論　022
　　2.1　やさしい日本語　022
　　2.2　母語話者の接触能力　026
　　2.3　共生日本語　027
3　2つの「見直し」の必要性　028
　　3.1　「ことば」の位置づけの見直し　029
　　3.2　「ひと」の位置づけの見直し　030
4　日本社会における複言語・複文化主義の可能性　031
　　4.1　CEFRと複言語・複文化主義　033
　　4.2　日本における複言語・複文化主義の文脈化　034
5　おわりに　039
　　参考文献　040

第2章
EPA看護師・介護福祉士候補者への「配慮」の諸相
日本語の作り直しを視野に

布尾　勝一郎　045

1　はじめに　045
2　EPAに基づく看護師・介護福祉士候補者の受け入れの概要　047

  2.1　受け入れの概要　047
  2.2　定住の道を開く医療福祉関係者の大量受け入れ──出入国管理政策の転換点　048
  2.3　日本語教育の観点から見た特徴　049
3　制度の問題点　051
  3.1　候補者に求められる能力のあいまいさ（＝学習の目標のあいまいさ）　051
  3.2　学習支援者・リソースの不足の問題　051
  3.3　調査の不十分さ　052
  3.4　国家試験の不適切さ　053
  3.5　関係者間の連携・ノウハウ継承の問題　053
  3.6　小括　054
4　受け入れの結果と日本政府の対応　055
  4.1　国家試験合格者数低迷、大量の帰国者　055
  4.2　日本政府によるこれまでの追加施策　056
5　EPA候補者のための配慮の諸相　058
  5.1　国家試験の日本語の簡略化へ向けて　058
  5.2　「やさしい日本語」による教材　064
  5.3　業務の日本語の見直し　065
6　まとめ　066
  参考文献　069

第3章

敬語（不）使用の意識と相互交渉
多元文化社会において日本語第二言語話者の敬語観をいかに捉えるか

藤原　智栄美　073

1　本稿の問題意識及び目的　073
2　日本語学習者の敬語使用意識及び評価に関する研究の概観　076
3　調査　079
  3.1　調査方法及び対象者　079
  3.2　調査項目及び分析方法　080

4 敬語及び自己の敬語使用に関する意識 081
  4.1 敬語の使い分けに対する意識 082
  4.2 敬語使用時の不安感 082
  4.3 親疎関係と敬語使用 084
  4.4 敬語体系の維持の是非に関する意識 086
  4.5 敬語の規範に対する意識 086
5 L1 話者と L2 話者の相互交渉：他者の敬語（不）使用をいかに評価するか 088
  5.1 日本語第二言語話者の敬語不使用に対する評価 089
  5.2 サービス場面で使用される敬語に対する評価 091
  5.3 留学生と日本人学生の普通体使用に対する評価 092
6 結果のまとめと考察 095
  6.1 敬語に対する心理的距離 095
  6.2 敬語の規範をいかに捉えるか 097
  6.3 留学生の敬語（不）使用と日本人学生の相互交渉 098
7 結び 099
  主要参考文献 102

第4章
医療現場における方言の「やさしさ」

石部　尚登　105

1 はじめに 105
2 医療と「方言」 107
  2.1 患者の用いる「方言」に対するまなざし 107
  2.2 ことばが「通じない」ということの意味 110
  2.3 公的な場としての病院 112
3 医師－患者関係 114
4 新しい可能性としての医療コミュニケーション 116

5 おわりに 119
　　参考文献 121

第5章
ろう教育における「やさしさ」の諸相
社会言語学の視点から見えるもの

中島　武史 125

1 はじめに 125
2 筆者の立ち位置 128
3 ろう学校 131
　3.1 現在のろう学校概要 132
　3.2 ろう教育史の概説 133
　3.3 ろう学校の在籍者数減少とインテグレーション 134
4 口話主義者による「やさしさ」の形 138
　4.1 ろう児の社会参加という「やさしさ」 138
　4.2 口話主義と「国語」・「近代的言語観」 141
　4.3 口話主義者の「やさしさ」と「手話言語」・「多言語社会」 146
　4.4 近代的言語観とインテグレーションの関係 148
5 「言語権」という「やさしさ」の形 149
　5.1 口話法の補助機能としての手話導入 149
　5.2 「言語」としての手話の導入 150
　5.3 ろう学校教員が手話技能にかんして置かれている困難さ 151
　5.4 「言語権」について 154
　5.5 「言語権」とろう学校教員 155
6 おわりに 159
　　参考文献 161

第6章
「どづぞ」な多言語表示から見る商品化された「やさしさ」
「メシノタネ」となった言語

植田 晃次　165

1　はじめに　165
2　「どづぞ」とは　168
3　朝鮮語「どづぞ」の類型（1）：ツメ甘型　170
　3.1　ソックリ文字系　170
　3.2　脱字増字系　172
　3.3　誤訳系　173
　3.4　暗号系　179
　3.5　コピペ系　185
　3.6　小結　186
4　朝鮮語「どづぞ」の類型（2）：非規範型　186
　4.1　イビツ字形系　186
　4.2　分かち書き不全系　189
　4.3　日本語表記不全系　191
　4.4　不可思議系　197
　4.5　小結　197
5　考察　198
　5.1　規範の位置づけ　198
　5.2　言語の商品化　200
　5.3　「どづぞ」産出のプロセス　201
　5.4　「どづぞ」産出の問題の所在　203
6　おわりに　204
　　参考文献　205

第7章

「硬直した道」から「やさしい道」へ
原発とコミュニケーション

野呂　香代子　209

1　はじめに　209
  1.1　本稿における「やさしさ」　209
  1.2　問題のありか　211
  1.3　分析の目的と分析対象　212
2　硬直した道　213
  2.1　硬直した道の談話　213
  2.2　国会事故調における文科省の答弁　214
  2.3　委縮するコミュニケーション　225
3　「やさしい道」への可能性　228
  3.1　ユンクが描く「やさしい道」　228
  3.2　三宅洋平の選挙フェス　229
4　まとめ　238
  参考文献　239

第8章

「それでも日本で留学生活を続ける私」をめぐる「やさしさ」
東日本大震災後に語られた留学生達のライフストーリーより

松本　明香　241

1　はじめに　241
2　問題の所在と目的　242
3　手法　245
4　調査協力者とインタビューの方法　246
5　それぞれのライフストーリー　248

5.1　Qのライフストーリー　248
　　　5.2　Dのライフストーリー　250
　　　5.3　Cのライフストーリー　253
6　考察　255
　　　6.1　日常性の維持への志向　255
　　　6.2　帰国への疑問　257
　　　6.3　他者との関係性の再認識　260
　　　6.4　自己肯定感　264
　　　6.5　留学生達のライフストーリーからの提言　267
7　「やさしさ」について考える　269
　　　参考文献　272

おわりに　　　　　　　　　　　　　　　義永　美央子　275

　　索引　277
　　執筆者紹介　282

はじめに

山下 仁

　本書は、『「正しさ」への問い ── 批判的社会言語学の試み』(野呂・山下 2001/2009、三元社)、『「共生」の内実──批判的社会言語学からの問いかけ』(植田・山下 2006/2011、三元社) の続編である。本書に含まれた論文のテーマの中心には「やさしさ」がある。

　一作目の『「正しさ」への問い』では「正しさ」が「絶対的なものではなく、政治的、経済的、文化的な利害関係が交錯する社会の中で作られるもの」(野呂・山下 2001: 3) であるということを確認した。「やさしさ」もまた「正しさ」と同様、絶対的なものではない。他方、「やさしさ」は「正しさ」とは異なり、文法上の規則や文章の質を規定するための判断基準として用いられることはあまりない。ある文法や言語表現の「正しさ」や「美しさ」はしばしば議論されているが、ある文章の「やさしさ」が議論されることはほとんどない。「やさしい日本語」など、「難しさ」との対比で「易しさ」がテーマになることはあったとしても、「優しさ」について語られることはまれである。日常の生活世界に目を向けてみると、「地球にやさしい」、「環境にやさしい」ということは重要なライフスタイルとなっており、パートナーの条件として最も重視されるもののひとつが「やさしさ」である。それにもかかわらず、これまでの言語学や社会言語学の議論では、この概念が顧みられることはほとんどなかった。もちろん、すべての評価概念が、言語学や社会言語学で顧みられる必要があるとは思わないが、ある文章が正しいか正しくないかという問題よりも、あることばづかいや人との接し方がやさしいかどうかの方が大切な場面があると考えるこ

とはできる。つまり、「やさしさ」は、言語学や社会言語学の議論においても場合によっては「正誤」や「美醜」よりも上位に位置し、それらよりも重要な役割をはたすことがあるのである。

　二作目となる『「共生」の内実』では、「『共生』という響きのいい言葉がもつ危うさを問題」（野呂 2006: 235）にしたが、「共生」と同じく「やさしさ」にもさまざまな危険が含まれる。まずもって、響きはいいけれどもなんとなくうさん臭い面もある「やさしさ」は「優しさ」でもあり「易しさ」でもある。本書では意図的にひらがなで「やさしさ」と記述しているが、その多義性を曖昧にする態度を問題にする考え方があっても不思議ではない。また、「やさしさ」があくまで主観的な判断基準であって、学問の領域で求められる「客観性」からはほど遠いという危うさもつきまとっている。それゆえ、「正しさ」や「客観性」もしくは「科学性」という価値観に重きをおく立場の人にとって、「多義的」で「主観的」な概念を議論の中心に置くなど、思いもよらないことかもしれない。さらに、「やさしさ」という評価概念が、ポジティブなものであるがゆえに、ネガティブなものを隠蔽する危険性もある。「やさしさ」がポジティブでありながら、どこか弱々しく、学問の「発展」や「進歩」とは相容れない概念であるという批判もあるに違いない。以上のような問題があるため、これまで「やさしさ」は、社会言語学の議論の中で取り上げられることがほとんどなかったのであろう。

　それにもかかわらず、なぜ、今、本書ではそんな「やさしさ」にこだわろうとしているのだろうか。

　『「共生」の内実』の出版後、2011年に私たちは東日本大震災（以下では3.11と記す）を経験した。それまでの「自明性」は、家や道路とともに津波によって打ち砕かれて流され、それまで信じていたことは、原発の「安全性」とともに信じられなくなってしまった。

　3.11は、「自明性」を解体したばかりではなく、ことばに関する力（パワー）を持つ人と持たない人の格差をも如実にあらわにした。情報にアクセスしにくい外国人や高齢者、障がいを抱えた人たちは、正確で適切な地震や津波などの

情報を得られたとは言い難い。しかも、情報を持っている、というばかりでなく、それらを隠蔽することができた人がいる一方で、不十分な情報によって風評が飛び交い、根も葉もないことばによって被害を被った人もいる。

これらの問題に関連して、坂本龍一は次のようにのべている。「地震や津波に対する流言飛語や風評、原発事故に対する嘘や隠蔽。すべては言葉の問題です。言葉と現実に起こっている事態の乖離がはなはだしくて、3.11前の言葉と自分の関係、言葉と現実の関係がくずれてしまった。3.11以前は言葉と現実は対応しているのだという前提のもとでみな毎日をすごしていたのに、いまやそうではない。一方でまた、心の空虚さを埋めるのも言葉だし、自分たちの抱く、この非力な感じを支えてくれるのも言葉です。人間とはつくづく言葉を生きている動物なんだなという思いを強くしています。」（坂本・編纂チーム『いまだから読みたい本——3.11後の日本』10、小学館）

嘘や隠蔽ばかりではなく、心の空虚さを埋めるのもことばであるという、ことばの両義性に基づいて本書も作られている。3.11以前には対応していたという「言葉と現実の関係」は、ある意味では虚構だったのであろう。原発の「安全性」と同じく、それまで「正しい」と思われていた現実やそれまで「支配的」だった行動の指針としての「発展」や「進歩」、あるいは「豊かさ」に対して、今や、私たちは疑問をもたざるを得なくなった。つまり、これまでの「やさしさ」を批判的に捉えなおし、あるいは解体して、新たな「やさしさ」を模索しなければならない。

他方、原発の危険性を知らなかったわけではないのに、その危険性を放置してしまった責任は私たちにある。原発の危険の代償として得られる利益の多くを享受できる人たちが用いていた美辞麗句がいかに巧みであったとしても、あるいは、権力者のもつさまざまな力がいかに強大であったとしても、その「嘘」に気づこうと思えば気づけたはずである。ところが、そんな危険を察知することもなく、原発から送られてきた電気を浪費してきた。

そのような反省とともに、失ったものの大きさにことばもなく立ちすくんでいるが、かたちにならない気持ちに何らかのかたちを与え、前を向く力をあた

えてくれるのもまたことばなのであろう。坂本の言うように、「非力な感じを支えてくれるのも言葉」であるとすれば、それが「やさしさ」のこもったことばなのではないかと思う。

これまでの「科学性」を否定することもなく、また無条件に信じるのでもなく、現在の問題を批判するばかりでなく、冷静にその核心をとらえようとし、未来に対して不安ばかりを募らせるのでなく、与えられた条件のなかでその未来を建設的に創造していこうとするようなことばが「やさしさ」のこもったことばであろう。

震災の問題が風化しかねない今も避難生活を続け、見えない放射能におびえる被災地の人々のみならず、情報弱者でもある外国人、高齢者、障がい者など、さまざまな「社会的ハンディキャップ」をもつ人々といかにつながり、より住みやすい社会を共に構築していくかは、私たち一人ひとりが向き合うべき大きな課題である。この課題に対して、本書では、言語研究という分野において、「やさしさ」を共通のキーワードにしながら、さまざまな現象にアプローチしている。言語や社会現象を研究の対象とするものが、それぞれの実践や思索、さらに具体的な調査に基づいて、「やさしさ」という、古くて新しい価値を再評価し、その成果を発信し、対話の可能性を提供しようとする意義は多少なりともあるのではないかと思う。

本論集の執筆者たちは、これまでの研究の背後にあるイデオロギー性を批判的に捉え直し、実証的な知見に基づいた新しい価値観を伝えようとする姿勢を共有しているが、「やさしさ」が多義的であるように、それぞれの研究分野も一様ではなく、現状に対する批判性や政治性のあり方にも温度差が認められる。方法論も質的な談話分析から量的なアンケート調査に至るまでさまざまである。とは言え、そのような多様性から「やさしさ」について改めてきちんと考えてみるきっかけを示すことができているのではないかとも思う。

以下、各章の具体的な内容を要約しておこう。
第1章「日本語教育と『やさしさ』──日本人による日本語の学び直し」（義

永)では、まず従来の日本語教育とこれからの日本語教育の方向性についての説明がなされる。すなわち、従来の日本語教育が日本語の非母語話者に対して日本語の規範や日本語母語話者の行動様式を教え、日本における社会参加を促進するエンパワメントを重視しがちであったのに対して、今後の日本社会に必要となるのは、母語話者である日本人の側がセルフディスエンパワメントする（自発的にパワーを制限する）ことであろうという田中望の主張が紹介され、「日本人による日本語の学び直し」が日本語教育における新たな「やさしさ」として提示されている。それらを詳しく論じるため、「やさしい日本語」や「母語話者の接触能力」、さらには「共生日本語」など、近年注目されている母語話者側の学びに関する理論と実践が概観され、それらの問題点が洗い出されている。そうした議論の結果、接触場面の日本語を日本語の変種（バラエティ）のひとつとして捉え直すことや、日本人と外国人との関係性を固定化したものとして捉えるのではなく、他の複数のアイデンティティと関連させ、錯綜するダイナミクスの中で捉え直すことなどが提案されている。さらに、ヨーロッパにおいて作られた「欧州言語共通参照枠」との関連で、上記の捉え直しが日本社会における複言語・複文化主義の文脈化に与える意義についての考察がなされ、「日本人と外国人とを分ける前にまず『ひと』と『ひと』として顔の見える関係をつくりあげていくこと、その具体性の中にしか、『やさしさ』の行く末を示す解は存在しないのではないだろうか」と述べられる。

　第1章が、日本語教育全体の新たな方向性が記されていたのに対して、続く第2章と第3章は、日本語教育のなかの個別の問題が取り上げられている。第2章の「EPA看護師・介護福祉士候補者への『配慮』の諸相——日本語の作り直しを視野に」（布尾）では、経済連携協定（EPA）に基づき来日したインドネシア人・フィリピン人看護師・介護福祉士候補者に関する問題が詳細に論じられる。日本社会は少子高齢化が進み、最低限の経済活動を維持するためにも、今まで以上に外国からの労働者の手助けに頼らざるを得ないことはよく知られている。これまでは入国・滞在許可を厳しく制限してきた外国人を積極的に受け入れなければならない時が迫っており、最も必要とされているのが、医療や

介護の現場である。経済連携協定（EPA）はそんな社会的状況の中、締結された。本章では、まず「EPAに基づく看護師・介護福祉士候補者の受け入れの概要」が述べられ、日本語教育の観点からみたその特徴や制度上の問題が整理されている。その後、政府の対応の仕方や、これまでの試行錯誤の具体例とその際になされた配慮が記述され、そのような配慮が、候補者の便宜のための政治的な配慮であったり、国家試験で用いられる難解な日本語を簡便にする言語的な配慮であったりするが、それらが候補者に対する「やさしさ」であるという見解が示される。そのうえで、ユニバーサルデザインの観点から、（義永論文の「日本語の学び直し」に対応する形で）新たな「日本語の作り直し」の好機であるという指摘がなされている。

　第2章が日本語教育に関連する政策上の問題が扱われたのに対して、第3章では、言語使用の実態に潜む、敬語意識の問題が取り上げられている。「敬語（不）使用の意識と相互交渉——多元文化社会において日本語第二言語話者の敬語観をいかに捉えるか」（藤原）は、茨城県で行ったアンケートによる敬語意識調査を基に、ホスト社会の住民である日本語母語話者と外国籍住民が自己及び他者の敬語をどのように捉えているかという、敬語使用の意識と、具体的な場面における敬語（不）使用に対する評価の問題が取り上げられている。具体的な設問としては、使用上の問題については、敬語の使い分けに関する意識、敬語使用時の心理的不安感、親疎関係と敬語使用に関する意識、敬語体系の維持の是非に関する意識、敬語の規範に関する意識が問われ、評価の問題に関しては、外国籍の人の敬語不使用に対する評価、サービス場面で使用される敬語に対する評価、留学生と日本人学生の普通体使用に対する評価に関する問題が調査され、分析されている。典型的な言語意識調査であり、分析方法も体系的であって、敬語意識の実態が明確に示されており、考察において、「ことばに関わる日本語教育には、外国籍の人々を社会に適応・順応させるという対象としてではなく、社会、そして社会で用いられることばの変容と共に関わり共にそれらを創り上げていく言語話者として捉える視点が必要であろう」という主張がなされている。

続く、第4章、第5章、第6章は、日本語の変種と「やさしさ」の関係を論じたものである。
　第4章は地域的な変種、すなわち「方言」が取り上げられる。「医療現場における方言の『やさしさ』」（石部）は、そのタイトルが示すように、医療の現場における「方言」の使用が、医師－患者関係の観点から論じられている。近年、医療とことばの問題については、その「易しさ」（専門用語の言い換え）と「優しさ」（臨床方言学）の双方で、研究・実践の進展が認められる。本章ではとりわけ後者の側面に着目し、そこで前提とされている「共通語／方言」観の問題が指摘される。医療の現場では、医者は高度な専門家であり、患者の苦しみを和らげ、病気を治すことができる人であり、患者は、素人であり、自分から苦しみや痛みを癒すことができない。当然のことながら医者は常に上位にあって、患者は下位に位置する。そのような権力関係の問題や、その権力関係を前提としたコミュニケーションの問題については、言語学の研究ではほとんど問われることもなく、反省されることもなかった。医者は一般的に「専門用語」を「共通語」とともに用いるが、「専門用語」は難しく、「共通語」はよそよそしい。それによって専門性は保たれるが、そのような権力関係を前提とせず、言語使用に関しても「専門用語」をできるだけ使わないようにすればコミュニケーションは「易しい」ものとなり、「共通語」から「方言」にシフトすれば、そのコミュニケーションは「優しい」ものになるに違いない。同じ日本語の中にも、さまざまな変種があり、その変種の特徴は、これまで包摂され、排除されていた変種自体とともに忘れさられてしまっているが、その特徴を再評価し、現在臨床言語学で行われている取り組みに加え、公的な場での「方言」の使用が当たり前のものとされるようにしていくことも必要である、というのがこの章での基本的な主張である。
　地域的な変種が「方言」であるなら、ろう者の変種は「手話」である。もちろん、「手話」は変種ではなく、ひとつの言語であるという考え方もあるが、それはともかく第5章では、ろう者の問題が取り上げられている。社会にはさまざま構成員がおり、それを極めて大雑把にマジョリティとマイノリティとに分

けてみるならば、これまでマイノリティは、マジョリティに同化することが強いられてきたのである。義永論文で述べられていた「エンパワメント」を目指していた日本語教育の理念は、この同化主義であった。だが同化主義は「外国人」というマイノリティに適用されていたばかりではなく、「障がい者」というマイノリティにも当てはまっていた。「ろう教育における『やさしさ』の諸相——社会言語学の視点から見えるもの」（中島）では、「聞こえない・聞こえにくい」子どもたち（ろう児）に対するろう学校における教育方針の問題が「やさしさ」との関連で議論されている。かつて非母語話者に対してエンパワメントのための日本語教育がなされていたのと同様に、ろう者に対しては（現時点でも、そのような傾向はまだ見出すことができるようだが）、発声や口形の読み取りで意思疎通を図ろうとする口話主義が取られ、ろう者のための変種である「手話」は軽視、もしくは否定されてきた。本章では、口話主義者の主張が社会言語学の視点から論じられている。すなわち口話主義と近代的言語観との関連がとりあげられるとともに、言語権という概念がろう教育の現場に及ぼす影響の可能性が考察されている。そして「異なる言語と話者を包摂する『多言語社会』を重要な前提として、手話が言語という線引きの外側に位置づけられるのか、それとも内側に入るのかによって、ろう教育における『やさしさ』の意味合いは差別構造にも権利構造にも変わりうるということであろう。『やさしさ』が語られる時、それは誰にとっての、または誰からみた『やさしさ』なのかという視点をもつことが重要である」という指摘がなされている。

　第6章が取り扱っているのは、多言語表示に用いられている変種のうち、何らかの理由で、一般的な言語規範から大幅に逸脱した言語表現の問題である。「『どづぞ』な多言語表示から見る商品化された『やさしさ』——『メシノタネ』となった言語」（植田）のうちの「どづぞ」は、おそらく「どうぞ」のつもりで書かれたものであるが、それが何かの拍子で「う」が「づ」になってしまったものである。近年、海外を旅行し、日本人観光客が多く集まる場所に行くと、これに類似した不思議な日本語に遭遇することがある。「どづぞ」は、そのような逸脱した表示の総称として用いられている。だが、それは日本語だけの問題

ではなく、朝鮮語にも見受けられるという。本章では、日本の各地で近年積極的に設置されている多言語表示の様々な「逸脱」もしくは「不正確さ」が取り上げられており、その特徴や種類が分析され、その意味が検討されている。主として地方自治体や公共交通機関による公的表示の朝鮮語が取り上げられ、体系的な記述とともに、その生成原因が考察されている。「共生」にも「陰」の部分があったように、「やさしさ」にも、とくにそれが商品化の流れに乗っかってしまうと、おかしな「陰」のような部分が認められることが論じられている。

第7章「『硬直した道』から『やさしい道』へ——原発とコミュニケーション」(野呂)は、原子力発電を推進する人々と脱原発へ向かう社会を作ろうとする人々のそれぞれのコミュニケーションの特徴を批判的談話分析の手法を用いて比較検討し、支配的な談話に対抗する、新たな談話のあり方を考察したものである。まず「原発を推進する社会」のコミュニケーションがいかなるものであるかを示すため、ロベルト・ユンクによる『原子力帝国』の「硬直した道」が紹介され、そこで語られた内容が今の日本の状況に酷似していることが確認される。談話分析で具体的に取り上げられるのは「東京電力福島原子力発電所事故調査委員会」(国会事故調)における質問側に立つ委員と答弁側に立つ文科省とのやり取りであり、特に「子供の20ミリシーベルト問題」や「SPEEDI情報」に関する質疑応答が分析される。次に、「原子力帝国」に突き進むことを打破する可能性として、ユンクのいう「やさしい道」のコミュニケーションのあり方が取り上げられ、その一例として、三宅洋平の選挙スピーチが紹介される。本章の基底にあるのは福島における事故があった際、ドイツ人たちが遠い日本のこの事故のことをわがことのように議論していたのを目の当たりにしていた野呂の経験と、その事故が起こるまで原発について深く考えていなかった自己批判である。その経験と批判精神から、「原子力発電所を推し進める」、「支配的な談話」に対し正面から抵抗しようとする方向と、そのような談話と衝突するのではなく、それとは異なる価値観を提示しようとする二つの方向が示されている。

第7章が、ドイツ在住の日本人による3.11についての問題提起であるのに対して、第8章では、当時、日本に在住していた外国人の経験とその内面的な感情の変化や留学を続ける決意が取り上げられている。「『それでも日本で留学生活を続ける私』をめぐる『やさしさ』——東日本大震災後に語られた留学生達のライフストーリーより」（松本）は、東日本大震災を首都圏で経験した留学生に対して、筆者である松本がインタビューを行い、そのライフストーリーの分析から読み取れる、多面的で複合的なアイデンティティを記述したものである。はじめに本研究をてがけた経緯に関する説明がなされ、次に、研究の方法論、調査協力者の属性、そして具体的な調査方法が記される。さらに、本章の中心となるカンボジア出身の女子学生、韓国出身の男子学生、中国出身の女子学生のライフストーリーが記される。それらから、災害という非日常性の中から日常性を志向したり、自国への帰国という選択肢に疑問を抱く姿が見えてきた。また留学生自身と他者との関係性が見つめ直され、彼ら自身の行動を肯定する姿勢が確認された。それらの要素が相まって日本での留学生活の継続に行き着いたという考察が展開されている。その軌跡を踏まえ、最後に「やさしさ」との関連が記述されている。

　私たちが想定している読者は、日本語教育学や社会言語学を学んでいる学生や研究者のみなさんだが、日常生活を共に送っている社会人の方々にも広く読んでもらえたらと思う。多文化共生、未来共生、異文化間コミュニケーションや、それ以外のテーマに関心があり、本書で記された内容に対して問題意識や批判的なまなざしを持つ方々もいるに違いない。できれば、そんな方々からもなんらかの「応答」があったらうれしい。あたたかく心地よいやさしさばかりではなく、冷たく厳しいやさしさもあるだろう。同じような考えの、共感してくださる人ばかりではなく、立場の違う方々のご意見も聞かせていただけたら幸いである。

第1章

日本語教育と「やさしさ」
日本人による日本語の学び直し

義永　美央子

【キーワード】日本語教育、「ことば」の位置づけの見直し、「ひと」の位置づけの見直し、複言語・複文化主義、文脈化

1　はじめに

　本章では、日本語教育の実践者および研究者の立場から、日本語教育の世界における「やさしさ」を考えてみたい。筆者は現在、大学の国際教育交流センターに所属し、留学生への日本語教育を担当している。非常勤講師の時代も含めると、すでに20年近く日本語を教えることを「メシノタネ」(本書植田論文参照) として生きていることになるが、近年日本語教育の世界でしばしば耳にするのが「日本人・日本語母語話者[1]も日本語を学ばなければならない」、すなわち、「日本人による日本語の学び直し」という主張である。

　従来の日本語教育[2]では、日本社会において高く評価され、さまざまな力へのアクセスが可能となることば（特権的なディスコース）を非母語話者に身

1　誰を外国人・日本人と捉えるかについては、国籍やアイデンティティ、使用言語等様々な観点からの定義が考えられるが、ここでは日本語を母語（第一言語）とし、日本社会にホストとしての帰属意識を持つ者を日本人とする。また、必要に応じて「日本人・日本語母語話者」と表記することもある。

2　ここでいう日本語教育とは、主に日本社会において、第二言語の教育として実施される日本語教育を指す。

につけさせること（エンパワメント）が重要視されてきた（田中2000）。つまり、日本語を知らない外国人・日本語非母語話者に、日本人・日本語母語話者の規範やその規範に従った振る舞い方を教えることによって、彼・彼女らの社会参加を促そうとしてきたのである。これも、日本語が使えることが強力な文化資本となる日本社会において、日本語ができないために周辺的な地位にとどまっている外国人を支援しようという、一つの「やさしさ」といえるのかもしれない。しかし、田中（2000: 368）も指摘する通り、特に社会的な力関係に大きな不均衡がある場合、エンパワメントの枠組みでの教育はある程度の成功者を出す可能性はあるものの、その背後に多くの犠牲者を取り残す危険も否定できない。日本語をいくら勉強しても、結局「日本人」と同じにはなれず、いつまでも何かしら欠落感を抱え続ける日本語学習者を、筆者も多く目にしてきた。

　これに対し田中（2000）は、今後の日本社会に必要なのは、外国人に対するエンパワメントよりもむしろ、マジョリティである日本人がまず「じぶんの位置取りのもつ力関係を認め、みなおす」自発的脱力能化（セルフディスエンパワメント）を行うことではないかと指摘した（pp.339-362）。同様の主張は、岡崎（1994）や山田（2002）にも見受けられる。岡崎（1994）は、共生概念を動的な概念として過程的に捉えた上で、日本社会においては日本語を共生言語としながら異言語の話者同士が同一コミュニティの住民として共生していくために、ある言語について共生に適した運用をつくりだし、共生言語として形成していく過程（言語内共生化（岡崎1994: 63））が重要であると主張した。また、山田（2002）は地域における日本語学習・支援活動についての論考において、これらの活動が社会教育としての側面を有することに言及している。社会教育としての日本語学習・支援活動とは、皆が共生しやすい社会への変革を目指した外国人住民と日本人住民による相互学習であり、その際に日本語を媒介言語とするならば、外国人も日本人も、互いに媒介語としての日本語コミュニケーション能力が求められるという（p.125）。

　これらはいずれも、日本人・日本語母語話者こそが日本語の所有者であり、外国人・日本語非母語話者は母語話者の規範を学び、それに近づいていくべき

存在であるという日本語教育の前提にもの申す主張であった。つまり、日本人・外国人の双方が、互いのコミュニケーションの仕方を学び合い、互いにとって利用しやすい日本語を共同して作っていく必要がある、また、そうした新しい日本語（岡崎の言葉を借りるならば、共生言語としての日本語）は日本人だけのものではなく、日本人の側もその運用を学んでいかなければならない、ということである。こうした「日本人による日本語の学び直し」は、エンパワメントのための日本語教育に代わる「やさしさ」を示すものといえる[3]。

　一方、日本語教育の実践・研究において、近年注目されているものに「ヨーロッパ言語共通参照枠（Common European Framework of Reference for Languages、以下CEFR）」がある（Council of Europe 2002; 吉島・大橋他 2004）。日本にCEFRが紹介されて以来、国際交流基金によるJF日本語教育スタンダードをはじめ、CEFRが提唱した諸概念の日本語教育への応用についてはすでに様々な取り組みが実現している。しかし、CEFRの理論的支柱ともいえる複言語・複文化主義を、日本社会あるいは日本語教育関係者がどのように受容し取り入れるべきかに関する議論は、まだ緒に就いたばかりといえる（細川・西山 2010）。筆者は、「日本人による日本語の学び直し」は、日本社会における複言語・複文化主義の一つの可能性を示唆するものと考えている。以後、本稿ではまず、「日本人による日本語の学び直し」に関する議論を整理した上で、二つの「見直し」が必要であることを述べる。さらに、「日本人による日本語の学び直し」と複言語・複文化主義の関連について検討する。そして、「日本人に

3　山本（2014）は、戦後の日本語教育の流れを検討する中で、これからの社会では「日本人か外国人か、という枠組みと、日本語能力の程度を表わす枠組みとのズレが顕在化する」（p.318）可能性を指摘し、これまでの日本人とされた人々（帰国子女やブラジル日系移民、小笠原や沖縄の人々、引き揚げ者等）への十全なる日本人性達成／回復のための日本語教育や、外国人とされた人々に好意的な対日理解を持ってもらうための教育とは異なる、「第三の流れ」の兆しを示している。また、この「第三の流れ」は「日本に暮らすマジョリティの日本語話者を、含みこんでいくものになる」（p.319）とも述べており、本稿の主張と重なる指摘がみられる。

よる日本語の学び直し」の意義を、この論文集のテーマである「やさしさ」の視点から考察したい。

2 「日本人による日本語の学び直し」に関する議論

　21世紀に入り、具体的な「日本人による日本語の学び直し」の実践や研究を扱った研究が多く発表されている。以下ではその具体例として、「やさしい日本語」「母語話者の接触能力研究」「共生日本語」をとりあげる。

2.1　やさしい日本語

　現在、「やさしい日本語」として提唱されているものには、弘前大学の佐藤和之氏および社会言語学研究室を中心とする、災害発生時の情報伝達につかうことばとしての「やさしい日本語」（弘前大学社会言語学研究室 2013）と、一橋大学の庵功雄氏を中心とする、地域における共通言語を志向した「やさしい日本語」（庵 2009; 2013; 庵・岩田・森 2011）の二つの流れがある。両者の理念や実際の「やさしい日本語」の作り方には共通するところもあるが、後述するように一部異なった前提や立場が想定される点もあるため、ここでは便宜上、前者を「やさしい日本語A」、後者を「やさしい日本語B」と区別した上で、両者の総称として「やさしい日本語」という用語を用いることにする。

2.1.1　減災のためのやさしい日本語（やさしい日本語A）

　やさしい日本語Aは、阪神大震災・東日本大震災という二つの大きな地震の経験から、災害発生直後の状況下で、日本語が堪能でない外国人にも必要な情報提供を行うために開発された。開発の中心となった弘前大学社会言語学研究室は、「やさしい日本語」を以下のように定義している。

「やさしい日本語」とは、災害が起きたときに「やさしい日本語」を使った音声で、日本語に不慣れな外国人を安全な場所へ誘導する日本語のことです。また避難先では、避難生活で必要になる情報を「やさしい日本語」で書かれた掲示物で伝えることも目的にしています。行政やボランティア団体による外国語支援が始まるまでの、概ね72時間の情報伝達を目的とした災害時用の外国人被災者のための日本語です。(弘前大学社会言語学研究室 2013)

　やさしい日本語Aは災害発生時に場面を限定しながら、その受け手として外国人のみならず子どもやお年寄りなどの社会的弱者も想定し、ことばのバリアフリー、あるいはユニバーサルデザインを目指している。弘前大学社会言語学研究室が発行している「やさしい日本語」のパンフレットによると、2006年10月現在、1都1府6県において、「やさしい日本語」を利用した取り組みが行われている。また東京都国際交流委員会 (2012) の調査によると、163の都道府県・政令指定都市・東京都区市・地域国際化協会・都内国際交流協会のうち、29.4%が「やさしい日本語」に取り組んでおり、その割合は特に地域国際化協会で高いという (東京都国際交流委員会 2012: 23)。

2.1.2　地域社会における共通言語としてのやさしい日本語(やさしい日本語B)

　地震等の災害や非常事態における情報伝達をそもそもの問題意識とするやさしい日本語Aに対して、やさしい日本語Bは、日本で生活する外国人への補償教育 (山田 2002) として、「外国人が日本社会において自己実現を図っていく道」(庵 2013) を保証するという問題に、ことばの面から取り組もうとしている。庵 (2013) によると、「やさしい日本語B」には『初期日本語教育』の対象」、『地域型初級』の対象」、「地域社会における共通言語」という三つの側面があるという。庵氏を中心とする「やさしい日本語B」の研究グループは、外国人を日本社会に受け入れるにあたって、その人たちが日本語で最低限のコミュニケーションができるところまでの日本語教育を公費で保証すべきであると考え

ており、公費による初期日本語教育が実現した時のため、その教育の内容を検討したものというのが「やさしい日本語B」の第一の側面である。また近年、日本語教育関係者の中で、大学や日本語学校で行われている「学校型日本語教育」と、地域で行われている「地域型日本語教育」に分けて考える考え方が普及しつつあるが、「やさしい日本語B」は後者の教育モデルとして、限られた時間の中で学習可能な日本語の語彙・文法を使って、外国人が自己表現を行うための枠組みを示したものといえる。ここでは、いかに効率的に日本語力を高めるかに注力する日本語教育が、外国人を日本社会に「同化」させてきた（外国人を「日本人化」してきた）という反省がみられる。そのうえで、外国人に最低限の日本語習得を求めるだけでなく、日本人住民もその外国人が理解できる日本語で話したり、書いたりできるように、自らの日本語を調整するといった歩み寄りが必要であり、そこに、地域社会における共通言語としての「やさしい日本語」が成立するとされる。このような「やさしい日本語」の位置づけは、以下のように図示されている（庵・岩田・筒井・森・松田 2010: 32、一部改）。

```
┌─────────────────────────────────────────────┐
│ 日本語母語話者＜受け入れ側の日本人＞          │
│   ↓ コード（文法、語彙）の制限、日本語から日本語への翻訳 │
│ やさしい日本語（地域社会における共通言語）    │
│   ↑ ミニマムの文法（Step1、2）と語彙の習得   │
│ 日本語ゼロビギナー＜生活者としての外国人＞    │
└─────────────────────────────────────────────┘
```

2.1.3 やさしい日本語A・Bの異同と課題

　庵・岩田・森 (2011: 118) も指摘するように、やさしい日本語Aは災害場面を想定する一方、やさしい日本語Bは地域型日本語教育のモデルとなることを想定している点、やさしい日本語Aは日本語能力試験3級（旧基準）程度の日本語レベルを想定しているが、やさしい日本語Bではミニマムの文法（Step1、2）という独自の基準を有する点など、両者にはいくつかの相違点がみられる。

しかし、やさしい日本語Ａ・Ｂは、いずれも日本語に堪能でない外国人を対象に、日本人が有する情報（災害時の情報、行政上の情報など）を不特定多数の外国人にわかりやすく伝える、という共通の目的をもっているといえる。

　ただ、ここで課題となるのは、日本語を「やさしく」するという作業そのものの困難さである。言語体系を明示的に学習したのではなく、生まれたときからの母語として当たり前に使っていることばが、それを母語としない人にはどのように映るのか、どのような点が理解困難であるのかを考えるのは、言語を専門に学んでいるわけではない一般の人々にとっては、非常に難しいことである。庵・岩田・森 (2011) は公文書の文法的な書き換え基準として

　　 ｉ 　複合述部→副詞＋述部
　　 ⅱ 　言いさし・体言止め→述部まで明示
　　 ⅲ 　排他文→非排他文
　　 ⅳ 　長文→ナンバリング・箇条書き
　　 ⅴ 　連体修飾（外の関係、非制限的連体修飾）は解体する

の5つを挙げている。これらのいくつかについては、すでに自治体等が発表している書き換え基準の不備を指摘した上で提案されているが、日本語文法を専門的に学んだ者でなければ、上記5つの基準が具体的にどのような表現を指すのか思い浮かべるのは困難であろう。実際、多くの行政関係者が「やさしい日本語」の課題として「ノウハウ・方法・進め方がわからない」「スタッフの問題（専門知識をもつ者がいない）」などを挙げている（東京都国際交流委員会 2012: 31）。また、対象（読み手）が変われば難しさの質が異なるという問題（森 2014）や、語彙・文法だけでなく、公的文書がもつ談話レベルの型の難しさ（意図的・非意図的に伝達内容をぼかす、難解な文体を用いる等（岩田 2014））といった問題も指摘されており、難しさの判定や書き換え基準の作成に、さらなる研究が待たれる。

2.2 母語話者の接触能力

　前節で述べたように、一般的な日本語母語話者にとって、自らのことばを非母語話者にも「やさしい」ものに言い換えるのはそれほど容易なことではない。近年の日本語の接触場面（ネウストプニー 1995）に関する研究では、多文化共生社会における日本語母語話者の学びという観点から、非母語話者との接触経験の多寡が調整方法にもたらす影響に注目が集まっている。非母語話者の日本語力にあわせて自らの発話を調整するためには、対話者である非母語話者の日本語力を的確に判断し、それに応じた「やさしい」日本語を用いるための知識やスキルが必要である。非母語話者との接触経験が増えるにつれて、そうしたスキルを適切に用いる接触能力が向上し、より適切なコミュニケーションができるようになるのではないか、という問題意識がこれらの研究の背景にあるといえる。

　例えば増井 (2005) は、外国人との接触経験を持たない5人の日本語母語話者が、外国人との5回の会話セッションを通じてどのように話し方を変化させるかを分析し、5回目の会話ではコミュニケーション破綻を修復するために行われる談話レベルの調整（修復的調整）の頻度が上昇することを明らかにした。また、筒井 (2008) は母語話者向けに書かれた文章を非母語話者向けに説明する際にどのように言い換えるかを分析し、接触経験の多い人の説明はより具体化され、例示が多く、情報の再構成の程度が大きいという結果を示している。さらに、栁田 (2010) は接触場面において母語話者が情報を提供する場面に着目し、接触経験の多い母語話者は、情報の切れ目が明確な文単位の発話や理解チェック、自発的な発話修正を多く行っていると述べている。

　これらの研究は、母語話者の接触経験によって情報提供の方法が異なることを明らかにした点で興味深い。しかし現在のところ、ほとんどの研究が情報提供場面という、いわば研究の対象としやすい場面に特化している。また、非母語話者側が母語話者側の言語行動をどのように受け止め評価するか、については栁田 (2014) などの先駆的な取り組みがみられるものの、話者の心的態度や

力関係が相互行為にどのように影響するか、相互行為の中で話者の関係性がどのように（再）構築されるか、といった問題はいまだ検討されていない。実際の相互行為においては、情報のやりとりだけが独立して行われているわけではない。人間関係あるいは力関係の調整・構築と情報のやりとりとが相互反映的に進行するのが通例であり、このような視点をも加味した分析が今後望まれる。

2.3 共生日本語

　2.2で述べた困難な課題を理論と実践の両面で受け止めようとしているのが、岡崎眸が提唱する共生日本語教育である（岡崎 2007）。岡崎（2007: 295-6）は、共生日本語教育の特徴を以下のようにまとめている。

1) 学ぶ対象は日本語ではなく、共生日本語である。
2) 共生日本語とは、多様な言語・文化背景を持つ者同士によるコミュニケーションを達成するための言語的手段の一つとして、接触場面で使われる日本語である。
3) 共生日本語は日本語母語話者が母語場面で使用する日本語ではない。したがって、日本語非母語話者は勿論、母語話者も共生日本語に対しては「所有権」を主張することはできない。どちらも、学び手という点で学習者であり、この点において、両者は理論的に完全に対等である。
4) 母語話者の日本語を目標として、それに近づくように日本語学習を進めるということが非母語話者に要請されることはない。代わりに、（中略）共生日本語を、母語話者と非母語話者が一緒になってコミュニケーションを実践することを通して、その場・その場で創造していくことが要請される。
5) 共生日本語の教室は、コース終了後にはじめて可能となる母語話者との生活（つまり、接触場面）に向けて準備をする場ではない。代

わりに、非母語話者にとっては母語話者との生活の場面そのものであり、教室は常に接触場面である。母語話者も非母語話者も共に学習者であり、両者の教室参加が原則となる。

このように、共生日本語教育は、「共生日本語」という接触場面に特有の日本語を教育の対象とし、共生日本語を母語話者と非母語話者がともに学ぶ場として教室を位置づけている。これは、岡崎 (1994) が述べる日本語の言語内共生化を実現するための重要な実践といえるだろう。

ただし、「共生日本語」の概念に関しては、「母語場面の日本語」を「共生日本語」よりも正統なものと見なすことに荷担してしまう (牲川 2006)、「母語場面の日本語」というとき、その中に方言は含まれておらず、言語を「標準的なもの」とそうでないものとに序列化しようとするイデオロギーが存在する (須田 2006)、「個人対個人」のディスコースによって構造的な問題が隠蔽されてしまっている (浜田 2009) といった批判も行われている。次節では、これらの問題についてもう少し検討を深めよう。

3 2つの「見直し」の必要性

1で述べた自発的脱力能化（セルフディスエンパワメント（田中 2000））は、日本人を（外国人と比較して、相対的に）力を有する者とみなし、「じぶんの位置取りのもつ力関係を認め、みなおす」(田中 2000: 345) ことを促す論であった。田中 (2000) が出版されてから10年以上が経過し、日本社会における日本人の位置づけを再考する機運の高まりは、2に示した多様な実践や研究からも明らかであろう。しかし一方で、日本語母語話者と非母語話者による相互行為やインタビューの分析から、両者の非対称性や権力作用 (杉原 2010)、あるいは日本語話者が半ば無意識に行っている日本人／外国人のステレオタイプ構築 (Ohri 2005) をあぶりだす研究も発表されているように、ある種の既得権をもつ日本

人がそれを見直し、保留するというのは、実際には非常に困難を伴う。この問題を考えるにあたり、本論では以下のように、「ことば」と「ひと」に関する二つの位置づけを見直すことを提案したい。

3.1 「ことば」の位置づけの見直し

　従来の言語学習者（非母語話者）に関する研究では、多くの場合学習者の言語を母語話者の言語からの「逸脱」と捉え、その逸脱の記述や、標準化（母語話者の言語にどうしたら近づけることができるか）に関心が持たれてきた (Firth and Wagner 1997; Firth and Wagner 2007; Doerr 2009)。2.3にあげた共生日本語に対する批判への応答として、岡崎 (2007: 291) は日本語教育に携わる者が「母語場面の日本語」を規範とすることで、その支援が同化要請として機能している現状を指摘した。岡崎がそうした現状を克服する方策として、「母語場面の日本語」と「共生言語としての日本語」を対立的に捉えた背景には、規範としての「母語場面の日本語」を無条件に受け入れ学習の対象としてきた従来の日本語教育に警鐘を鳴らす意図があったといえる。

　しかしこの二分法では、母語話者の日本語に含まれるさまざまな変種（バラエティ）の存在が考慮されていない。実際のところ、母語話者の日本語は、決して均一的な特徴を有するものではない。地域（方言）、位相、年代、性別等、さまざまなバラエティがある中で、そのときどきに応じて手持ちのレパートリーから適当なものを選択して用いていると考える方が適切であろう。また、これらのバラエティはいずれかが一律に「標準」「逸脱」とみなされるわけではなく、使用者が誰かを問わず、使用の状況や文脈に応じて肯定的に評価されたり、批判の対象となったりする可能性を常に孕んでいることにも注意が必要である。

　ここで必要なのは、「接触／共生日本語」[4]を「母語話者の日本語」と対立さ

4　接触場面で用いられる日本語を総称する用語として「接触／共生日本語」を用いる。

せることではなく、日本語のバラエティの多様性を認識した上で、「接触／共生日本語」をその一部とみなすことではないか。言語の標準化と言語イデオロギーの問題を扱ったドーア (2008) は、日本語の方言における、方言運動を政治運動化させ、音韻体系を構築し直し、文法や辞書を作るという提案 (安田 1999) に対して、「ある一変種の中は同質であるとしてしまう危険性、また、新たに『言語』に昇格したある一変種の中での標準化を目指してしまう可能性もあり (中略)、そうなると標準化に潜む権力問題の解決にはならない (中略)。だが、方言は標準語の不完全な形なのではないという議論には意義があり、方言と共通語はともに常に変化し差異を含む言語的に同等な言語連続体の一部であるのだという見方につなげていける可能性を持つ」(ドーア 2008: 76-77) と述べている。「接触／共生日本語」でも、これと同様のことがいえるのではないだろうか。

3.2 「ひと」の位置づけの見直し

　日本語教育の枠組みで行われる実践や研究は、本稿で紹介した「日本人による日本語の学び直し」に関する論考も含め、そのほとんどが、参加者（研究協力者）が「日本人・日本語母語話者」「外国人・日本語非母語話者」であることを所与の前提とし、これらのカテゴリーは（少なくとも当該の実践や研究の中では）一定不変と半ば無意識にみなしているようである。これは、日本語教育、すなわち日本語の母語話者と非母語話者というカテゴリーが非常に前景化・焦点化されやすい分野では、ある程度やむを得ないことかもしれない。しかし実際には、人は母語話者か非母語話者かに関わらず、複数のカテゴリーに関するアイデンティティ（「女性」「会社員」「母親」など）をもちながら、状況や場面に応じてそれらを使い分けている。

　一人の人間が複数のカテゴリー・アイデンティティをもつという事実は、二つのことを示唆している。すなわち、日本人と外国人が何らかの共通カテゴリーに属する可能性があること、そして、カテゴリー間の関係をより柔軟かつ動

的に捉える必要があることである。例えば、仲のよい友人同士の会話であれば、その2人の一方が母語話者、もう一方が非母語話者であっても、そうしたカテゴリー対が会話であらわになることは少ない。むしろ、2人は同じ学校やクラブに所属している者同士、あるいは同じ趣味をもつ者同士として会話にのぞんでいるだろう。また、「共生」を標榜する活動に参加していても、その参加者が相手の発言や行動を過度に「母語話者であること」「非母語話者であること」に結びつけるような態度をとるようであれば、そこは「共生」ではなく「強制」の場になってしまうかもしれない。その一方で、両者が同じカテゴリーに属する（同じ地域に住む、同じ職業である、等）ことがわかって心的距離が急に近くなることや、ある話題について知識がある外国人と相対的に知識がない日本人の間で、外国人の方が主導権を握って話すこともままある。またそもそも、私たちが生きる社会では、国籍によって人をくくることそれ自体がナンセンスになりつつある[5]。今後は「日本人＝マジョリティ、力のある者」「外国人＝マイノリティ、力のない者」という捉え方にとどまらず、その関係性のダイナミクスを踏まえた分析が求められる。

4 日本社会における複言語・複文化主義の可能性

　ここまで、日本語教育の文脈で行われてきた「日本人による日本語の学び直し」に関する研究や実践をまとめた上で、今まで当然視されてきた「外国人（のことば）」と「日本人（のことば）」という二分法を見直してみようという主張を行ってきた。この主張は、今後の日本語話者と日本語社会にどのような示唆を与えるのだろうか。
　一つは、日本語非母語話者以外の言語的弱者との連携である。『日本語教育』

5　例えば筆者の日本語のクラスには、「国籍は日本だが育ったのはドイツ（第一言語はドイツ語）」「国籍はカナダだけれど精神的なアイデンティティはルーツの香港」といった学生がしばしば参加する。

158号の「やさしい日本語」に関する特集の中で、野田 (2014) は日本語社会における「日本語弱者」として、非母語話者に加えて聴覚や視覚、知的機能に制約がある者などを例示している。また、これらの人々が「手話や音訳、点字などを含め、自分がいちばん楽に使える『母語』やそれに準じる言語でコミュニケーションができる多言語化された社会が理想」(p.15) と述べ、「ユニバーサルな日本語コミュニケーション」の重要性を提唱している。佐々木 (2012) や本書の中島論文に示されているように、非母語話者の社会的な位置づけとろう者のそれには驚くほどの一致点がある。本章でとりあげた「やさしい日本語」や「共生日本語」は、「ユニバーサルな日本語コミュニケーション」を目指す取り組みの一環であり、母語のいかんを問わず、日本語話者がともに学びあう社会を目指すという意味で、日本語の「やさしさ」を追求するものといえる。

　もう一つ、ここで考えたいのは、この「やさしさ」によって恩恵をこうむるのは誰か、という点である。ことばのユニバーサル化を「弱者のためのもの」とみなすとき、それはマジョリティ（あるいは「日本語強者」）にとっては社会的コストとみなされてしまう危険性はないだろうか。筆者は、日本語のユニバーサル化と、そのために必要な「ことばやひとの位置づけの見直し」は、社会の構成員全てに多大な恩恵をもたらすものと考えている。それは、私たち一人一人が自分の用いることばのスタイル、バラエティを意識的に振り返ったり、ことばの社会性を批判的に考察したりすることによって、各個人のものの見方をより深く多面的にすることが期待できるからである。この観点から「日本語の学び直し」が日本語話者に与える恩恵を考えるにあたり、ヨーロッパを中心に広く議論されている複言語・複文化主義の思想は多大な示唆を与えるものと期待できる。本節では、複言語・複文化主義および欧州言語共通参照枠の理念を概観した上で、「日本語の学び直し」から見た日本社会への複言語・複文化主義の導入の意義について検討したい。

4.1　CEFRと複言語・複文化主義

　近年、ヨーロッパでは複言語・複文化主義を理論的支柱とする「欧州言語共通参照枠（Common European Framework of Reference for Languages：以下CEFR）」が提唱され、日本語教育の分野にもそれを取り入れる動きが活発である。CEFRの目的は、「多文化社会で1人が複数の言語を学習し相互理解の促進や共存能力を育成する観点から、外国語学習、教育、評価に関して言語横断的に共通のフレーム（「スタンダード」ではない）を提供することにある」（杉谷 2010: 5）。具体的には、言語能力をA1からC2までの6段階（共通参照レベル）に分け、それぞれのレベルの内容について能力記述文（「～ができる」という記述：can-do-statement）が示されている。また、その目的を実行に移すための一つのツールとしてEuropean Language Portfolio（欧州言語ポートフォリオ：ELP）が考案され、学習者が自らの学習記録を記述し、保管することによって、学習意欲をもたせ、学習意欲をたかめようとしている（大谷 2010: 16）。日本語教育でも、国際交流基金が「JF日本語教育スタンダード」と名付けてCEFRに準拠した6つのレベルと能力記述文、ポートフォリオの実例を公開し、各教育機関での活用を促している（国際交流基金 2010）。また、個々の教育機関や教育者の取り組みについてもこれまでに多くの事例が発表されている。こうした取り組みは日本におけるCEFRの文脈化・土着化として評価すべきものであるが、CEFRの掲げる複言語・複文化主義という言語教育思想を考慮することなく、単一言語主義の発想にとどまり、「共通参照レベル」をほぼ唯一の着眼点としている点に限界が認められるという指摘もある（細川・西山 2010: vi）。

　Council of Europe (2002) は、多言語主義と比較しながら、複言語主義について以下のように述べている。「複言語主義は多言語主義（multilingualism）と異なる。後者は複数の言語の知識であり、あるいは特定の社会の中で異種の言語が共存していることである。多言語主義は単に特定の学校や教育制度の中で学習可能な言語を多様化すること、または生徒たちに一つ以上の外国語を学

ぶように奨励したり、あるいは国際社会における英語のコミュニケーション上の支配的位置を引き下げることで達成され得る。一方、複言語主義がそれ以上に強調しているのは、次のような事実である。つまり個々人の言語体験は、その文化的背景の中で広がる。(中略) しかしその際、その言語や文化を完全に切り離し、心の中の別々の部屋にしまっておくわけではない。むしろそこでは新しいコミュニケーション能力が作り上げられるのであるが、その成立には全ての言語知識と経験が寄与するし、そこでは言語同士が相互の関係を築き、また相互に作用し合っているのである」(訳は吉島・大橋他 2004: 4に基づく)。また、複言語主義を複文化主義（pluriculturalism）のコンテクストの中でみることの重要性も指摘されており、「ある人の文化的能力の中では、その個人が接した種々の文化（国家的、地域的、社会的な文化を含む）は、ただ単に並列的に存在しているのではない、それらは比較・対比され、活発に作用しあって、豊かな統合された複文化能力（pluricultural competence: ママ）を作りだすのである。そうした複文化能力の中で、複言語能力（plurilingual competence）はその一部分として、他の要素・成分と相互に作用しあう」(吉島・大橋他 2004: 5-6) という。このように、複数の言語や文化に関する知識を重層的に関連づけながら、自民族中心主義の克服、学習能力の向上、言語や文化の多様性を理解し尊重する態度の育成を促すことが重要と考えられている。

4.2　日本における複言語・複文化主義の文脈化

　複言語・複文化主義は、二回の世界大戦を経験したヨーロッパにとって、戦争の再発を防止するための「壮大な実験」の一部（大谷 2010）である。また「単に国民国家の集まりでもなく、また新しい一つの国家でもない枠組みを作るために、国家−国民−国家語という国民国家イデオロギーとそれに関わる言語の利害関係を解体・再構築するために導入された概念」(福島 2010: 40) という見方もある。このように、複言語・複文化主義にはヨーロッパ特有の背景や複雑な問題があるわけだが、個人と言語と社会の関係を動態的にみる視点——例えば、

多言語状況を地理的要因から個人的要因に移すことにより言語の実体性を否定する、個人の「複言語状況」を実体的な言語の総和というよりも個と社会を関係づける作用・プロセスとして見る、他者との関係性の中で構成主義的にアイデンティティ管理を行う人間観を前提とする、など（福島 2010: 38）——は、日本においても十分価値があるものと考えられる。

　日本社会の構成員が複言語・複文化主義を自らのものとするために考えられるのは、まず、日本社会の多言語化の推進と、さまざまな言語の学習を通じて多様性に関する理解や寛容性を高めていくことであろう。行政のお知らせや道案内の看板等、日本社会の多言語化についてはすでに進行しつつある（多言語化現象研究会 2013; 本書の植田論文参照）。しかし上述のように、Council of Europe (2002) は単に複数の言語が併用される多言語主義と、複数言語の使用や理解を通じて、それらを統合した複言語・複文化能力を育む複言語・複文化主義とを明確に区別しており、日本の多言語化が複言語・複文化主義に基づくというには疑問が残る。また実際問題として、日本語非母語話者同士（例えば中国人日本語非母語話者とフィリピン人日本語非母語話者）が日本語を共通言語としてコミュニケーションに用いる場合もしばしばあり、現時点では日本社会で最も普及している言語である日本語の共生化・ユニバーサル化を進めることも、必要な対応といえるのではないだろうか。

　次に、外国語学習を通じた複言語・複文化主義の実践であるが、多くの学校で必修科目とされる英語ですら、「グローバル社会」に対応するための英語力（外国語能力の向上に関する検討会 2011）が学習目標とされる日本の現状では、外国語の学びと複言語・複文化能力に関する学びを結びつけるには、まだまだ多くの課題が残されている[6]。英語以外の言語については、一部の高校や大学の第二外国語、あるいは市民向け講座などで様々な授業やコースが提供されているが、

6　外国語能力の向上に関する検討会 (2011) による具体的施策の中には、「学習到達目標をCAN-DOリストの形で設定」することが盛り込まれているが、複言語・複文化主義に関する言及はない。また、これらの提言・施策への英語教育専門家からの批判については、大津・江里川・斎藤・鳥飼 (2013) 参照。

その理念や方向性に複言語・複文化主義を謳ったものはまだ少ない。複言語・複文化主義の理念を活かすには、今後、社会の多言語化や言語教育の方向性を示す言語教育政策の充実がどうしても必要である。

一方、まず現状の中で日本語教育関係者が何らかのアクションを起こすとすれば、本論で述べてきた「日本人による日本語の学び直し」が一つの鍵となり得るのではないか[7]。本書の共通テーマである「やさしさ」に引きつけて考えるならば、ここで重要になるのは「気づくやさしさ」「ひらくやさしさ」「かわるやさしさ」そして「つながるやさしさ」であろう。

まず、「気づくやさしさ」とは、日本語には無数のバラエティが存在すること、日本語話者にはさまざまなカテゴリーに属する者が含まれることに気づくことである。また、「標準的」とされるバラエティとそうでない周辺化されたバラ

---

7 ただしこの論には、トムソン（2012）が指摘するように、日本語のみを重視して他言語を視野に入れていない、その根本にあるのは日本語至上主義である、といった批判があるかもしれない。また、尾辻（2011）はオーストラリアの職場で交わされる会話の分析を通じて、モノリンガル的な「日本語」を他の言語文化から切り離した教育ではなく、メトロリンガルとしての学習者自身に合った言語環境を構築できる能力を養成する言語教育を提案している。これらの批判や提案は重要な示唆を含んでいるが、筆者が「日本人による日本語の学び直し」が必要だと考えるのは、日本語教育関係者が今、自らのフィールドで複言語・複文化主義を考え、行動をおこすための一つの方策と考えられるからであり、社会全体としては、多言語環境の整備や多言語学習機会の提供などの取り組みを複合的に実施していくべきである。この点で、日本語教育関係者には、他言語の教育関係者、国語教育関係者、ろう教育関係者、言語政策の研究者、社会言語学者など、さまざまな分野の言語や文化の専門家と連携し、つながる姿勢が求められよう。また、ヨーロッパの文脈では世界語として強大な力を有する英語が少数言語に与える脅威がよく議論されるが、Council of Europe（2007）はそうした脅威に言及しながら、リンガフランカとしての英語の重要性を指摘し、その教育システムについて「コミュニティにおける地位を問わず、個人や集団のレパートリーにみられる全ての言語的バラエティに等しい尊厳を与える教育活動の編成」（Council of Europe 2007: 30、筆者訳）が重要であると述べている。日本（語）社会においても日本語がもつ力を十分考慮しつつ、日本語の全てのバラエティの尊重を促すことが求められる。

エティとの間に言語的な優劣があるわけではなく、歴史的な経緯やそれによる言語集団間の関係性が大きく影響していることを理解するクリティカルな視点、すなわち「言語に関する批判的認識（critical language awareness）」(Fairclough 1995; ドーア 2008) を持つことが求められる[8]。

そして、違いの認識のみにとどまらず、「明治期に固められた『言語＝文化＝民族＝国籍』というアイデンティティの壁」(リービ 2011: 183-184) を解体し、日本語を全ての人々にひらくことが必要である。リービ (2011: 45-46) は、「日本語の所有権」[9]というタイトルのエッセイの中で、以下のように語っている。

> 向う側から、つまり日本人として生まれた人たちから、日本語は「知っているのか、知らないのか」、「話せるのか、話せないのか」、「書けるのか、書けないのか」、だけではなく、深層においては「所有しているのか、所有していないのか」の問題を絶えず突きつけられてきたような気がする。そしてこちらが知っている、話せる、書けるということを示せば示すほど、向う側から、最後に、絶対に分けてくれないコトバの「所有権」が問題にされだしたのである。日本人として生まれた人たちといくら体験や感性を共有しても、人種を共有しない者にとって、日本語にはあくまでも「借地権」という条件が付いていたのである。

このエッセイの初出は1992年であるが、日本語の所有権をめぐる様相は、

---

8 こうした批判的な認識は、教える／学ぶ対象を標準変種に限定する傾向が強い言語教育のあり方にも再考を促すであろう。筆者は、少なくとも第二言語としての言語教育の文脈では、学習者本人が参加したいと考える共同体で使用される変種の学習が優先されるべきであるし、今後はそのための環境やリソースの整備が言語教育関係者の重要な役割になると考えている。
9 西阪 (1997) は、ラジオ番組における日本人アナウンサーによる留学生へのインタビューの分析から、両者の相互行為の中で、アナウンサーが「日本語の所有権」を持つ者、留学生が持たない者として位置づけられていく過程を詳細に記述している。

20年以上を経た現在も大きくは変わっていないように思われる。複言語・複文化主義では、その具体化の形である能力記述文からもわかるように、母語話者などの「標準」からどの程度逸脱しているかではなく、具体的な実践の中で「何ができるか」を重視する。つまり、「完全」を目指すのではなく、一人一人の手持ちのリソースを駆使しながら、目前の課題をなんとかこなしていければそれでよし、とする姿勢である。「正しいのか、正しくないのか」「わかるのか、わからないのか」といった評価をいったん留保し、まずはそのまま受け入れ、「完全に通じなくてもいい」と言える環境をつくることが重要といえる。安田 (2003: 16) が言う通り、「お互いの言葉が完全に通じなくても、いや、全く通じなくても、そこに恐怖や敵意を感じる必要がない社会こそがめざされるべき」なのである。さらに、母語話者の側も学び、自分の話し方を変えて新しいバラエティを非母語話者と協働してつくっていこうという姿勢は、ヨーロッパにおける議論でも、筆者が知る限り言及されていない[10]。日本語の所有権を全ての人々に「ひらく」姿勢、そして母語話者自らが「かわる」姿勢は、複言語・複文化主義の日本における文脈化・土着化の一つの可能性を示すものといえる。

　さらに、「つながるやさしさ」を持つことも、同じく重要である。言語による差異化や線引きは、決して母語話者と非母語話者の間だけの問題ではない。

10　英語圏の文脈における「世界英語」(world Englishes: Kachru 1992; Kirkpatrick 2007) の議論も、どちらかといえばouter circleに属する、イギリス語・アメリカ語ではない英語の話者からの異議申立として、全ての話者および変種が対等に扱われることを目指しており、inner circleの話者をも含んだ「新しい変種の創造」までは意図していないように思われる。一方、フランス圏では各国の各言語機関が共同で、フランス圏諸国の移民のためのフランス語政策に対し、「各個人にとってその地位がいかなるものであっても（母語、第二言語、外国語）、フランス語はすべての者の問題である」という勧告を行っており、ここではフランス語を「母語話者のもの」ではなく「みんなのもの」と捉える新しいフランス語観が提示されている（石部 2011）。「グローバル化した言語市場におけるフランス語の地位の決定」には『本来の』フランス語話者でない人々がおおきな役割を担っていく」という観点からの勧告ではあるが（石部 2011）、今後の動向が注目される。

「訛っている」「その言い方はおかしい」など、自分の言葉遣いを否定的に評価されたり、それによって葛藤を感じたりした経験なら、ほとんどの人が持っているのではないだろうか。そうした自分の経験を意識化することによって、日本で暮らす外国人が日本語によって感じる葛藤を、人ごとではない問題として受け止める契機が与えられると考えられる。

日本人と外国人との関係について、筆者の台湾出身の友人は以下のように語っている。

> 受け入れとか、認めるとかに違和感を持つ。○○は大阪で居心地が良かったのは、皆が、○○を○○として、付き合ってくれているし、そのおかげで、○○も、皆を日本人ではなく、周りにいる人として、接してきた。この体験は東京などほかの都市で感じていないことです。いまでも、たまに学会で○○の名前や出身をみて、つい、○○を人としてではなく、外国人として、接してきたひとが多く、そのとき、皆のことを思い出し、自分の幸せを改めて感じとる。(facebookの筆者の投稿に関するコメントより引用。文中の○○には友人の名前が入る)

日本人と外国人とを分ける前にまず「ひと」と「ひと」として顔の見える関係をつくりあげていくこと、その具体性の中にしか、「やさしさ」の行く末を示す解は存在しないのではないだろうか。

5 おわりに

本論では、「日本人による日本語の学び直し」に関するこれまでの議論や実践を整理し、それが日本における複言語・複文化主義の文脈化に与える示唆について検討した。日々複雑さを増す今日の社会においては、「一つの社会に複数の言語や文化が存在することを肯定的に受けとめる意識」(岡崎 2007: 279) を

もつことがますます重要になるであろう。「日本人／日本語母語話者の日本語」イコール「正しい日本語」と捉えるのではなく、「外国人の日本語」「接触／共生日本語」に（「方言」や「若者語」と同様に）価値を見出すことは、日本語のさまざまなバラエティを尊重することにつながる。また、日本人と外国人がそれ以外にも複数のカテゴリー・アイデンティティを持つこと、さらに、日本人対外国人という二項対立そのものが固定的なものではないことは、両者は常に対立的に捉えられるのでなく、「つながること」が可能であることを示唆している。言葉や文化の多様性に価値を認めること、それは既得権を奪うことではなく、私たちをより豊かにする可能性を秘めているのである。

付記

　本稿はJSPS科研費基盤研究（C）「日本語教育学研究の体系化および方法論の確立」（研究代表者　義永美央子、課題番号25370589）の研究成果の一部である。また本稿をまとめるにあたり、大阪大学研究支援員制度の支援を受けた。

参考文献

庵功雄（2009）「地域日本語教育と日本語教育文法──『やさしい日本語』という観点から」『人文・自然研究』3, 一橋大学, 126-141.

庵功雄（2013）「やさしい日本語」と「やさしい日本語」ニュース（http://www13.plala.or.jp/yasashii-nihongo/news_web_easy.pdf）2013年3月25日最終アクセス

庵功雄・岩田一成・筒井千絵・森篤嗣・松田真希子（2010）「『やさしい日本語』を用いたユニバーサルコミュニケーション実現のための予備的考察」『一橋大学国際教育センター紀要』, 1, 31-46.

庵功雄・岩田一成・森篤嗣（2011）「『やさしい日本語』を用いた公文書の書き換え──多文化共生と日本語教育文法の接点を求めて」『人文・自然研究』5, 一橋大学, 115-139.

石部尚登（2011）「ベルギーのフランス語共同体の政策を例に言語の『多言語化』を考える──『母語話者のもの』から『みんなのもの』へ」第2回多言語化現象研究会研究大会発表資料

岩田一成（2014）「公的文書の書き換え──語彙・文法から談話レベルへ」『「やさしい日本語」研究会の現状とその展開　発表予稿集』, 3-8.

大谷泰照 (2010)「欧州連合（EU）の言語教育政策――戦争再発防止のための『壮大な実験』」大谷泰照・杉谷眞佐子・脇田博文・橋内武・林桂子・三好康子 (2010)『EUの言語政策――日本の外国語教育への示唆』くろしお出版, 9-24.

大津由紀雄・江里川春雄・斎藤兆史・鳥飼玖美子 (2013)『英語教育、迫り来る破綻』ひつじ書房

Ohri, R. (2005)「『共生』を目指す地域の相互学習型活動の批判的再検討――母語話者の『日本人は』のディスコースから」『日本語教育』126号, 134-143.

岡崎敏雄 (1994)「コミュニティにおける言語的共生化の一環としての日本語の国際化――日本人と外国人の日本語」『日本語学』第13巻13号, 60-73. 明治書院

岡崎眸 (監修) (2007)『共生日本語教育学――多言語多文化共生社会のために』雄松堂出版

尾辻恵美 (2001)「メトロリンガリズムと日本語教育――言語文化の境界線と言語能力」『リテラシーズ』9, くろしお出版, 21-30.

外国語能力の向上に関する検討会 (2011)「国際共通語としての英語力向上のための5つの提言と具体的施策――英語を学ぶ意欲と使う機会の充実を通じた確かなコミュニケーション能力の育成に向けて」(http://www.mext.go.jp/component/b_menu/shingi/toushin/_icsFiles/afieldfile/2011/07/13/1308401_1.pdf) 2013年8月18日最終アクセス

国際交流基金 (2010)『JF日本語教育スタンダード2010』第二版 (http://jfstandard.jp/summary/ja/render.do) 2013年10月5日最終アクセス

佐々木倫子編 (2012)『ろう者から見た「多文化共生」――もうひとつの言語的マイノリティ』ココ出版

杉谷眞佐子 (2010)「『EUの言語教育政策』関連事項の解説」大谷泰照・杉谷眞佐子・脇田博文・橋内武・林桂子・三好康子 (2010)『EUの言語政策――日本の外国語教育への示唆』くろしお出版, 1-6.

杉原由美 (2010)『日本語学習のエスノメソドロジー――言語的共生化の過程分析』勁草書房

須田風志 (2006)「『国際化』の中の『逸脱した日本語』について」『WEB版リテラシーズ』第3巻1号, くろしお出版, 11-20.

牲川波都季 (2006)「『共生言語としての日本語』という構想――地域の日本語支援をささえる戦略的使用のために」植田晃次・山下仁 (編著)『共生の内実――批判的社会言語学からの問いかけ』三元社, 107-126.

多言語化現象研究会編 (2013)『多言語社会日本――その現状と課題』三元社

田中望 (2000)『日本語教育のかなたに――異領域との対話』アルク

筒井千絵 (2008)「フォリナー・トークの実際――非母語話者との接触度による言語調整ストラテジーの相違」『一橋大学留学生センター紀要』11号, 79-95.

東京都国際交流委員会編 (2012)『日本語を母語としない人への情報発信

等に関する実態調査報告書』(http://hermes-ir.lib.hit-u.ac.jp/rs/bitstream/10086/23093/1/0491200201.pdf) 2013年8月18日最終アクセス

ドーア根理子 (2008)「『通じること』の必要性について──標準化のイデオロギー再考」佐藤慎司・ドーア根理子 (編) (2008)『文化、ことば、教育──日本語/日本の教育の「標準」を越えて』明石書店, 63-82.

トムソン木下千尋 (2012)「『複言語、複文化主義』と『日本』は結べるのか」『リテラシーズ』10, くろしお出版, 40-44.

西阪仰 (1997)『相互行為分析という視点──文化と心の社会学的記述』金子書房

ネウストプニー, J. V. (1995)『新しい日本語教育のために』大修館書店

野田尚史 (2014)「『やさしい日本語』から『ユニバーサルな日本語コミュニケーション』へ──母語話者が日本語を使うときの問題として」『日本語教育』158号, 4-18.

浜田麻里 (2009)「『多文化共生社会』のための日本語をめぐって」野山広・石井恵理子編/水谷修監修『日本語教育の過去・現在・未来 第1巻 社会』凡人社, 34-56.

弘前大学社会言語学研究室 (2013)「『やさしい日本語』作成のためのガイドライン』(http://human.cc.hirosaki-u.ac.jp/kokugo/ejgaidorain.html) 2013年10月5日 最終アクセス

福島青史 (2010)「複言語主義理念の受容とその実態──ハンガリーを例として」細川英雄・西山教行編 (2010)『複言語・複文化主義とは何か──ヨーロッパの理念・状況から日本における受容・文脈化へ』くろしお出版, 35-49.

細川英雄・西山教行編 (2010)『複言語・複文化主義とは何か──ヨーロッパの理念・状況から日本における受容・文脈化へ』くろしお出版

増井展子 (2005)「接触経験によって日本語母語話者の修復的調整に生じる変化──共生言語学習の視点から」『筑波大学地域研究』25, 1-18.

森篤嗣 (2014)「重要度に応じて公的文書の圧縮を提案するシステム」『「やさしい日本語」研究会の現状とその展開 発表予稿集』, 9-14.

安田敏朗 (1999)『〈国語〉と〈方言〉のあいだ──言語構築の政治学』人文書院

安田敏朗 (2003)『脱「日本語」への視座』三元社

柳田直美 (2010)「非母語話者との接触場面において母語話者の情報やり方略に接触経験が及ぼす影響──母語話者への日本語教育支援を目指して」『日本語教育』145号, 13-24.

柳田直美 (2014)「話し言葉の『やさしい日本語』──会話における『やさしい日本語』研究の現状と今後の展開」『「やさしい日本語」研究会の現状とその展開 発表予稿集』, 23-28.

山田泉 (2002)「第8章 地域社会と日本語教育」細川英雄編『ことばと文化を結ぶ日本語教育』凡人社, 118-135.

山本冴里（2014）『戦後の国家と日本語教育』くろしお出版
リービ英雄（2011）『日本語を書く部屋』岩波書店

Council of Europe (2002) *Common European Framework for Reference of Languages: Learning, Teaching, Assessment.* 3rd printing. Cambridge University Press.（吉島茂・大橋理枝他（訳・編）(2004)『外国語教育Ⅱ　外国語の学習、教授、評価のためのヨーロッパ共通参照枠』朝日出版社）

Council of Europe (2007) *From Linguistic Diversity to Plurilingual Education: Guide for the Development of Language Education Policies in Europe/ Main Version.*
（http://www.coe.int/t/dg4/linguistic/Guide_niveau3_EN.asp#TopOfPage）2013年8月18日最終アクセス

Doerr, N. (ed.) (2009) *Native Speakers Effects: Standardization, Hybridity, and Power in Language Politics.* New York: Mouton de Gruyter.

Fairclough, N. (1995) *Critical Discourse Analysis: The Critical Study of Language.* London: Longman.

Firth, A, & Wagner, J. (1997) On discourse, communication, and (some) fundamental concepts in SLA research. *Modern Language Journal*, 81(3), 285-300.

Firth, A. & Wagner, J. (2007) Second/foreign language learning as a social accomplishment: Elaborations on a reconceptualized SLA. *Modern Language Journal*, 91, Focus Issue, 798-817.

Kachru, B. B. (1992) World Englishes: approaches, issues and resources. *Language Teaching*, 25(1), 1-14.

Kirkpatrick, A. (2007) *World Englishes Implications for International Communication and English Language Teaching.* Cambridge: Cambridge University Press.

第2章

EPA看護師・介護福祉士候補者への「配慮」の諸相

日本語の作り直しを視野に

布尾　勝一郎

【キーワード】経済連携協定（EPA）、看護師・介護福祉士候補者、日本語教育、日本語の作り直し

1　はじめに

　日本に滞在する外国人は、長期的に見て増加傾向にある。さらに、少子高齢化が加速する中、経済活動を維持するための労働力、あるいは、医療・介護の担い手が不足することが指摘されて久しい。日本政府内でも、建設分野や介護分野の外国人労働者の受け入れ拡大が議論されている。紆余曲折はあるにせよ、今後日本への移民が増えていくことは不可避であろう。外国人にとって住みやすい社会を構築することが、これまで以上に求められていると言える。本稿では、そのような状況の中、2008年に始まった経済連携協定（Economic Partnership Agreement = EPA）に基づく看護師・介護福祉士候補者の受け入れを通して、言語の面で今後の日本社会に求められる「やさしさ」について考えてみたい。

　看護師・介護福祉士候補者（以下、「候補者」）は、6ヶ月の日本語研修の後、日本の病院・介護施設で就労しながら看護師・介護福祉士の国家試験合格を目指し、合格すれば回数の制限なく在留資格の更新が可能になる。2008年のインドネシアに続き、翌2009年にはフィリピンから、2014年にはベトナムから

も来日し、3ヶ国からの候補者の延べ人数は2,377人に達している[1]。

　EPAによる受け入れは、介護士としての就労を目的とした外国人労働者の入国を初めて認めるなど、日本の出入国管理政策上の画期となる制度であり、注目度も高かった。マスメディアでも当初は連日報じられたほか、日本語教育関連や看護学、社会学など、関連する学問分野での調査報告・研究発表等も多くなされている（政策決定のプロセスと制度の問題点について述べた安里（2008）や、候補者に対する大規模なアンケート・調査を行った平野・小川・大野（2010）など）。筆者らも、候補者に対する日本語研修の報告・議論を行ってきた（羽澤ほか2009、神吉ほか2009、布尾2011b）。

　受け入れ枠組みに批判的な論考も多い。安里（2011）や布尾（2011a）、神吉・布尾・平田（2012）などの先行研究や各種報道においては、制度面の不備、送り出し側と受け入れ側の思惑のズレ、日本語学習の問題、日本語による国家試験受験の困難さなどが指摘されている。また、毎年のように制度運用が変更されており、来日前予備教育の実施や候補者の日本滞在期間の延長など、依然として試行錯誤が続いている。そして、それらの追加施策の効果検証もなされぬまま、なし崩しにベトナムからの受け入れが始まった点も問題と言える。

　本稿では、EPAに基づく看護師・介護福祉士候補者の受け入れを詳細に検討し、日本語教育や日本語学習に関連して生じている制度上の問題点を整理したうえで、いくつかの解決策の提示を試みる。それらの問題群は、今後日本が外国人移民を受け入れる際に生じうる、普遍的な課題だからである。

　以下、2節ではEPAに基づく看護師・介護福祉士候補者の受け入れの概要を示したうえで、移民受け入れ政策の観点や日本語教育の観点から見た制度の特徴について述べる。その後、3節では、制度の問題点について、主に日本語教育の立場で論じる。4節では、受け入れが必ずしも成功していないことを示し、日本政府がどのような対応をとっているかを紹介する。5節では、候補者の日本語学習や国家試験の受験に対して、日本社会が示している「配慮」の諸相を

1　2014年6月時点、厚生労働省ホームページ。(http://www.mhlw.go.jp/stf/seisakunitsuite/bunya/koyou_roudou/koyou/gaikokujin/other22/index.html)

示す。最後の6節では、情報保障の概念を援用することで、移民にやさしい新たな日本社会の構築のために「日本語の作り直し」が必要であることを主張し、本稿での議論をまとめる。

2 EPAに基づく看護師・介護福祉士候補者の受け入れの概要

　受け入れの枠組みは、度々変更が加えられている。以下、2014年度のインドネシアからの受け入れを取り上げ、説明する。フィリピンについては必要があれば補足する。なお、2014年にベトナムからの受け入れが始まったが、受け入れ枠組みが全く異なる[2]うえ、本稿執筆時点で得られる公表情報も少ないため、本稿では主にインドネシア・フィリピンを取り上げ、ベトナムについては必要に応じて言及するにとどめる。

2.1　受け入れの概要

　まず、日本とインドネシアそれぞれのあっせん機関[3]を介して、受入病院・施設と候補者のマッチングが行われる。給与や勤務条件、経歴など、お互いの希望条件が合致すると、契約が結ばれる。その後、契約を結んだ候補者らが6ヶ月間の来日前予備教育[4]、日本での6ヶ月間の日本語研修を経て、日本全国の病院・施設で働きながら学習し、看護師・介護福祉士国家試験を受験する。看

2　来日前に12ヶ月の一貫した日本語研修が行われるほか、日本語能力試験N3に合格することが来日の条件となるなど、日本語教育の観点から見ても、大きく異なる。
3　日本側は公益社団法人国際厚生事業団（JICWELS）、インドネシア側は海外労働者派遣・保護庁（BNP2TKI）。
4　来日前予備教育は、協定上定められた研修ではなく、2011年度から追加的に行われているものである。

護師候補者は3年間、介護福祉士候補者は4年間の滞在期間中に国家試験に合格すれば、引き続き就労が可能となる[5]。

フィリピンからの介護福祉士候補者受け入れでは、以上の「就労コース」のほかに、「就学コース」がある。6ヶ月間の日本語研修の後、介護福祉士養成施設（学校）に通った後に就労を開始するコースである。ただし、このコースは2011年度以降は募集されていない。以下、本稿では「就労コース」について論じる。

2.2 定住の道を開く医療福祉関係者の大量受け入れ——出入国管理政策の転換点

EPAによる看護師・介護福祉士候補者の受け入れは、医療・福祉関係の労働者に定住への道を開いた点で、日本の出入国管理政策上の大きな転換点と言える。候補者らの在留資格は、「特定活動」であり、国家試験合格後、看護師・介護福祉士として就労する限りにおいて回数の制限なしに在留資格の更新が認められる。

従来は、看護師については、留学などで日本の看護師国家資格を取得しても、「医療」の在留資格で最長7年の滞在が認められていたのみであり、あくまで本国へ帰ることが前提の研修としての位置付けであった[6]。

また、介護については、従来、就労に制限のない「日本人の配偶者等」の在留資格で日本に住むフィリピン人や、同じく就労制限のない「定住者」の在留資格を有する日系ブラジル人が介護施設のヘルパーとして働く例はあったが、介護士としての就労を目的とした外国人労働者の受け入れは、EPAによる受け

---

5 看護師国家試験は最長3年間の在留期間中に3度まで受験することができるが、介護福祉士国家試験は、受験資格として3年間の実務経験が必要とされるため、受験機会は4年間の在留期間の最終年度の1回限りである。
6 その後、2010年に規則が変更され、留学などを経て日本の看護師国家試験に合格した場合には、回数の制限なく在留資格を更新することができるようになっている。

入れが初めてである。

2.3 日本語教育の観点から見た特徴

2.3.1 看護・介護の専門日本語

　看護・介護の日本語、という特定目的のための専門日本語の習得が必要になることも特徴である。

　介護に関しては、上述のヘルパーとして働く日本語非母語話者の学習需要は以前から存在していたが、国の政策として、数百人単位で組織的に教育する必要が生じたのは初めてである。

　一方、看護については、従来も日本へ留学し、専門学校や大学を卒業して看護師になるなどのケースはあったが、その場合は、高度な日本語能力を身に付けてから、看護業務のための日本語を身に付ける。その点で、EPA候補者に対する看護の専門日本語教育とは性質が異なる。EPAは、就労しながら学習を進めるという枠組みであるため、初級・中級の段階から、専門日本語の学習をしなければならない。

　学習方法や学習支援のノウハウや教材が確立していなかった（いない）ため、制度開始当初から多方面で試行錯誤が続けられている。

2.3.2 日本語による国家資格取得が前提

　また、EPAによる候補者受け入れが、日本語による国家資格取得を前提としていることも見落とせない。日本語学習経験のない外国人が来日して、就労しながら学習を続け、3年ないし4年という短期間に、日本語母語話者と同様に国家試験に対応できるだけの日本語能力を身につける、という前提である。ここまで明示的な形で、読み書きを含む高度な日本語能力を要求する外国人労働者の受け入れの枠組みは、過去に類例を見ない。とりわけ、「褥瘡」など、漢字の難解さがクローズアップされている（布尾2009）。

　すなわちEPAは、3年ないし4年の間に日本語で国家試験を受験する、「特定

分野での就労のため、国家試験合格のための短期促成専門日本語教育」を前提とした、まとまった規模の受け入れということになる。

2.3.3 「生活の日本語」、「業務の日本語」、「国家試験の日本語」

EPAによる看護師・介護福祉士候補者の受け入れでは、応募時の日本語能力は条件とされていない。その結果、EPA開始当初は、応募者のほとんどを日本語未習者が占めていた[7]。

候補者らは、以下の3種類の日本語を学習・習得する必要があることになる（布尾2013）。

①生活の日本語（話しことばが中心。住所や名前を書いたり、看板や書類など日常的に接する日本語を読むことも含む。）
②業務の日本語（話しことばが中心。看護・介護記録など、業務上の文書を読み書きすることや、国家試験の学習のために専門学校などの講義を聞くことも含む。）
③国家試験の日本語（国家試験問題の読解。）

難解な国家試験問題は解けても、通常のやりとりに使う日本語が流ちょうに話せない、というEPA候補者は多い。これは、まずは国家試験合格を至上命題とせざるを得ない制度の問題でもある。

以上述べてきたように、EPAによる看護師・介護福祉士候補者の受け入れは、移民に対する日本語教育や日本社会の対応のしかたを考えるうえで、様々な論点を含んでいると言える。

7　現在では、日本語の必要性も周知されているため、既習者も多い。介護を専門とする大学の学科が開設されたり、民間の財団が、EPA応募前の希望者に対して無償で10ヶ月の日本語研修を行うといった取り組みもあり、日本語を学習する機会・場所も増えていると思われる。

3 制度の問題点

本節では、EPAによる看護師・介護福祉士候補者の受け入れの制度上の問題点について、日本語教育の観点から述べる。

3.1 候補者に求められる能力のあいまいさ（＝学習の目標のあいまいさ）

まず、候補者たちの目標言語である専門日本語の能力を示す基準や測定手段が存在しないことが問題である。例えば、来日後の6ヶ月研修終了時の能力として、日本語能力試験のN3が目標とされている。しかし、日本語能力試験のホームページでN3の「認定の目安」を見ると、「日常的な場面で使われる日本語をある程度理解することができる」[8]とされており、看護や介護の業務に必要な日本語能力が測定できるわけではないことがわかる。また、日本語能力試験はマークシートで選択する試験であるため、そもそも書いたり話したりする能力は測定できない。さらに言えば、国家試験を読み解くための能力とも関係がない。いわば、2.3.3で述べたうちの「①生活の日本語」についてはある程度測れるが、「②業務の日本語」と「③国家試験の日本語」については、評価できないことになる。上位レベルのN2とN1も、一般的な日本語についてのレベルの目安にすぎないため、問題は同様である。

3.2 学習支援者・リソースの不足の問題

次に、学習支援者・リソースの不足問題が挙げられる（布尾2011aほか）。まず、国家試験対策・日本語研修が受入病院・施設に「丸投げ」されていることが問題視されている。外国人を、看護師・介護福祉士国家試験を受験できるよ

8　http://www.jlpt.jp/about/levelsummary.html（「日本語能力試験認定の目安」）

うに養成するノウハウを持たない病院・施設が多い。日本語ボランティアや日本語学校に依頼するケースが多いが、そこにもノウハウは乏しい。また、候補者らの就労先は全国各地に散らばっているため、地方によるリソースの多寡の問題もある。また、「国家試験対策のための日本語」の学習を支援するためには、看護・介護と日本語教育両方に通じた「専門家」であることが望ましいが、そのような人材は限られている。また、教材の不足も、特に受け入れ開始当初は深刻であった。現在は全般的に状況は好転しているが、病院や施設での学習の指針や教材がほとんどない状態で受け入れが始まっていたことは強調しておくべきである。

3.3　調査の不十分さ

　学習目標を定めたり、教材を作成したり、学習支援の方法を検討するには、目標言語の調査やニーズ調査が必要である。ところが、制度開始に先行して大規模な調査が行われた形跡はない。また、受け入れ開始後も、公益社団法人国際厚生事業団（JICWELS）や厚生労働省がアンケートなどを実施しているが、学習支援改善に直結するデータは乏しい。また、候補者が受験した国家試験の結果の分析も行われていない（厚生労働省 2012a）。つまり、受け入れの各段階、すなわち、①入口（受け入れ枠組み構築時の目標言語調査やニーズ調査）、②途中経過（どのように就労・学習が行われているか）、③出口（国家試験結果）すべてにわたり、必要な調査が不足しているのである。国家試験の分析や、職場での目標言語の調査は、研究者が個人あるいはグループで個別に行っていることが多い。研究内容の重複や人手不足、資金不足などの問題を考えると、本来は政府が主導して行うべきであろう。このことが、場当たり的な制度変更につながっていると言える。

3.4　国家試験の不適切さ

　次に、候補者らが受験する国家試験そのものについての問題である。日本語母語話者と同じ国家試験を課すことが前提とされているが、その意味づけがなされていない。そもそも、なぜ読み書きなのか、患者や施設利用者とのやりとりや口頭での業務引き継ぎの能力は問わないのか、なぜインドネシア語やフィリピノ語や英語の試験ではなく、日本語での試験である必要があるのか、などの議論がないまま、日本語による国家試験をそのまま受けさせる、という選択になった点に問題がある。国家試験の内容自体も相当に難解な日本語で書かれている（田尻 2011、遠藤・三枝 2013）。

3.5　関係者間の連携・ノウハウ継承の問題

　関係する日本語研修機関や受入病院・施設、省庁などの間の連携やノウハウ継承が円滑でない点も指摘できる。
　まず、6ヶ月研修実施機関が毎年のように変わっている点が挙げられる。6ヶ月研修は、初年度の2008年度に財団法人海外技術者研修協会（AOTS、現：一般財団法人海外産業人材育成協会（HIDA））と独立行政法人国際交流基金（JF）が担当したが、翌年からは公募となった。その結果、AOTSのほか、民間の日本語学校も受注し、それぞれが独自にカリキュラムを編成し、それぞれが異なる教材を使用して研修を行っている。互いに競争相手であり、しかも毎年入札が行われるため、経験の継承も期待しづらい[9]。その他、毎年、受託が決まるまで準備にかかれないため、制度の変更に即座に対応できない場合もある。さらに、講師を継続的に雇用することができないため、数ヶ月単位での契約となってしまう点など、単年度入札をめぐる課題は多い。

9　本稿の筆者もAOTSでEPAの日本語教育の担当者として勤務したが、カリキュラムの詳細など情報共有の制約には気を遣わざるを得なかった。

また、担当省庁が分かれていることも事態を複雑にしている。フィリピンEPAは経済産業省が、インドネシアEPAは外務省がそれぞれ6ヶ月研修を担当しているため、それぞれ独自に日本語研修実施団体の公募入札を行う。そのため、フィリピンの看護と介護、インドネシアの日本語研修を実施する団体は異なる[10]。日本語研修機関同士は、お互いにライバルであるため、ノウハウの共有も限定的である（布尾2011a）。

　同一機関が連続で受注できたとしても、教育対象が異なれば、研修内容も異なる。例えばAOTSは、EPAによる受け入れが始まった2008年度はインドネシアの看護と介護の6ヶ月研修を行ったが、次年度はフィリピンの看護師候補者の研修を行っている。対象となる学習者の属性が異なるため、前年度の研修で作成した教材などをそのまま使用できないことになる。

　また、2011年度からはJFが来日前の予備教育を行っているが、候補者は来日前の予備教育機関（JF）→6ヶ月研修機関→受入病院・施設と、最低でも三つの機関で研修を受けることになる[11]。これらの機関で一貫した日本語学習を行うことは難しい。

　すなわち、①年度をまたいだノウハウの継承がしにくいこと、②同時期に研修を行う機関同士の「横の連携」がとりにくいこと、③学習段階ごとの研修機関同士の「縦の連携」がとりにくいこと、の3点が大きな課題となっている。

3.6　小括

　以上のように、3.1～3.3は、目標言語の調査が不足していることにより、学習内容、評価、学習方法や教材などが定まらない、という、言語教育の観点から見れば、基本的な悪循環と言える。3.4は、当の目標言語（国家試験の日本

10　フィリピンは看護と介護別々の業者が受託する。インドネシアは看護と介護をまとめて一つの業者が受託するなど、仕組みが異なる。
11　EPA応募以前から日本語を学習している候補者や、病院・施設の委託で日本語学校に通う候補者などは、4つ以上の教育機関を経ることになる。

語）のあり方がそもそも適切ではない、という点である。この点については5節で詳しく述べる。また、3.5は、「単年度入札」や「縦割り行政」の弊害という、いわば日本の行政に広く見られる問題点と共通する課題だと言えよう。次節では、これらの問題点を抱えて出発した候補者受け入れの結果について述べる。

4 受け入れの結果と日本政府の対応

4.1 国家試験合格者数低迷、大量の帰国者

　ここで、受け入れの結果を確認しておこう。表1は、国家試験合格者を示したものである。2008年に来日したインドネシア人看護師候補者は、2011年2月の試験が、協定上の期限である3年間の最後の受験機会であった。その時点での合格者は15人であった。特例により滞在期間の1年延長が認められ[12]、希望者は翌年も受験機会を得たが、累積合格者数は来日者104人のうち23.1%、24人に留まった。一方、2012年1月の第24回介護福祉士国家試験では、インドネシア第一期生の候補者の合格者は、当初来日した104人の33.7%にあたる、35人であった。1年間の滞在延長を経て、2013年の試験で10人が新たに合格、最終的な通算合格者数は46人（44.2%）となった[13]。実際に受験した候補者に

12　2008年・2009年の来日者に関しては、政府による日本語の学習支援が本格化する前だったため、「一定の外交上の配慮」のため、特例として1年間の滞在延長が認められた（2011年3月11日閣議決定（「経済連携協定（EPA）に基づくインドネシア人及びフィリピン人看護師・介護福祉士候補者の滞在期間の延長について」http://www.kantei.go.jp/jp/kakugikettei/2011/0311entyo.pdf）。国家試験で一定の成績をおさめることや受入機関による研修改善などが条件となっている。その後、インドネシア人、フィリピン人ともに、2013年の来日者まで、特例が認められた（2015年2月末時点）。
13　インドネシア帰国後、再来日して受験し合格した1人を含む。

表1　国家試験合格者数

	来日年度	来日者数	協定上の期限内の累積合格者数（対来日者割合）	滞在延長後を含めた累積合格者数（対来日者割合）
看護（尼）	2008	104	15 (14.4%)	24 (23.1%)
	2009	173	24 (13.9%)	39 (22.5%)
	2010	39	11 (11.8%)	13 (35.3%)
介護（尼）	2008	104	35 (33.7%)	46 (44.2%)
	2009	189	75 (39.7%)	80 (42.3%)
看護（比）	2009	93	11 (11.8%)	15 (16.1%)
	2010	46	5 (10.9%)	8 (17.4%)
介護（比）	2009	190	41 (21.6%)	47 (24.7%)

厚生労働省（2014a、2014b、2014c、2014d、2014e）を基に作成。滞日一年延長後の最後の受験機会を迎えた2008〜2010年の来日者のみを集計した。表中の「尼」はインドネシア、「比」はフィリピンを示す。

限った合格率で見ると48.9%（日本人も含めた受験者全体では64.6%）と、看護に比べれば健闘している。

　フィリピン人候補者については、2009年度来日の第一期看護師候補者93人のうち29人が、3回目の国家試験受験機会を待たず帰国した（厚生労働省2012c）ことなどもあり、合格率は16.1%と、インドネシアより低い。

　合格者数・帰国者数だけで成否を評価することには慎重であるべきだが、一部の病院に合格者が集中している現状なども考え合わせると、少なくとも受け入れ枠組み全体として成功しているとは言い難い。

4.2　日本政府によるこれまでの追加施策

　受入病院・施設での研修や国家試験受験において候補者らの苦戦が伝えられて以降、日本政府は様々な対策を講じてきた。代表的なものを、候補者の来日から帰国までの局面別（①〜⑤）に整理すると、以下のようになる（神吉・布尾・平田 2012）。

①**来日前**：日本語予備教育を追加

（2011年度来日者から国際交流基金が実施。2012年度来日者は尼6ヶ月、比3ヶ月。2013年度来日者からは両国とも6ヶ月となった。）

②**協定上の6ヶ月研修**：日本語研修の時間の追加（フィリピン）

③**就労開始後**：あ：学習のための補助金

　　　　　　　い：日本語教材や国家試験模擬試験の送付

　　　　　　　う：候補者の集合研修

④**国家試験**：・2011年の試験から、病名の英語併記やルビなど

　　　　　　・2013年の試験から、試験時間延長、総ルビの問題が選択可能に

　　　　　　・不合格の場合でも、成績等の条件を満たせば滞在期間1年延長可に

⑤**帰国後**：在インドネシア日本大使館での就職説明会（2011年から）

　このように、各局面について、日本政府が何らかの支援策を講じているとはいえ、「対症療法」の色彩が濃い。試行錯誤が続いていることがわかる。

　制度の頻繁な運用変更による副作用は大きい。以下、一例として、上述した追加施策のうち、日本語研修期間が徐々に長くなっている点を挙げる。候補者らの日本語能力が不十分とされたため、2011年度からは、6ヶ月研修の前に、インドネシア・フィリピンにおいて2〜3ヶ月間[14]、JFが来日前予備教育を行うことになった。その後、期間が延長され、2013年度来日者からは、インドネシア・フィリピンとも6ヶ月となっている。予備教育に来日後の6ヶ月研修を加えると、就労開始前に合計で12ヶ月間の日本語教育を受ける計算になる。この、研修期間の変更は、候補者にとっては望ましい方向であるが、研修機関にとっては、毎年カリキュラムの変更を迫られ、経験が蓄積しにくい理由の一つとなった。

14　インドネシアは看護・介護とも3ヶ月、フィリピンは看護が2ヶ月、介護が3ヶ月であった。

その他の制度運用の変更点としては、インドネシア人候補者向けの6ヶ月研修の実施場所が挙げられる。初年度の2008年度は、6ヶ月間すべてが日本での研修であった。ところが、翌2009年は最初の4ヶ月をインドネシアで、2ヶ月を日本で行うという条件であった。その次の2010年は最初の2ヶ月をインドネシアで、4ヶ月を日本で行うことになった。2011年以降は、日本での研修が続いている。このような変更により、教材・教具の準備や講師手配、学習進度の調整など、かなりの変更が生じる[15]。経験の蓄積という点では明らかなマイナスである。本稿を執筆している2014年時点では、来日前の予備教育6ヶ月と来日後の日本語研修6ヶ月が定着するなど、試行錯誤の末、安定している感があるが、それまでの迷走は問題点として指摘しておいてよいだろう。

5　EPA候補者のための配慮の諸相

　以下、「国家試験」「国家試験準備」「業務の日本語」の三つの観点から、EPA候補者のために行われた、日本語面で配慮しようとする動きについて述べる。主として制度設計全体に影響を与えうる、公的機関による動きを取り上げる。

5.1　国家試験の日本語の簡略化へ向けて

5.1.1　厚生労働省開催の検討会

　EPA候補者の受け入れを受けて、看護師・介護福祉士国家試験を見直す目的で、厚生労働省は以下の三つの検討会を立ち上げた。以下、概略を記す（詳細は布尾2012を参照）。

15　筆者は、2010年にAOTSがインドネシアで2ヶ月の研修を行った際に日本語研修コーディネーターを務めていたため、これらの困難を身を以て経験している。

表2　EPA候補者への対応を目的とした国家試験に関する有識者検討会

検討会	厚生労働省（事務局）	開催期間
①「看護師国家試験における用語に関する有識者検討チーム」	医政局看護課	2010年6月～8月（全6回）
②「看護師国家試験における母国語・英語での試験とコミュニケーション能力試験の併用の適否に関する検討会」	医政局看護課	2011年12月～2012年3月（全4回）
③「経済連携協定（EPA）介護福祉士候補者に配慮した国家試験のあり方に関する検討会」	社会・援護局福祉基盤課	2012年3月～6月（全5回）

表3　用語の置き換え等の対応策一覧

平易な日本語に置き換えても医療・看護現場及び看護教育現場に混乱を来さないと考えられる用語等への対応	対応策①	難解な用語の平易な用語への置き換え
	対応策②	難解な漢字への対応（ふりがな）
	対応策③	曖昧な表現の明確な表現への置き換え
	対応策④	固い表現の柔らかい表現への置き換え
	対応策⑤	複合語の分解
	対応策⑥	主語・述語・目的語の明示
	対応策⑦	句読点の付け方等の工夫
	対応策⑧	否定表現はできる限り肯定表現に転換
	対応策⑨	意味が分かりやすくなるよう文構造を変換
	対応策⑩	家族関係の明示
医学・看護専門用語への対応	対応策⑪	疾病名への英語の併記
	対応策⑫	国際的に認定されている略語等の英語の併記
	対応策⑬	外国人名への原語の併記
	対応策⑭	専門用語の置き換え等は文脈によって判断する

5.1.1.1　検討会①「看護師国家試験における用語に関する有識者検討チーム」

　国家試験に含まれる難解な用語を見直すための検討会である。医療関係者が中心であるが、日本語・日本語教育専門家として田中牧郎氏（人間文化研究機構国立国語研究所）と西口光一氏（大阪大学）が含まれている。

　全6回の検討会を経て「看護師国家試験における用語に関する有識者検討チームとりまとめ」が公表された。「難解な用語の平易な用語への置き換え」「難

図1　看護師国家試験過去問題の用語の置き換え例

〈状況設定問題〉

第98回午前　問112〜114

次の文を読み【112】〜【114】の問いに答えよ。

4歳の男児。3、4日前から活気がなく、眼瞼と下腿の浮腫に母親が気付き来院した。血液検査の結果、総蛋白3.7g/dl、アルブミン2.1g/dl、総コレステロール365mg/dl、尿蛋白3.5g/日で、ネフローゼ症候群と診断され入院した。入院時、体重18.0kg。尿量300ml/日、尿素12mg/dl。

【見直し後】

次の文を読み【112】〜【114】の問いに答えよ。
Aちゃん（4歳、男児）は、3、4日前から活気がなかった。母親がAちゃんの眼瞼と下腿に浮腫があることに気付き、来院した。Aちゃんの血液検査の結果は、総蛋白3.7g/dl、アルブミン2.1g/dl、総コレステロール365mg/dl、尿蛋白3.5g/日で、ネフローゼ症候群と診断され、入院した。
nephrotic syndrome
入院時のAちゃんの状況は、体重18.0kg、尿量300ml/日、尿素12mg/dl であった。

【適用した対策】

【Aちゃん〜は、】⑥、⑦
【なかった。】⑦
【母親が】⑨
【Aちゃんの】⑥
【眼瞼と〜があることに】③
【、】⑦
【Aちゃんの血液検査の結果は】③、⑥
【nephrotic syndrome】⑪
【、】⑦
【入院時のAちゃんの状況は】③
【、】⑦
【であった。】⑥

「看護師国家試験における用語に関する有識者検討チーム「とりまとめ」〈別紙〉」より

解な漢字への対応（ふりがな）」などの検討結果は、看護師国家試験の問題作成に反映された。「看護師国家試験における用語に関する有識者検討チーム「とりまとめ」」が示す対応策は、**表3**のとおりである。

「とりまとめ」は、実際の国家試験の過去問題を挙げ、置き換えの例を記している（**図1**は一例）。

以下、「とりまとめ」から、特徴的な部分を2カ所引用する（傍点は筆者による）。

　2．経済連携協定による外国人看護師候補者の日本語習得等の状況と課

題
- ○　看護師国家試験問題に解答するためには、看護師として現場で働く際に求められる日本語の読み書き能力より高度な日本語の読解能力が必要とされている。
- ○　一方、医療現場では患者・家族及び医療関係者とのコミュニケーションを適切に行うことや、医学・看護専門用語を正確に理解し、薬剤等を確実に照合することが不可欠である。医療安全の観点からも、相応の日本語の読み書き能力が必要である。看護師国家試験においてはこのような能力を有しているか否かについても問うことができるよう問題を作成する必要がある。(「とりまとめ　概要」)

- また、看護師国家試験で使われる医学・看護専門用語に英語を併記することは、グローバル化が進む現在、我が国の看護にも意義があると考えられる。
- 医学・看護専門用語のうち、医療・看護現場において診療録では疾病名が英語で記載されることも多い。チームで医療を行う上で看護師も英語で記載された診療録の疾病名を理解することは重要であり、看護師国家試験の試験問題において疾病名に英語を併記することは適当である。(「とりまとめ」)

　これらの抜粋からは、検討チームが「看護師国家試験問題に解答するためには、看護師として現場で働く際に求められる日本語の読み書き能力より高度な日本語の読解能力が必要とされている」と、必要以上に難解な、国家試験のための日本語を追認していることがわかる。
　また、検討にあたって、「我が国の看護」にも意義がある点に限って対応していることも指摘できる。日本語非母語話者への配慮、は副産物としての扱いである。「あなたにも利益がある」との論法に拒否反応を示す人はいないであろう。国家試験に英語が併記されても、もともと日本語で学習している日本語

母語話者の受験者にとって役に立つとは思えないが、建前であるとしても、すべての人に有益、という主張は有効である。

5.1.1.2　検討会②「看護師国家試験における母国語・英語での試験とコミュニケーション能力試験の併用の適否に関する検討会」

　検討会②では、EPA に基づき来日した看護師候補者を対象に看護師国家試験で母国語・英語での受験を認めることの是非と、認める場合に、日本語のコミュニケーション能力を確認するためのコミュニケーション能力試験を併用するかどうかが検討された。大学の医学・看護学教員、経済団体理事など14人で構成されたが、言語教育関係者が含まれていなかったこともあり、そもそもコミュニケーションとは何か、など、議論は迷走した（布尾2012）。

　報告書では、看護の専門知識・技能を問う母国語・英語の試験と、日本語のコミュニケーション能力試験との併用で対応できるという意見も紹介したものの、多数意見は「日本語による国家試験の実施が必須」であるとして、コミュニケーション能力試験との併用に関しては否定的な内容となった。また、「母国語・英語での試験実施以外の改善方策について」も文書に盛り込まれた。「既に行われているふりがな付記や英語での併記の実施範囲について更なる検討の余地がある」としたほか、試験時間の延長についても賛否両論が記された。

　この報告書を受けて、2012年3月、小宮山洋子厚生労働大臣（当時）は、日本語による国家試験の実施継続を受け容れたうえで、候補者の試験時間の延長および漢字すべてにふりがなをつけることを指示した。いわば「鶴のひと声」である。小宮山氏は、介護福祉士国家試験についても、次の検討会③で同様の配慮を検討するよう求めた。

5.1.1.3　検討会③「経済連携協定（EPA）介護福祉士候補者に配慮した国家試験のあり方に関する検討会」

　検討会②と名称は著しく異なるものの、同じ経緯で開催された会議である。いわば、看護師を対象としていた検討会②の介護福祉士版であるが、こちらは

「配慮」を前面に出している点が根本的に異なる。母国語・英語による専門技術試験とコミュニケーション試験との併用の適否のほか、試験時間の延長、試験問題中の漢字にふりがなを振るか否かが議論された。委員7人のうち、2人は介護の専門日本語教材の作成に関わる日本語教育関係者であった（国際交流＆日本語支援"Y"の橋本由紀江氏、東京国際大学の川村よし子氏）。議論の結果、比較的候補者に好意的な報告がなされた。主な項目は以下のとおりである。

- 問題文の日本語をわかりやすくする。
- 日本語専門家が試験作成過程に関わる。
- 最大限の配慮をし、候補者の試験時間を1.5倍に延長する。
- 候補者が、すべての漢字にふりがなを振った問題用紙を選択できるようにする。
- コミュニケーション能力試験との併用は行わず、国家試験は日本語で行う。
- 学習支援の充実

結果的に、この検討会③の結果は、介護福祉士国家試験だけでなく、看護師国家試験にもおおむね適用された（総ルビ・時間延長など）[16]。

5.1.2 日本語教育学会「看護と介護の日本語教育ワーキンググループ」の提言

次いで、「看護と介護の日本語教育ワーキンググループ」の動きについて述べる。日本語教育学会のワーキンググループである。2009年度から2011年度までの3年間、期間限定で活動した[17]。介護福祉士国家試験・看護師国家試験の

16　厚労省（2013）「第102回看護師国家試験で経済連携協定（EPA）に基づく外国人候補者への特例的な対応をします」（http://www.mhlw.go.jp/stf/houdou/2r9852000002vaz4.html）

17　2012年度からは日本語教育学会内で「看護と介護の日本語教育研究会」とし

日本語面での分析や、国家試験の日本語をわかりやすくする提言を行った（日本語教育学会　看護と介護の日本語教育ワーキンググループ 2012ほか）。これらの提言は、候補者に対する具体的な調査に基づいたものではなく、主として日本語教育の専門家が経験に照らして難易度を判断したものである。介護の専門日本語という分野においては、実際に候補者にとってどのような言葉が難しいかの調査が必要だと思われるが、少なくとも、「一般の日本語母語話者あるいは日本語学習者にとって、日本語面で難解である」との指摘としては意義があったと思われる。

5.2　「やさしい日本語」による教材

　「やさしい日本語」[18]の発想にもとづいた教材も何点か出版されている。

　聖隷福祉事業団が作成し2011年に発行した『やさしい日本語版　介護福祉士　新カリキュラム　学習ワークブック』である。このワークブックは、川村よし子氏を中心に、旧日本語能力試験3級までの基本語彙に加えて、介護福祉士国家試験に頻出する808の専門語彙[19]を使用して、介護福祉士のカリキュラムに準じた教材をすべて「やさしい日本語」を用いて書き換えたものである。

　小原ほか (2013) の『やさしい解説付き看護師国家試験対策テキスト』は、看護師国家試験の過去問題の問題集に、わかりやすい日本語による解説をつけたものである。

　また、公益社団法人国際厚生事業団（JICWELS）が日本語の専門家と協力して作成した看護・介護の国家試験対策教材が、病院・施設や候補者に配付されている。

　　　て、活動を続けている。
18　「やさしい日本語」についての詳細は、本書1章の義永論文を参照。
19　『介護福祉士国家試験に出る単語「かいごたん　808」ver.1』(http://chuta.jp/Archive/808_kaigo_tango_%E4%BB%8B%E8%AD%B7%E5%8D%98%E8%AA%9E_ver1.pdf) を参照。

5.3　業務の日本語の見直し

　次に、業務の日本語を見直す動きについて述べる。『病院の言葉を分かりやすく──工夫の提案』(国立国語研究所「病院の言葉」委員会編著 2009) は、EPA候補者を念頭に置いたものではないが、難解な医療用語を患者にわかりやすく説明するための工夫について、緻密な調査・検討の結果をまとめた画期的な本である[20]。

　ここでは書籍を代表例として取り上げたが、個別の病院・施設で、業務の日本語の見直しが行われていると思われる。一例として、ある介護施設のEPA担当者は、2013年7月に開催されたEPA関係者の会合で、「候補者が来てから、介護記録の記載方法を簡略化している。日本人にもわかりやすい」と述べていた。

　以上、「国家試験」「国家試験準備」「業務の日本語」の3つの観点で行われつつある候補者らへの配慮について記した。

20　画期的な書ではあるが、踏み込みが足りないと思われる点もある。同書はまえがきで、「医療者が患者やその家族を相手にして使う言葉」について、わかりやすくすることを提案している。その一方で、「厳密な定義や用法に基づく専門家同士の『病院の言葉』」については、高度に専門化された医療の分野で重宝かつ不可欠な言葉として、存分に使いこなされるべきです。非専門家が分からないからといって、専門分野の必要性を越えてまで「分かりやすく」すべきものではありません。」と述べている。医療者向けに書かれた同書のまえがきとしてはもっともな表現であるが、これは同時に、専門家同士のことばは内容の如何を問わず聖域化する、ということを意味する。医療者の一員として、言語面においては患者よりも困難を覚えるであろう看護師候補者を受け入れる以上、「専門家同士の言葉」についても、必要性を吟味する覚悟が必要であろう。

6　まとめ

　EPAによる看護師・介護福祉士候補者の受け入れ枠組みは、日本語で、日本人受験者と同じ国家試験を受験させるという、同化主義的な枠組みである。また、関係省庁の縦割りにより、連携がとりづらいなど、旧態依然とした取り組みが目立っている。そして、合格率低迷という現実を前に、大規模な調査を行うこともなく、なし崩しにさまざまな対処策を行ってきたことも問題点として指摘できる。この背景としては、安里（2014）による「合格率を高めることでEPAが不平等協定でないことを証明する必要があった」(141)という指摘が妥当だろう。いわば、外圧により様々な対応を迫られた、ということであり、その点でも旧態依然である。

　ただ、前向きにとらえてもよい展開もある。とりわけ、国家試験の日本語の見直しについては、少なくともそれが可能であることを示したという意味で、「日本語が拓かれていく可能性が見える」（山本2014: 302-303）からである。

　本稿では、制度の問題点を記述すると同時に、その中でも試行錯誤を繰り返しつつ、様々な配慮が行われている点に注目して論じてきた。それは、候補者に対していささか政治的に便宜を図る配慮であったり、日本語を簡便にするという言語的な配慮であったりするが、いずれも「やさしさ」と結びつけることができるだろう。

　看護・介護は特殊な分野だと考えられがちだが、実は、本書1章の義永論文の主題である「日本人による日本語の学び直し」のほとんどの論点が当てはまる。「国家試験の見直し」「やさしい日本語による教材作成」「外国人との話し方」などがそれである。「共生日本語」を医療現場の日本語に重ね合わせることも可能だろう。

　また、情報弱者に対する情報保障から、「ユニバーサルデザイン」の概念も援用できる。国家試験を看護師・介護福祉士候補者向けにやさしくするのは、他の外国人受験者や、日本人受験者のためにもなる、という発想は、まさしく

ユニバーサルデザインの考え方である。

　課題として、まず、目標言語の、どのような点がわかりにくいかの調査が必要である。国家試験問題の言語的な分析のほかに、実際に試験を受ける候補者が何を難しいと感じるかを知ることが重要である。看護と介護の日本語教育ワーキンググループの報告書や、国立国語研究所「病院の言葉」委員会編著（2009）は、研究者、あるいは日本語母語話者が「難しい」と判定したものが中心であったが、候補者ら当事者がどのように受け止めるかという調査も必要だろう。川村氏らの『かいごたん808』の抽出など、目標言語のうち「どうしても外せない用語」の抽出などの例も参考になるのではないだろうか。

　しかるべき調査を経て、問題の所在がわかったところで、次に何をするかを検討すべきである。その際、ユニバーサルデザインの観点が応用できる。国家試験の問題文における主語の欠落や、日常生活で見かけることのない語彙などを除外し、できるだけだれにとってもわかりやすくすることなどがそれである。

　そのうえで、日本語の運用能力において不利を抱える候補者らに対する「合理的配慮」については、個別の検討が必要であろう。国家試験の問題文で、病名や人名に英語の病名を付記する、あるいは、問題文を総ルビにする、試験時間を延長する、などの対応策がそれにあたる。

　ただ、何がわかりやすいかは、人によって異なる。その配慮を受けるかどうかの選択の権利が認められていることが望ましい。例えば、日本語母語話者や、漢字をある程度以上習得した学習者にとって、総ルビはかえって読解の妨げになるだろう。自分に合ったものを「選べる」ということが重要である。そして、候補者が総ルビの問題用紙を選べるという点で、それは一部実現されている。これは、松尾ほか（2013）が外国人・ろう者・難聴者・知的障害者に対する情報保障について、「情報保障に必要なのは、人間の多様性をきちんと把握したうえで、情報のかたちをその人にあわせることです」(25) と述べる際の問題意識と重なる。

　つまり、図式化すると以下の3段階となる。

①目標言語の調査および対象者に対する調査を行い、障害となっているものの姿や性質を明らかにする。(だれにとって何がわかりにくいかの具体的な調査)
　　　↓
②その言語の母語話者にとってもわかりにくい点などは、ユニバーサルデザインの観点から、だれにでもわかりやすいよう変更する。
　　　↓
③情報弱者に対する個別の配慮を行う。(本人が選択できることが望ましい)

　以上は、看護師国家試験のみならず、法律・国家試験・病院でのやりとり、警察でのやりとり、役所での手続き、携帯電話の契約など、さまざまな局面において言えることである。EPA看護師・介護福祉士候補者の受入病院・施設の中には、「候補者がきてくれたことで、日本語について考えるきっかけになった」との声もある。義永論文の「日本語の学び直し」をもじって言えば、「日本語の作り直し」の好機と捉えてもよいのではないか。
　抜本的に作り直すことが難しい場合でも、選択肢を提供することは可能である。本稿で取り上げた看護師・介護福祉士国家試験以外の場面でも、選択肢を増やすことはできる。地方自治体のホームページを例に挙げると、ルビの有無の選択、やさしい日本語版の選択、意味の表示の有無の選択、希望する言語の選択などが思い浮かぶ。予算や人的資源の制約はあるだろうが、情報通信技術を駆使すれば、実現は可能だと思われる(そして浜松市のように、実現している自治体もある[21])。
　今後の日本社会を考えれば、EPA候補者のみ特別扱いの「配慮」ではなく、外国人移民に普遍的に適用できる仕組みの構築が必要である。日本語母語話者も含めて「だれにでもやさしい」というユニバーサルデザインの実現が第一歩

21　浜松市ホームページ (http://www.city.hamamatsu.shizuoka.jp/index.html) 参照。

であるが、日本語非母語話者に対しては、それからさらに一歩踏み込んだ「やさしさ」が求められる。その際、受け手の声に耳を傾け、協働して最善の道を模索する必要がある。

　今後、不可避的に多言語化に向かっていく日本において、だれもが住みやすい社会を形作るためには、「日本語の作り直し」が鍵となるだろう。

参考文献
安里和晃(2008)「経済連携協定と外国人看護師・介護福祉士の受け入れ──政策決定プロセスと制度の問題点」『世界人権問題研究センター研究紀要』第13号、219-239
安里和晃(2011)「EPAによる看護師・介護士受け入れ制度について」安里和晃編著『労働鎖国ニッポンの崩壊人口減少社会の担い手はだれか』ダイヤモンド社、106-131
安里和晃(2014)「超高齢社会の到来と移民の受け入れ──介護士・看護師への扉を真に開く」『なぜ今、移民問題か』、別冊環20、藤原書店、138-145
遠藤織枝・三枝令子(2013)「介護福祉士国家試験の平易化のために：第23回、24回試験の分析」『人文・自然研究』7、22-41
羽澤志穂・神吉宇一・布尾勝一郎(2009)「EPAによるインドネシア看護師・介護福祉士候補者受け入れ研修の現状と課題」『2009年度日本語教育学会春季大会予稿集』、182-186
神吉宇一・布尾勝一郎・羽澤志穂(2009)「EPAによるインドネシア看護師・介護福祉士候補者受入研修の現状と課題(2)──研修デザインという視点から」『日本語教育学会秋季大会予稿集』、129-134
神吉宇一・布尾勝一郎・平田好(2012)「日本における外国人就労者受け入れに関する課題の再検討──日本語教育の社会的役割とは」『2012年度日本語教育学会春季大会予稿集』、29-40
小原寿美・岩田一成・細井戸忠延・菅井（大津）陽子(2013)『やさしい解説付き看護師国家試験対策テキスト』(自主公開モニター版)
国立国語研究所「病院の言葉」委員会(編著)(2009)『病院の言葉を分かりやすく──工夫の提案』勁草書房
厚生労働省(2010)（検討会①資料）
　　http://www.mhlw.go.jp/stf/shingi/other-isei.html?tid=127333

厚生労働省（2012a）（検討会②資料）
　　http://www.mhlw.go.jp/stf/shingi/other-isei.html?tid=127334
厚生労働省（2012b）（検討会③資料）
　　http://www.mhlw.go.jp/stf/shingi/other-syakai.html?tid=141293
厚生労働省（2012c）「経済連携協定に基づく外国人看護師・介護福祉士候補者等の現状」
　　http://www.mhlw.go.jp/stf/shingi/2r98520000022rbv-att/2r98520000022rh1.pdf
厚生労働省（2014a）「第26回介護福祉士国家試験におけるEPA介護福祉士候補者の試験結果　別添2」
　　http://www.mhlw.go.jp/file/04-Houdouhappyou-12004000-Shakaiengokyoku-Shakai-Fukushikibanka/0000041987.pdf
厚生労働省（2014b）「経済連携協定（EPA）に基づく外国人看護師候補者の看護師国家試験の結果（過去6年間）」
　　http://www.mhlw.go.jp/file/04-Houdouhappyou-10805000-Iseikyoku-Kangoka/0002_2.pdf
厚生労働省（2014c）「インドネシア人看護師・介護福祉士候補者の受入れについて」
　　http://www.mhlw.go.jp/stf/seisakunitsuite/bunya/0000025091.html
厚生労働省（2014d）「フィリピン人看護師・介護福祉士候補者の受入れについて」
　　http://www.mhlw.go.jp/stf/seisakunitsuite/bunya/0000025247.html
厚生労働省（2014e）「経済連携協定（EPA）に基づく外国人看護師・介護福祉士候補者の受入れ概要」
　　http://www.mhlw.go.jp/file/06-Seisakujouhou-11650000-Shokugyouanteikyokuhakenyukiroudoutaisakubu/epa_gaiyou.pdf
聖隷福祉事業団編（2011）『やさしい日本語版　介護福祉士　新カリキュラム　学習ワークブック』、静岡県
日本語教育学会　看護と介護の日本語教育ワーキンググループ（2012）『「看護と介護の日本語教育ワーキンググループ」最終報告書』日本語教育学会 http://www.nkg.or.jp/kangokaigo/houkokusho/
布尾勝一郎（2009）「インドネシア人看護師・介護福祉士候補者受け入れに関する新聞報道──「日本語」と「イスラム教」をめぐる記述の問題点について」『社会言語学』IX、95-112
布尾勝一郎（2011a）「海外からの看護師候補者に対する日本語教育」『日本語学』明治書院、Vol.30-2（2011年2月号）、8-18
布尾勝一郎（2011b）「インドネシア人EPA看護師・介護福祉士候補者日本語研修の取り組み──バンドンにおける研修を中心に」『2011年度日本語教育学会春季大会予稿集』、297-298
布尾勝一郎（2012）「言語政策的観点から見たEPA看護師・介護福祉士候補者受け入

れの問題点——国家試験に関する有識者検討会をめぐって」『社会言語学』ⅩⅡ、53-71

布尾勝一郎 (2013)「看護師・介護福祉士候補者に対する専門日本語教育——初級からの取り組み」『専門日本語教育研究』第15号、23-26

田尻英三 (2011)「看護師国家試験の漢字・漢語」『国文学　解釈と鑑賞』ぎょうせい、第76巻1号（2011年1月号）、108-115

平野裕子・小川玲子・大野俊 (2010)「2国間経済連携協定に基づいて来日するインドネシア人およびフィリピン人看護師候補者に対する比較調査——社会経済的属性と来日動機に関する配布票調査結果を中心に（ケア特集）」『九州大学アジア総合政策センター紀要』5、153-162

広島日研ドコデモドアーズ (2013)『やさしい解説付き看護師国家試験対策テキスト』

松尾慎・菊池哲佳・Morris, J.F.・松﨑丈・打浪（古賀）文子・あべやすし・岩田一成・布尾勝一郎・高嶋由布子・岡典栄・手島利恵・森本郁代 (2013)「社会参加のための情報保障と「わかりやすい日本語」——外国人、ろう者・難聴者、知的障害者への情報保障の個別課題と共通性」『社会言語科学』第16巻第11号、22-38

山本冴里 (2014)『戦後の国家と日本語教育』くろしお出版

（Webサイトは2014年10月3日閲覧）

第3章

敬語(不)使用の意識と相互交渉
多元文化社会において日本語第二言語話者の敬語観をいかに捉えるか

藤原　智栄美

【キーワード】敬語(不)使用、相互交渉、多元文化社会、日本語第二言語話者、敬語観

1　本稿の問題意識及び目的

　第2章が日本語教育における制度上の問題をEPAを例に記述していたのに対して、本章では、言語使用の実際に潜む問題を「敬語使用意識」に焦点を当てて明らかにしたい。社会には、さまざまな成員がいるが、その成員が互いに、その社会的・文化的な属性や国籍とは関係なく「敬意」をこめ、「やさしい」、「多元的な」コミュニケーションをしていくにはどうしたらよいのだろうか。言語使用自体にそのようなコミュニケーションを阻む問題があれば、それを確認することは、新たなコミュニケーションを構築するための重要な準備作業となるに違いない。

　そのための第一段階として、ここではまず、言語教育に関わる実践者及び研究者の間で語られるディスコースにおける鍵概念の一つである「規範」について考えてみよう。規範とは、行動や判断などの基準となるべき原則を意味する用語である。規範は、研究者や実践者による文脈だけでなく、日常のコミュニケーション場面においても、しばしば母語話者と非母語話者の非対等性及び力関係の差異を生み出す要因となり得るものである。学習者の話し方に対して、

ある人は母語話者の見方を元にその逸脱性に注意を向け、またある人は「郷に入れば郷に従え」という考えを用いてそれらを評価する。言語の母語話者には非母語話者を評価できる特権があるかのようにみなされる状況が存在する。言語教育においては、言語構造の理解と習得からコミュニケーション能力の育成へと焦点が移り変わった後も、母語話者の規範に照らし合わせて学習者の言語行動が評価される傾向があり、また第二言語習得研究においても、学習者言語を捉えようとする際に学習者の誤用に焦点が当てられた1960年代から、コミュニケーション能力の向上が重視されるようになって以降もそうした考え方が根強く続いてきたといえる[1]。

しかし、Firth and Wagner (1997) が"nonnative speakers"という概念に疑問を投げかけて以降、様々な研究者によって母語話者を規範とする言語教育的な見方の問題性が示されてきた。日本語教育においても、近年「常に評価される対象としての日本語学習者」、「日本語＝日本人のもの」といった規範主義的見方への問いかけ（岡崎2007、田中2011等）がなされている。ライフストーリー法を用いて日本語学習者の日本語に対する意識を考察した鄭 (2011: 38) は、「正しい」日本語に向かおうとする学習者の心理的側面を以下のように言及している。

> 多くの日本語学習者は「正しい日本語」を目指して、「日本人のような日本語」を身につけようと努力する。しかし、その「日本人のような日本語」を乗り越えられないことで苦しんだり、ストレスを感じたり、自分の中で「二分化された日本語」の問題（鄭 2010）[2] も起きているのであ

---

1 エリス (1996: 184)、藤原 (2005) を参照。また本論文集第1章（義永論文）の序論にある「日本人・日本語母語話者こそが日本語の所有者であり、外国人・日本語非母語話者は母語話者の規範を学び、それに近づいていくべき存在であるという日本語教育の前提」(p.20-21) と繋がるものである。
2 「二分化された日本語」の問題とは、日本語でのコミュニケーションにおける自分らしさの欠如を指す。鄭 (2010) は、「日本人が話す日本語」が絶対的な規範として存在する場合、学習者は、日本人が話す〈最高の〉日本語の枠に

る。

　日本語教育は、上記のような学習者の持つ葛藤にいかに向き合うべきであろうか。
　西原 (2010) は、多元化する日本社会[3]において必要とされる公正な社会統合政策としての言語政策に基づいた日本語概念の提案を行っている。そこでは、明治以降の標準語化の元となった言語純化主義の考えにより、言語規範が厳しく追及され、今なおそこに合致しない側面を「乱れ」として排除する根強い傾向として継続していることを指摘するとともに、言語教育において規範をいかに捉えるべきかを述べている。

> 日本の言語教育文脈において言語教育立案に関わる者が特に警戒しなければならないのは、その傾向の延長線上にある「正しいことばは一つ」という考え方である。(中略) 将来の日本語社会が、多くの母語話者によって構成される時には、言語転移の種類も、予想もできない規模になっていると推測される。その時には、唯一無二の「正しい」日本語が厳しく追及されるよりも、複数の変種に耐性を持つ日本語社会が実現することが必然となるであろう。またその場合に、国内のリンガ・フランカ（＝公用語）としての日本語は、「日本民族語」ではあり得ない。(西原 2010: 46-47)

　これらの議論に共通するのは、一方的に学習者が日本語・日本文化を習得すべきだとの視点から、相互理解及び相互変容を基に社会の創造に資することを

　とらわれ、日本人のような表現を追求しなければならない状況に置かれてしまう苦しさを感じると指摘している。

3　本稿における多元化する社会・多元文化社会とは、異なる文化が独立して個々に存在するのではなく、それぞれの文化の境界が時には入り交じり影響し合いながら共在する様態の社会と定義する。

目指した研究、実践へと視点の変換がもたらされていることである。

　本稿では、上述した流れを視座に置き、コミュニケーションにおいて話者間の関係性を左右する重要な要素であり、西原の述べる言語純化主義的見方の対象としてしばしば扱われてきた「敬語」とその使用意識について考察する。本稿の問題意識は、日本語の第一言語話者と第二言語としての日本語使用者による日本語コミュニケーション場面の中で、それぞれの話者が共有できる新たな敬語観が見出され得るのかということにある。また、ホスト社会の住民である日本語第一言語話者と、第二言語話者は敬語使用そのものをいかに見ているのか、また互いの敬語使用及び不使用をいかに捉えるのか。互いの敬語意識はいかに相互交渉され得るのか。本稿では、茨城県において行った敬語意識調査を基に次の問いに答えることを目的とする。

①日本語を第二言語として使用する話者（以下、L2話者）は、敬語・敬語使用をいかに捉えているのか。その意識は、日本語の第一言語話者（以下、L1話者）との間で、いかなる差異があるのか。
②互いの敬語使用及び敬語の不使用に対して、L1話者とL2話者はいかに評価を行うのか。また、そうした評価を導く要因は何か。

2　日本語学習者の敬語使用意識及び評価に関する研究の概観

　日本人の敬語使用の実態及び敬語使用意識に関しては、これまでに多くの量的調査が行われ、日常コミュニケーションにおける敬語使用頻度・使用場面等が明らかにされてきた（例えば、文化庁2006）。日本語を第二言語とする話者の敬語使用については、スピーチレベルシフトの枠組み等からの研究がなされているが、敬語使用の意識を考察対象とした研究はそれほど多くない。鈴木(1997)は、「親しくなったのになぜ普通体に切り替えてはいけないのか」との疑問を

持つ日本語学習者が、日本人とのコミュニケーションにおいて普通体を多用することで聞き手に不快感を抱かれる可能性について言及している。杉山 (2003) は、外国人51名に対するアンケート調査を基に日本語学習者が敬語をどのように捉えるのかを分析し、母語に（狭義の）敬語体系がない場合は敬語そのものへの抵抗感が生まれやすく、「敬語で話すと親しくなれない」と感じる傾向が強かったと述べている。中国人日本語学習者のスピーチレベル選択を質的に分析した上仲 (2007) では、丁寧体より普通体使用の方が使いやすいと感じる学習者の意識や尊敬語・謙譲語の回避が見られたことが、事例分析より明らかにされている。徳間 (2010) は、KJ法を用いて、中上級日本語学習者が抱く敬語使用に対する不安感について分析を行った。その結果、学習者は敬語使用に対する能力不足や誤りに対する心配を感じており、他者との会話の中での誤解を防ぐために敬語を回避する傾向があること、また、学習者の敬語使用や学習に対する向き合い方は常に不安定で、ジレンマに陥る可能性と隣り合わせであることを指摘している。藤原 (2011a) は、PAC分析（個人別態度構造分析法）を用いた事例研究を基に日本語学習者の敬語観について考察を行った。分析の結果、「敬語の複雑性」という調査対象者に共通したイメージ項目や、尊敬語・謙譲語に対する心理的距離及び使用のプレッシャーといった否定的イメージが表れた。また、サービス業で用いられる敬語に対して「敬意のない敬語」といった具体的イメージが確認され、敬意と敬語使用を切り離して解釈する様相が示されている。韓国人日本語学習者の敬語観を調べた藤原 (2011b) では、敬語使用者に対する肯定的イメージ（例：「教養がある」、「知的に見える」など）が確認されるとともに、家庭において敬語が教育される傾向がある韓国の社会文化的状況が敬語意識に反映されている可能性が示唆された。さらに、台湾人日本語学習者を対象とした藤原 (2012) では、自身の誤用への不安、使用時の緊張感、恐れといった学習者の心理的負担が表れた。また敬語は、他者に対して親しみを感じにくい「疎」の関係をつくる、親密さを築く上での壁として捉えられるとともに「敬語を簡単にしてほしい」、「敬語をできればなくしてほしい」といった敬語体系の簡素化を求める意識が見られた。

日本語母語話者が日本語学習者の敬語使用をいかに見ているのかを考察した研究も存在する。日本人と日本語学習者の接触場面における敬語使用意識について、伊集院 (2004) は初対面場面におけるスピーチスタイルの選択という観点から分析を行っている。「留学生は、デス・マスを使わないで話すイメージがある」、「(対話相手である留学生が会話の) 早い段階でタメ口になったことに外国人らしさを感じた」というフォローアップインタビューでの日本語母語話者の語りが示され、接触場面において日本語母語話者は、対話者の話し方に対して、自身の言語行動の規範に照らして違和感、不自然さがあると感じた場合に、母語場面とは異なるスピーチスタイルの交渉を行うことがあるとしている。大阪府における外国籍住民の敬語使用意識に対するホスト住民側の評価を考察した松尾 (2006) は、ホスト住民である日本語母語話者が外国籍住民の日本語 (敬語の使用法) に対して寛容であるかどうかをアンケート調査によって明らかにしようとした。尊敬語と謙譲語は人間を目上・目下に分けてしまうものであると考えそれらを使用したくないと考えている留学生が、尊敬語・謙譲語を使うべきかどうかを尋ねたところ、「そう思う」「ややそう思う」と答えたホスト住民が54.1%と過半数を超え、社会における「言語的な共生が外国籍住民の言語的同化によって達成されるべきである」(p.97) と考えるホスト側の傾向が見られたとしている。

　以上のように、日本語学習者の敬語使用意識については、敬語使用に対する学習者の心理的負担やスピーチレベル選択における普通体の多用といった特徴が先行研究によって指摘されているが、事例研究等の質的アプローチを用いた研究が主である。学習者の敬語意識及びその意識に基づく日本人との相互交渉を包括的に捉えるためには、同一内容の調査項目によって日本人・外国籍の人々[4]の意識を考察する定量的研究と相互補完的に組み合わせて考える必要がある。また、ホスト側がいかに外国籍の人々の言語使用を見ているかという視

4　現在の日本社会においては、無国籍の人、外国籍で日本語を第一言語とする人、日本国籍で日本語を母語としない人が存在しており、ことばと国籍の関係性を同一視することに問題はあるが、本稿では通常使用される用語に従う。

点のみならず、外国籍の人々がホスト側の言語使用をいかに見ているかという観点も重要であろう。

3 調査

3.1 調査方法及び対象者

　日本語の第一言語話者及び第二言語話者の敬語及び敬語使用意識を明らかにすることを目的とし、2013年2月から3月にかけて、茨城県内（水戸市、那珂市、日立市、大洗町）において調査を行った。調査用紙は筆者、筆者の知人により配布を行ったが、調査対象者の属性の偏りをできる限り排除するため、大学、日本語学校、一般企業等できるだけ広い範囲において、様々な世代の人々からの回答が得られるよう収集を試みた。その結果、茨城県に在住する日本語L1話者及びL2話者計289名から回答を得た。289名の内訳は、L1話者178名（男性：65名、女性：109名、未記入4名）、L2話者が111名（男性：48名、女性61名、未記入：2名）である。

　調査対象者の年齢は10代〜70代と幅広い世代に分布している[5]。属性は、L1話者については、大学生63名（35.5%）、会社員59名（33.1%）、サービス業12名（6.7%）、家事専業12名（6.7%）、教師4名（2.2%）、その他22名（12.4%）、未記入6名（3.4%）である。一方、L2話者は、大学生53名（47.7%）、日本語学校学生19名（17.1%）、技能実習生12名（10.8%）、会社員6名（5.4%）、教師3名（2.7%）、家事専業8名（7.2%）サービス業を含むその他7名（6.3%）、未記入3名（2.7%）である。

　また、L2話者の出身国・地域は、中国52名（46.8%）、韓国20名（18.0%）、

5　内訳は、20代が125名（43.3%）と最も多く、10代：44名（15.2%）、30代：38名（13.1%）、40代：27名（9.3%）、50代：21名（7.3%）、60代：20名（6.9%）、70代：5名（1.7%）、未記入：9名（3.1%）となっている。

ベトナム6名（5.4%）、インドネシア・タイがそれぞれ5名（4.5%）ずつ、マレーシア・フィリピンが3名（2.7%）ずつ、アメリカ・イギリス・台湾・ブラジル・モンゴルが2名（1.8%）ずつ、ネパール・フランス・ハンガリー・ウガンダ・ガーナ・アフガニスタンが1名（0.9%）ずつとなっている。1名が未記入であった。L2話者の日本語能力については、日本語能力試験N1合格が32名（28.8%）、N2合格が34名（30.6%）、N3合格が5名（4.5%）、N4合格が1名（0.9%）、未受験・未記入が39名（35.1%）である。

3.2　調査項目及び分析方法

　本調査では日本語のL1話者及びL2話者が持つ敬語使用意識の様相及び互いの敬語意識をいかに捉えるのかを明らかにするため、第一の調査項目として、敬語・自己の敬語使用意識に関する質問内容を設定した。それらの項目は、質問内容を選定する際、日本語学習者の敬語観を考察した藤原（2011a、2011b、2012）における事例で日本語学習者が実際に示した敬語のイメージ項目を基に設定されたものである。表1は、本稿で扱う13の調査項目を示している。調査対象者は、それぞれの項目に対し、「非常にそう思う」「そう思う」「あまりそう思わない」「全くそう思わない」の4段階で回答した。

　第二の調査内容として、L1話者、L2話者それぞれの敬語使用に対する互いの評価を捉えるため、筆者が日常接する日本語学習者が、敬語及び日本人とのコミュニケーションの中で違和感を持った事例を基に設問内容を作成した。それぞれの質問には、その回答を選んだ理由を書いてもらう自由記述欄を設けた。内容については、5節で詳述する。

　分析方法としては、アンケート回収後、SPSS統計分析ソフト（PASW Statistics18）に入力を行った。その後、各調査項目での第一言語話者及び第二言語話者の差異の有無を調べるため、全項目に対してMann WhitneyのU検定を行った。また、各調査項目間の関連を見る場合は、Spearmanの順位相関分析を用いた。

表1　敬語・自己の敬語使用意識に関する調査項目

(1) 敬語の使い分けに関する意識
・自分にとって敬語の使い分けは難しい。 ・敬語の使い分けは面倒くさいと感じる。
(2) 敬語使用時の心理的不安感
・敬語を話すとき、緊張する。 ・敬語をまちがえるのはこわいと思う。
(3) 親疎関係と敬語使用に関する意識
・非常に親しくなれば、先生でもできれば敬語を使いたくない。 ・非常に親しくなれば、先輩でもできれば敬語を使いたくない。 ・非常に親しくなれば、年上の友人には敬語を使いたくない。 ・敬語は親しい人間関係作りの壁になるものだと感じる。
(4) 敬語体系の維持の是非に関する意識
・敬語はもっと簡単にした方がいい。 ・できれば日本語から敬語をなくしたほうがいい。
(5) 敬語の規範に対する意識
・敬語を正しく使える人は魅力的である。 ・敬語を正しく使える人は知的である。 ・敬語に美しさを感じる。

　以下、次節より分析結果について述べていく。4節では、敬語・自己の敬語使用に関する意識について、5節では対話している相手の敬語使用・敬語不使用をいかに捉え評価するのかを分析の焦点とする。

4　敬語及び自己の敬語使用に関する意識

　これより、有意差の現れた「敬語の使い分けに関する意識」「敬語使用時の心理的不安感」「親疎関係と敬語使用に関する意識」「敬語体系の維持の是非に関する意識」「敬語の規範に対する意識」の順に、分析結果を示す[6]。

6　全調査項目（25項目）のうち「敬語は敬意を表すための最も良い方法である」、「敬語で優しい気持ちを伝えられる」、「敬語を間違って使うことは恥である」、「敬語は学校で習得される」、「敬語は仕事を通して習得される」、「敬語は日本

4.1　敬語の使い分けに対する意識

　図1、図2は、敬語の使い分けについての「難しさ」と「面倒くささ」についての第一言語話者（L1S）、第二言語話者（L2S）の意識を表したものである。
　まず、「敬語の使い分けが難しい」という調査項目については、「そう思う」「非常にそう思う」を合わせた割合は、L2Sで70.2%となっており、L1S（52.8%）より高い値を示している。Mann WhitneyのU検定の結果、L1SとL2Sの間に有意差が確認された（p<.05）。半数強というL1Sの値は、日本語母語話者の中でも敬語の使い分けが難しいと感じる人が少なくないことを示している。敬語の難しさについては、文化庁（2006）の調査で、67.6%の調査対象者が「難しさを感じたことがある」と答え、難しさの内容として最も割合が高かったのが「相手や場面に応じた敬語の使い方」（78.4%）となっており、本研究同様、コミュニケーション場面での敬語の使い分けが困難だと考える傾向が表れている。
　次に、「敬語の使い分けは面倒くさいか」という問いについては、L2Sの53.8%の人が同意したのに対し、L1Sでは「非常にそう思う」は2.4%にすぎず、「そう思う」と合わせて26.4%であった（有意差：p<.01）。次に「使い分けの難しさ」と「使い分けの面倒くささ」の関連性を見るためにSpearmanの相関分析を行ったところ、これら二つの変数には正の相関が認められ（r=.527, p<.01）、敬語の使い分けが面倒くさいという否定的敬語意識に難しさが影響を与える可能性が示唆された。

4.2　敬語使用時の不安感

　次に、敬語使用時の不安感については、「敬語を話すとき緊張するか」、「敬語を間違えるのがこわいか」という二つの観点から回答を求めた。図3、図4は

特有の文化である」の6項目では、L1話者・L2話者間の有意差が確認されなかった（p>.05）。これらの詳細な分析については、別稿に委ねたい。

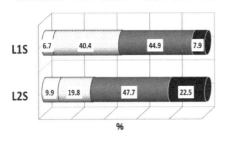

図1 敬語の使い分けは難しい

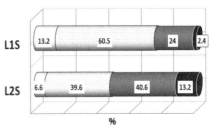

図2 敬語の使い分けは面倒くさい

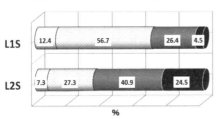

図3 敬語を話すとき、緊張する

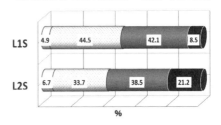

図4 敬語を間違えるのがこわい

その結果を示している。検定の結果、いずれもL1SとL2Sの間に有意差が認められた（「緊張する」がp<.01、「こわい」がp<.05）。図3の「敬語を話すとき、緊張する」については、L2Sのおよそ4人に1人が「非常にそう思う」と回答している。「そう思う」と合わせて65.4％が敬語使用時の緊張感を持っているという結果であった。それに対して、L1Sにおいて「非常にそう思う」は4.5％にすぎず、約7割のL1Sは緊張を感じていないことが分かる。図4の「敬語を間違えるのがこわい」に関しては、L2Sでは6割、L1Sも半数を超えており、敬語使用の誤用に対する恐れを持つ人は両者共に少なくない。

相関分析の結果、「話すときの緊張」と「誤用に対する恐れ」の間には正の相関が認められた（r =.524, p<.01）。また前節の「使い分けの難しさ」も「話

すときの緊張」(r =.527, p<.01) 及び「誤用に対する恐れ」(r =.330, p<.01) と、そして「使い分けの面倒くささ」は「話すときの緊張」(r =.460, p<.01) と正の相関を持つことが分かった。

4.3 親疎関係と敬語使用

　話者の親疎関係に対する意識は、「敬語を用いるか否か」という選択に作用する要因である。図5は、親しい目上の対話者（先生・先輩・年上の友人）に敬語を使いたくないと感じるかどうかを表している。親しい先生・先輩・友人に敬語を使いたくないと感じているL2Sは、「非常にそう思う」と「そう思う」を合わせると、それぞれ40.5％（対先生）、63.1％（対先輩）・57.6％（対年上の友人）となっている。それに対してL1Sは、9.5％（対先生）、16.2％（対先輩）、34.3％（対年上の友人）で、L2Sの値との差が際立っている。いずれの対話者においても、L1SとL2Sで有意差が確認された（p<.01）。これらの結果から、目上の相手とのコミュニケーションにおいて「親しさ」という要因が敬語使用に影響を与える度合いはL1話者とL2話者で異なることが分かる。また、L2Sのこれらの結果は2節で挙げた先行研究で指摘されている日本語学習者の普通体使用の頻度の高さと関連する可能性があると考えられる。

　親疎関係の面から、もう一つの興味深いデータを見てみよう。図6は、「敬語は親しい関係づくりの壁である」に対する回答である。L1Sについては、23.2％が「全くそう思わない」、64.4％が「あまりそう思わない」と回答し、合わせて87.6％にのぼることから、L1Sの大半は親しい人間関係の構築と敬語使用を切り離して考える傾向があることが窺える。それに対し、L2Sについては54％と半数以上が、敬語が人間関係構築の面で否定的に作用すると考えているとの結果であった（L1SとL2Sの有意差はp<.01）。

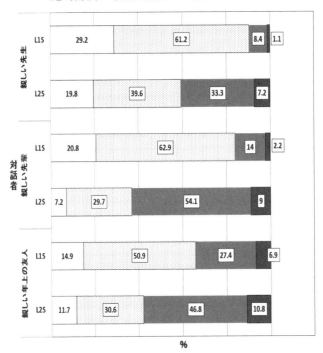

図5 親しい先生・先輩・年上の友人に敬語を使いたくない

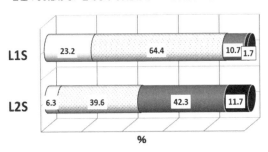

図6 敬語は親しい関係づくりの壁である

4.4　敬語体系の維持の是非に関する意識

　本節では、「敬語をより簡単にした方がいい」、「できればなくしたほうがいい」という敬語の簡素化に関わる意識について述べたい。図7を見ると、「敬語をもっと簡単にした方がいい」という意見について、L1Sの13.8％が「全くそう思わない」、54.6％が「あまりそう思わない」と答え、68.4％が同意しないとの結果となっている。それに対して、L2Sは「非常にそう思う」が28.2％、49.1％が「そう思う」と、77.3％の人が敬語の簡素化に肯定的な意見を示し、両者の意識の差異が大きいことが分かる（有意差：p<.01）。藤原（2012）で見られた敬語の簡素化を望む学習者の敬語意識は、本調査の日本語学習者の多くにも当てはまることを示す結果であるといえる。次に、「敬語はできればなくしたほうがいい」については、L1Sの96.6％が否定的に見ていることが明らかになった。L2Sも反対の割合が高いが、4人に1人は同意しており、敬語そのものに対する心理的な距離が見てとれる（L1SとL2Sの有意差：p<.01）。

　これら二つの項目に対して相関のある変数を調べたところ、「敬語の難しさ」「敬語の使い分けの面倒くささ」「話すとき緊張する」「間違えるのがこわい」「親しい関係づくりの壁である」とはいずれも相関関係にあることが確認された。よって、敬語体系の簡素化の意識は、敬語使用時の心理的負担や敬語に対する否定的イメージとの関係があると考えられる。

4.5　敬語の規範に対する意識

　ここでは、敬語の規範を調査対象者がいかに考えているかについて、正しい敬語を用いる話者のイメージ、敬語の美しさという二つの観点から分析を行う。

　図8、図9は、敬語が正しく使える人は「魅力的」・「知的」であるという調査項目に対する回答結果である。二つのグラフを比べてみると、非常に類似した割合を示しているのが分かる。敬語が正しく使えることが「魅力的」・「知的」であると考えるL1Sは9割以上を占めており、敬語の正しい使用を魅力や

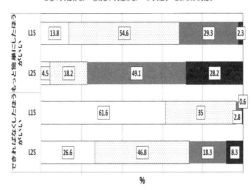

図7 敬語の簡素化・敬語体系の維持に関わる意識

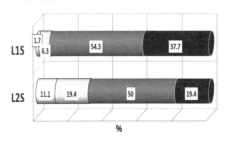

図8 敬語が正しく使える人は魅力的である

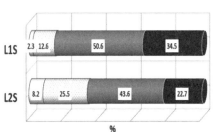

図9 敬語が正しく使える人は知的である

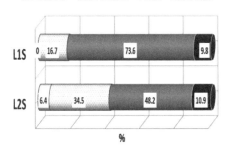

図10 日本語の敬語は美しいと感じる

第3章　敬語（不）使用の意識と相互交渉

知性といった人格面に対する肯定的評価と結び付ける傾向が強く表れている。一方、L2Sで「敬語を正しく使用することが魅力的・知的」であると思わない人は3割にのぼり、L1Sとは若干異なる値となった。

次に「敬語を美しいと感じるか」[7]について結果を述べたい。「敬語の美しさ」についても、L1SとL2S間で有意差が見られた（$p<.01$）。図10を見ると、「非常にそう思う」と答えた割合は、L1S、L2Sで共に約10％であるが、L1Sでは「そう思う」が73.6％で、「非常にそう思う」と合わせると83.4％と多数を占めており、「全くそう思わない」と答えた人はいなかった。L2Sでは「全くそう思わない」「そう思わない」が40.9％で、美しいと感じるかどうかは意見が分かれる。なぜ美しいと感じるかという問いに対しては、「相手を尊重する気持ちだから」「敬語は相手を敬う言葉であり、相手の社会的立場や地位を考え使うから美しく感じます」等、他者への敬意と結び付けられた理由、そして「日本語ならではの音の並びが込められている」「響きがきれい」という音声面の理由が回答として挙げられた。

以上の結果から、L1Sの敬語の「正しさ」「美しさ」に対する規範意識は非常に高い傾向にあることが分かる。その割合においてL2Sとの差が認められるものの、L2Sにおいても敬語を正しく使用することを肯定的に捉える傾向が見られた。

5　L1話者とL2話者の相互交渉：他者の敬語（不）使用をいかに評価するか

本節では、互いの敬語使用・敬語不使用をいかに捉えるのかという観点から

7　「敬語を美しいと感じる」と「敬語を正しく使える人は魅力的」・「敬語を正しく使える人は知的」の相関分析の結果は、「美しさ」と「魅力的」の相関係数が0.359（$p<.01$）、「知的」は相関係数：0.225（$p<.01$）で低い正の相関が認められた。

3つの場面を取り上げ、分析を行いたい。5.1では、日本語第二言語話者の敬語不使用に対する評価、5.2ではサービス場面での敬語使用に対する評価、5.3では、留学生と日本人学生の普通体使用に対する評価について考察を行う。

5.1　日本語第二言語話者の敬語不使用に対する評価

　第一の調査項目として、敬語体系が構造化されていない母語を持つ留学生が、敬語使用は自分らしくないとの理由から初対面場面や目上の人とのコミュニケーション場面で敬語を回避し普通体を使用する言語行動についてどのように思うかを尋ねた。アンケートにおける質問内容は以下の通りである。

> 日本に住む外国籍の人が、以下のように言っています。「私の国のことばには、敬語がありません。敬語を話すと、自分でない気がするので、使いたくありません。」普段も、初対面や目上の人に対して、普通体（ため口）を混ぜながら話しています。この人は、敬語を使うべきだと思いますか。

　分析の結果、この設問に対しては、L1SとL2Sの有意差は認められなかった（p=.066）。敬語を回避しようとする外国籍の人が敬語を使用すべきと答えた人は、L1Sで56.6％、L2Sで66.1％となっており、L2話者の方がより高い値を示した。

　前節の分析から、L2話者が敬語使用に対して心理的負担を感じる傾向にあると述べたが、そうしたL2話者が同じ外国籍の人に対して、敬語使用を求めるのはなぜであろうか。理由を見ると、「日本にいるので、日本のやり方に従うべきだと思う」「初対面や目上の人に敬語を使うのは基本的な礼儀だと思います」という規範的な言語使用を求める意見や、「使ったら関係が親しくなっていく。仲間に入れる」等、人間関係構築のために必要といった意見が挙げられた。

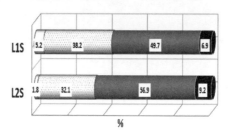

図11 敬語を回避する外国籍の人は敬語を使用すべきだと感じるか

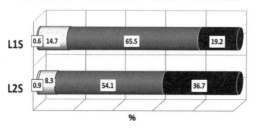

図12 日本語学習者は必ず敬語を学ぶべきだ

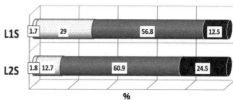

図13 日本語学習者は必ず敬語を正しく使えるようになるべきだ

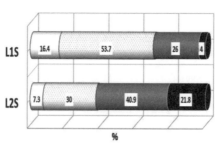

図14 サービス業の敬語はかた苦しすぎる

また、上記の結果と関連する要因として二つのデータを挙げたい。

　図12は「日本語学習者は必ず敬語を学ぶべきだ」、**図13**は「日本語学習者は必ず敬語を正しく使えるようになるべきだ」に対する回答結果で、日本語学習者の敬語学習、敬語習得に関わる意識である。相関分析の結果、「敬語不使用の外国籍の人は、敬語を使用するべきだ」と「日本語学習者は必ず敬語を学ぶべきだ」は相関係数が0.293（$p<.01$）で、「日本語学習者は必ず敬語を正しく使えるようになるべきだ」との間では、相関係数が0.219（$p<.01$）となっており低い相関が認められた。

5.2　サービス場面で使用される敬語に対する評価

　敬語の使用場面としては、目上の人とのコミュニケーション場面、ビジネス場面等が挙げられるが、敬語を耳にする場としては、学習者にとっては店・レストラン等でサービスを受ける場面が最も日常的であると思われる。筆者が担当する日本語のクラスで、あるアメリカ人の学生が「サービス業の敬語はかた苦しすぎます」との否定的な敬語イメージを示したことがある。

　図14は、そうしたサービス業の敬語に対する評価を表している。図を見て分かるように、サービス業の敬語について、非常にかた苦しいと感じるL2Sは21.8％となっており、「そう思う」と合わせると約63％を占める。一方、L1Sは、かた苦しいと感じる人が30％で、そう思わない人は約70％を占めている。このように、サービス業の敬語を肯定的に捉えるか、否定的に捉えるかは、L1話者、L2話者の間で大きく異なる（$p<.01$）。相関分析の結果によると、「サービス業の敬語はかた苦しすぎる」との正の相関を示したのは、「敬語は親しい関係づくりの壁である」（$r=0.464, p<.01$）であった。サービス業の敬語に「かた苦しさ」を感じているのは、L2話者は、しばしばサービス業で用いられる敬語がマニュアル化された形式であると感じており、必ずしもそこに「敬意」が込められているとは限らないとの意識（藤原2011a）が作用しているためではないだろうか。

5.3　留学生と日本人学生の普通体使用に対する評価

　本節では、留学生と日本人学生の普通体使用に対する評価について分析を行う。ある日、20代後半の韓国人留学生が、クラスで会う年下の日本人学生が、年も学年も上である自分に対して敬語を使わないことが失礼だと感じると語った。年下の日本人が敬語を用いないというコメントは他の留学生からも耳にすることがあり、留学生と日本人学生の間のスピーチレベルに対する意識・期待のギャップが存在しているのではないかと考えた。そうした意識の差異は留学生と日本人学生のコミュニケーションの摩擦につながる可能性もあると思われる。よって、本調査では、「留学生・日本在住の外国籍の人と話すときは、その人の年が自分より上でも普通体（ため口）を使いやすいと思うか」を尋ねた。ここでは属性を学生に限定し、分析を行う[8]。

　図15は、その結果を示したものである。まず、L1Sである日本人学生とL2Sである留学生の間で有意差が認められ（p<.01）、留学生の方が日本人学生より、同じ留学生である年上の外国人に対して普通体を使いやすいとの結果が得られた。

　これは、4.3で述べた「親しい年上の人には敬語を使いたくない」というL2Sの回答の高さと一致する。次に、日本人学生（L1S）の割合を見てみよう。留学生（L2S）より「普通体を使いやすい」と答えた割合は低いが、54.8％と半数以上の人が、年上の留学生に対する普通体の使いやすさを肯定している。4.3の分析では、L1Sが「親しい先輩に対して敬語を使いたくない」と答えた割合はわずか3.6％に過ぎず、年上である日本人の先輩に対しては「親疎」と

---

[8]　想定する場面が留学生と日本人学生のコミュニケーション場面であるためである。また、L1話者に関して、「外国籍の人には、その人の年が上でも普通体を使いやすい」に対する意識が、学生・学生以外の属性かで差異があるかどうか検定を行ったところ、有意差が確認された（p<.01）。学生以外の調査対象者の回答は、「非常にそう思う」：2.9％、「そう思う」：21.6％、「あまりそう思わない」：63.7％、「全くそう思わない」：11.8％となっており、学生に比べて、普通体を使いやすいと思わない傾向が見られた。

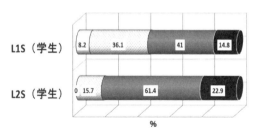

いう要因が影響を与えておらず、「年齢」という要因が敬語使用をより強く規定していることが窺えた。しかし、留学生に対しては、相手の年が上でも普通体を使いやすくなるとの結果が出たのはどうしてだろうか。自由記述欄に書かれた回答として、以下のような理由が挙げられた。

- 日本人の学生には先輩・後輩・同学年というくくりで見ているが、留学生にはあまりにもいろいろな年齢の人がいるのでもう気にしなくなった。学年ではなく、留学生というくくりで見ているからかもしれない。
- 「日本」という壁がないから。敬語よりも分かりやすい表現でコミュニケーションを取ろうと考えているから。
- 相手が敬語を使わないことが多いので（初対面でも）。
- できるだけ簡単に話そうとした結果、ため口になる。
- ため口でゆっくり話した方が相手に伝わるような気がする。
- 外国人はあまり敬語に精通していないと思うから。

それでは、留学生は、年が下の日本人が自分に対して普通体を使う頻度が高いと感じているのだろうか。図16は、留学生側の意識を表したものである。「非常にそう思う」は11％、「そう思う」の45％を合わせて56％の留学生が、

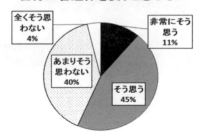

図16 自分より年下の日本人は自分に普通体を使うと感じるか

年下の日本人学生の普通体使用頻度が高いと感じているとの結果であった。これは、先ほどの「留学生に対しては、年が上であっても普通体が使いやすい」と答えた日本人学生の割合（54.8％）とほぼ一致する。そのような日本人学生の普通体使用に対してどう感じるかを尋ねたところ、以下の自由回答が見られた。

・とても仲良く感じる（インドネシア・女性）
・気にしない。もっと仲良くなれて嬉しい。(タイ・女性)
・リラックスできると思う。(モンゴル・女性)
・いい感じがする。しゃべりやすいと思う。(アメリカ・男性)
・違和感がないです。(中国・女性)
・コミュニケーションしやすい。(中国・男性)
・理解しやすいです。(中国・男性)
・気にしません。距離感がなくなるのでいいと思います（韓国・男性）

・実際、自分もよくため口で話される。年下や学年の下の人に普通にため口で話しかけられたりしてイライラしたことが多かった。(韓国・男性)
・イラっときた。使う人の年齢をもう一度考えた。(韓国・女性)

・いい印象がない。(中国・女性)

　上記を見ても分かるように、肯定的意見には「より仲良くなれる」「リラックスできる」「コミュニケーションしやすい」等の人間関係面・心理面での肯定感が表れた。一方、否定的意見については、相手の普通体使用に対して心理的苛立ちを感じたとの意見が見られた。このように両者の待遇レベルに対する期待にギャップがある場合はコミュニケーション摩擦の要因になり得ると考えられる。

6　結果のまとめと考察

　本稿では、「日本語を第二言語として使用する話者は、敬語・敬語使用をいかに捉え、第一言語話者との間でいかに異なるか」、「互いの敬語使用及び敬語の不使用に対して、両者はいかに評価を行うのか。また、そうした評価を導く要因は何か」という二つの観点から分析してきた。本節では、分析から得られた第二言語話者の敬語観の特徴に関して考察を行う。

6.1　敬語に対する心理的距離

　まず、第二言語話者の「敬語に対する意識及び自身の敬語使用意識」に関する分析からは、以下の三点が浮かび上がった。

> (1)「敬語の使い分け」に対して「難しい」及び「面倒くさい」と考える割合は、L1話者よりL2話者の方が高く、敬語を話すときの緊張感や誤用に対する不安感についてもL2話者の方が強かった。
> (2)「敬語をもっと簡単にしたほうがいい」という意見については、L1話者の68%が否定的に捉えているのに対し、L2話者は77%がそれ

を肯定する結果となった。「できればなくしたほうがいい」については、L1話者は約97％が反対であったが、L2話者のおよそ4人に1人が肯定意見であった。

(3) L2話者は、L1話者に比べて、親しい目上の相手（先生・先輩・年上の友人）に対して敬語を使いたくないと感じる割合が高く、敬語を他者との親しい関係構築の壁として捉える傾向が見られた。

　これらの結果には、L2話者がL1話者に比べて敬語に対する使い分けに心理的負担を感じている様相が表れているといえる。敬語使用時の日本語学習者の心理的負担は、2節で述べたように、杉山（2003）、徳間（2010）、藤原（2011a, 2012）においても指摘されている。第二言語使用に対する学習者のストレスは、外国語でのコミュニケーション時に相手からいかに見られているかという感情にも起因する（徳間 2010）。ある場面や対話者に合わせて待遇表現の選択を常に求められる日本語のコミュニケーションでは、敬語の使用・不使用によって、相手を心理的・親疎関係的にいかに見ているかというメッセージが伝えられる。そのような日本語での待遇レベルの細かい使い分けに対する心理的負担と誤用に対する恐れが、敬語使用時の緊張感と結び付いていると考えられる。また、使い分けの難しさ、使用時の緊張感や誤用に対する不安感は、敬語に対する心理的負担感が敬語の簡素化を求める意識と結びつくことがわかった。敬語の簡素化については、1957年の国語審議会による『これからの敬語』において、「これまでの敬語は，旧時代に発達したままで，必要以上に煩雑な点があった。これからの敬語は，その行きすぎをいましめ，誤用を正し，できるだけ平明・簡素にありたいものである」との言及があったが、その後、議論発展の流れは生まれなかった。本論文冒頭で挙げた西原（2010）の多元化する日本社会において必要とされる公正な社会統合政策としての言語政策を考えた場合、リンガ・フランカとしての日本語において、今回の調査で第二言語話者の敬語観の傾向性の一つである敬語の簡素化が議論の対象となり得るのか注目される。

　さらに、L2話者の敬語使用意識の特徴として、親しい目上の対話者に対し

ては敬語を使いたくないと考える傾向が強く、敬語不使用の意識は、敬語を親しい関係構築の壁と捉えていることとの関連が示された。これらの結果には、敬語が他者に対する「丁寧さ」を表す手段の一つであることを認めつつも、そうした「丁寧さ」より「親しさ」を志向するL2話者の意識の傾向性が表れているといえる。文化庁（2011）の日本人の敬語使用に対する意識調査においては「社会生活を営む上で敬語を使いたい」と考える人が95％、「年上の人と話すときの敬語使用割合」が83.3％であると報告されているが、それらの結果は敬語使用が社会的に規定された言語行動であることを示している。言語使用は、そうした社会的な規定以外に、話者が自身の言語意識に基づき言語行動を自発的に選び取っていくという側面があるが、敬語使用に関する社会的ルールにとらわれずに「自分のことば」を自らが選択し他者との関係を構築したいとの第二言語話者の動機・思いが分析結果に表れたといえるだろう。

6.2　敬語の規範をいかに捉えるか

　本調査の分析結果より敬語の規範意識（敬語の正しさ・美しさ）については、L1話者とL2話者間で有意差が認められ、L1話者は「敬語を正しく使える話者」に対して肯定的に捉える傾向がより強いことがわかった。敬語を「正しく」使える人は魅力的・知的であるという藤原（2011b）に現れた敬語話者に対する肯定的イメージが本調査結果においても確認されるとともに、「日本語の敬語は美しいと感じる」という設問には83％のL1話者が同意しており、敬語と敬意（心）が結び付けられ肯定的に評価されていた。山下（2001）は、敬語の「美化」によって敬語使用が「正当化」され、「規範」が生み出されることを指摘している。本論文の冒頭でも、規範がしばしば言語の話者間に境界と力の差異を生み出す要因となると述べたが、こうした規範意識は、5.1で考察した自分らしさが出せないとの理由から敬語使用を回避しようとする「日本語学習者」に対して敬語使用を求める「正当な」理由づけとして作用する。
　また、本研究の結果は、敬語の規範意識が母語話者だけでなく、第二言語

話者自身にも影響を与えていることを示している。L2話者の85.4％が「日本語学習者は必ず敬語を正しく使えるようになるべきだ」と考え、66.1％が「敬語を回避する外国籍の人に対して、敬語を使用すべきだと感じる」と回答した。敬語に対して心理的距離感を持ちながらも、同じL2話者が敬語に心理的距離感を感じそれを回避することは不適切であるとの一見矛盾したように見えるL2話者の敬語観には、日本社会の中で、敬語使用の不適切さからあたかも知的ではないと誤認されたり人間関係がうまく構築できない等の不利益を蒙らないように「使用すべきだ」「使えるようになるべきだ」という意識が表れているとも考えられる。本研究で見られた「L2話者が同じL2話者に対して求める敬語使用」からは、同化を求める無言の圧力はホスト側のみから一方向的に向けられるものではないことが示されている。その圧力自体は社会的に規定された敬語使用の場を日常の中で経験し、規範意識の存在する社会に身を置く外国籍の人の規範意識をも強化し得る側面を持つものであるといえるだろう。

6.3　留学生の敬語（不）使用と日本人学生の相互交渉

　本研究では、留学生は日本人学生に比べ、同じ留学生に対して普通体を使用しやすいと感じる割合が高いことが分かった。また、日本人学生は、年上の留学生に対して普通体が使いやすいと感じる割合が半数強であった。「外国籍の人には、その人の年が上でも普通体を使いやすい」と答えた日本人学生が55.8％であったことと、「親しい先輩であっても敬語を使いたい」に対してそう思わないと回答した割合が83.7％であるという結果との差異は、日本人学生が母語場面と接触場面、つまり対話者がL1話者かL2話者かによって自身の言語行動を変化させていることを意味する。伊集院（2004）では、接触場面においては日本語の母語話者間のコミュニケーション場面で見られたスピーチスタイルと異なる交渉過程が導かれると論じている。そこでのデータでは、日本語学習者と会話を行った日本人調査対象者による「会話相手が留学生であると知ってからデス・マスを使わない方が分かりやすいかと思って、意識的に使わないよ

うにした」「外国人だと住む世界が違うから、日本での社会的な意識を取っ払うことができる」という意識が示されている。つまり、会話相手が母語話者でないと分かった場合には日本語の規範の解除が行われるのである。L1話者の普通体使用理由として、「丁寧に話すこと」への意識が希薄になったこと、日本語の敬語体系の複雑さや非母語話者の話し方に対するステレオタイプ的な見方から「デス・マス体の話し方は非母語話者には難しいだろう」と判断したことが挙げられている。本研究における日本人学生のデータにおいても、普通体使用の理由について、留学生との接触場面では「『日本』という壁がなくなる」「ため口でゆっくり話した方が伝わると思う」と述べられており、上記の研究における指摘との一致が見られる。普通体の方が簡単であるというのは、「デス・マス体」が最初に導入される日本語教育的観点から見ればある種のステレオタイプ的見方であるといえる。しかし、そうした意識に導かれて自身の話し方を相手の話し方に近づけたり分かりやすく話そうとするL1話者の言語行動は、言語的アコモデーション（Coupland et al. 1988, Zuenglar 1991）の一つであり、メッセージを相手により分かりやすくする方略である「解釈可能化」（interpretibility）として捉えられる。日本人学生と留学生のコミュニケーションにおいて、敬語（不）使用が対話者によって相互交渉的に達成される様相がそうした行動には表れているといえる。

7 結び

本稿では、日本語第二言語話者が持つ敬語意識について、敬語及び自己の敬語使用という観点から分析するとともに、第一言語話者との接触場面においてそれらの意識がいかに相互交渉されるのかについて考察を行った。その結果、第二言語話者の敬語使用意識においては、敬語使用時の緊張感、敬語に対する心理的距離感といった特徴が浮かび上がるとともに、年齢や場面により規定された敬語使用の社会的ルールを重視する傾向にある第一言語話者間のコミュニ

ケーションに比べて、第二言語話者は相手との関係性により自ら敬語使用について選びたいとの意識がより強い傾向が見られた。その一方で、本論文の冒頭で述べた、話者間の非対称性を生み出す要因となり得る「規範」は、第二言語話者にとって、敬語使用を回避したいとする他の第二言語話者に対する評価・判断の一つの指標として影響し得る様相が明らかとなった。そこには、心理的な距離感を持ちつつもうまく使用することでホスト社会における承認が得られる手段として敬語使用を捉える第二言語話者の姿が垣間みえる。

　社会、そして個人の敬語意識に纏わりつく規範に対していかに向かうか。今後、益々多元化していく日本社会、日本語教育における新たな敬語観を考えていく上で、少数者の文化を一段低いものとみて、多数派の主流文化への同化を強いる同化主義の思想と鋭く対立する多文化主義の思想を基礎とする開発教育は、多くの示唆を提供してくれるものと思われる。山西（2007）は、日本社会が持つ閉鎖性、同化志向、またアジア蔑視などの問題は、まさしく「内なる国際化」に向けての開発教育の重要なテーマとして認識されていると述べているが、これは社会が抱えることばの問題とも決して無関係ではない。山西の述べる「文化」を「敬語」に変えてみることでその示唆は浮き彫りとなってくる。

> 特定の文化（敬語）に国・民族・地域を背負わせて、文化（敬語）を静的、固定的に捉えようとするのではなく、人間が関わり、参加し、創造するものとして、文化（敬語）を動的に捉えていくことが求められてくる。(山西 2007: 114, 下線部は筆者)

　多元性とは、それぞれの文化の境界が時には入り交り影響し合いながら共在する様態であると述べた。多元的な視点は、日本社会に潜在する言語的同化性を砕く一つの方策になると思われる。日本社会が今後より真の意味で多元的になるためには、ことばに潜む排除の問題を無視することはできない。そして、ことばに関わる日本語教育には、外国籍の人々を社会に適応・順応させるという対象としてではなく、社会、そして社会で用いられることばの変容に共に関

わり共にそれらを創り上げていく言語話者として捉える視点が必要であろう。そうした見方が広がっていけば、本研究で見られた敬語意識の様相も動的に変化していくものと思われる。

　本論文集のテーマである「やさしさ」ということばについて、山西（2007）は以下のように述べている。ある研究会での質疑応答の際に出た「日本語教育では、いかに効率的に円滑に学習を進めるかということが捉えられているが、開発教育の立場からこのことをどう捉えますか」という質問への氏の回答である。

　　開発教育が、平和で公正で共生が可能な社会づくりをめざす教育活動なら、その社会づくりにつながる学びとして、私は『スローで、やさしく、力強い』関係性もしくは文化そしてそのための学びを作り出していきたいと考えています。(中略)『やさしく』とは、人間存在そしてあらゆる存在への慈しみを意味し、そして『力強い』とは、スローでやさしい関係性もしくは文化を共同してつくり出していく力強さを意味しています。こういった立場から言うならば、質問にあった効率、円滑という視点（価値・文化）には賛同できせせん。(山西 2007: 126)

　日本語を第二言語として話す人々の敬語に対する思いを、これからの敬語観の表現と創造に組み入れていけるか。それは、外国籍の人々を、社会で用いられることばを共に創造する対等な話者として捉える「やさしさ」が社会の中でどれだけ形成されていくかということと深く繋がっている。

　最後に今後の課題について述べたい。本稿では、調査地を茨城県に限定して調査を行ったが、今後は他地域に調査地を拡げていく必要があると思われる。また、今回は日本に滞在する第二言語話者が調査対象者であったが、対象者を海外における日本語使用者とすることで、敬語使用を取り巻く環境が敬語意識にいかに影響を与えるか、L2話者の母語によって敬語意識がいかに異なるのかについても探ることが可能となるだろう。

主要参考文献

伊集院郁子（2004）「母語話者による場面に応じたスピーチスタイルの使い分け──母語場面と接触場面の相違」『社会言語科学』第6巻第2号　12－26　社会言語科学会

上仲淳（2007）『中国語を母語とする上級日本語学習者のスピーチレベルとシフトに関する研究』大阪大学大学院言語文化研究科博士学位論文

エリス，ロッド（1996）『第2言語習得序説──学習者言語の研究』研究社出版

岡崎眸（2007）「共生日本語教育とはどんな日本語教育か」『共生日本語教育学──多言語多文化共生社会のために』岡崎眸（監修）野々口ちとせ他（編）273－308　雄松堂出版

杉山アイシェヌール（2003）「外国人から見た敬語」『朝倉日本語講座8　敬語』　菊地康人（編）252－275　朝倉書店

鈴木睦（1997）「日本語教育における丁寧体世界と普通体世界」『視点と言語行動』　田窪行則（編）45－76　くろしお出版

田中里奈（2011）「『日本語＝日本人』という規範からの逸脱──『在日コリアン』教師のアイデンティティと日本語教育における戦略」『リテラシーズ』9　1－10　くろしお出版

鄭京姫（2010）「『二分化された日本語』の問題──学習者が語る『日本語』の意味に注目して」『リテラシーズ』7　1－10　くろしお出版

徳間晴美（2010）「中上級日本語学習者が抱く敬語使用不安の様相──学習者のことばに基づく質的分析による事例」『言語文化と日本語教育』40号　41－50

西原鈴子（2010）「日本の言語政策の転換──総合的言語計画の勧め」『言語政策を問う！』田尻英三・大津由紀雄（編）33－49　ひつじ書房

藤原智栄美（2005）「社会文化の接面に立つ学習者を理解する」『文化と歴史の中の学習と学習者──日本語教育における社会文化的パースペクティブ』西口光一（編）144－165　凡人社

藤原智栄美（2011a）「日本語学習者の敬語意識に関する事例研究」『茨城大学留学生センター紀要』第9号　19－31　茨城大学留学生センター

藤原智栄美（2011b）「韓国人日本語学習者の敬語観に関する一考察」『ユーラシア研究』8/4, 237－256

藤原智栄美（2012）「台湾人日本語話者の敬語意識──PAC分析（個人別態度構造分析法）を用いた事例研究」『多元文化交流』第4号　115－129　東海大學日本語文學系

文化庁（2006）『日本人の敬語意識──平成17年度国語に関する世論調査』国立印刷局

松尾慎（2006）「ホスト住民が持つ外国籍住民との相利共生意識」『共生の内実──批判的社会言語学からの問いかけ』植田晃次・山下仁（編）81－105　三元社

山下仁（2001）「敬語研究のイデオロギー批判」『「正しさ」への問い──批判的社会言

語学の試み』野呂香代子・山下仁（編）51－83　三元社
山西優二（2007）「多文化共生に向けての教育を考える」『外国人の定住と日本語教育』
　　　田尻英三他（著）103－127　ひつじ書房
Coupland, N., Coupland, J., Giles, H. & Henwood, K. (1988) Accommodating the elderly: Invoking and extending a theory. *Language in Society*, 17, 1-41.
Firth, A. & Wagner, J. (1997) On Discourse, Communication, and (some) Fundamental Concepts in SLA Research, *The Modern Language Journal*, 81, 285-300.
Zuenglar, J. (1991) Accommodation in native-nonnative interaction: Going beyond the "What" to the "Why" in second-language research. In H. Giles et al. (Eds.). *Context of Accommodation*. 223-244. Cambridge: Cambridge University Press.

参考URL

文化庁（2011）『平成23年度「国語に対する世論調査」の結果概要』
　　　http://www.bunka.go.jp/kokugo_nihongo/yoronchousa/（2013年10月7日検索）

第4章
医療現場における方言の「やさしさ」

石部　尚登

【キーワード】病院、方言、臨床方言学、医療コミュニケーション、医師－患者関係

1　はじめに

　18歳の時に大学進学のために大阪に引っ越した。風邪をひいて近くの病院をはじめて訪れた時、医師を前に症状を「ちきねー」としか表現できずにひどく困惑したのを強い印象とともに覚えている。「ちきねー」または「ちきない」が石川県（能登地方）の方言であり、そのままでは「通じない」ことはすでにそれまでの学生生活で学んでいた。とっさに別の表現を探したが、見つけることができなかった。その後、学生生活を通して関西のことばを少しずつ習得していったが、体調のすぐれない時だけでなく、二日酔いの時やスポーツの後などふとした時にこの「ちきねー」が口をついてでた。ちょっとした不調を「しんどい」と――あくまで関西方言で――言えるようになるまでには長い時間を要した。

　さらに記憶をさかのぼる。幼少の頃、リウマチの祖母がリハビリのために家から車で2時間ほど離れた病院に通院するのによくついて行っていた。祖母のリハビリ中は特に何をするでもなく、椅子に座ってその光景を眺めているだけであったが、そこで祖母が看護師の方々（だったのだと思う）に対して、いつ

も私に話しかけているのとは違ったことばで、それもなにかひどくたどたどしく話していると感じていたのを記憶している。もちろん家では口の達者な祖母であった。帰路の車内ではいつも疲労困憊の様子であった祖母だが、今にして思えば、リハビリの疲れだけではない「疲れ」を感じていたのかもしれない。

　こうした筆者の2つの個人的記憶は、いずれも「移動」を伴うことで生じた病院におけることばの問題である[1]。病院のことばについては、これまでもその「専門用語」の難しさが指摘され（相澤 2013: 168-71）、またその改善に向けた提案もなされてきた（国立国語研究所「病院の言葉」委員会 2009）。高度な科学的知識を備えた「専門家」としての医療者[2]と、自らは苦しみや痛みを癒すことのできない「素人」としての患者が出会う場において、「専門用語」は前者の専門性や科学性を担保する機能を果たしている。

　しかし、医療の現場は、そうした「専門用語」のみならず、先述の個人的記憶が示すように、ときに「共通語」も障壁として立ち現れる場でもある。医療機関では「患者に対して当然のように共通語で話すことが求められ、教育も共通語によって行われている」（今村 2011: 32）。「共通語を使うことが患者さんを尊重することであり、ていねいな正しい対応である」と考えられているためであり、それは医療機関における「常識」、医学教育における「大前提」となっている（今村 2009: 25）。

　医療現場において、「専門用語」と「共通語」は、専門家としての医療者と素人としての患者を区別し、双方の社会的役割を固定化する二重のことばの壁

1　移動に伴う病院におけることばの問題としては、もうひとつ忘れられない記憶がある。かつてベルギーのブリュッセルに滞在していた際に、現地で体調を崩して入院した日本人留学生の手伝いをしたことがある。入院手続きや保険制度、さらには病状についての説明で用いられるフランス語は、それまで聞いたことがない単語にあふれ、十分に理解するのにたいへん苦労した。これは病院における「外国語」の問題であり、本稿の主題と多くの共通点を有するものと考えられるが本稿では措く。

2　本稿では、病気や障害をもつ「患者」に対して専門知識と技術をもって傷病の診断、治療、予防を行う者として、医師や看護師、その他の医療職を含む広い意味で「医療者」の用語を用いる。

として存在する。前者は医療現場におけることばの「易しさ」にまつわる問題、後者はことばの「優しさ」にまつわる問題と言えるだろう。逆に言えば、「専門用語」を分かり易い言葉で言い換えるようにすればコミュニケーションはより「易しい」ものとなり、「共通語」以外のことばの使用を当たり前のものとして認めるようになればそのコミュニケーションはより「優しい」ものになるということである。

　本稿では、主として後者の問題を取り上げ、多言語国家ベルギーの「方言」復興運動をはじめとした言語問題に関心を寄せる者の視点から、あらためてこの「医療と方言」の問題を論じたい。

　以下、まず第2節で、医療現場における「方言」問題の歴史的発展と現在の取り組みについて確認する。その上で、問題を医療社会学などの分野で蓄積されてきた「医師－患者（間の権力）関係」の議論と結び付け、医療現場における「方言」の問題は、単にことばそれ自体の問題にとどまらず、医師－患者（間の権力）関係の問題のひとつであることを示す（第3節）。最後に、近年の医療コミュニケーション学の知見を参考にすることで、現在行われている取り組みをさらに実効性のあるものとするための視点を提示する。

2　医療と「方言」

2.1　患者の用いる「方言」に対するまなざし

　日高（2008: 96）には、医師としての森鷗外による、郷里の岩見国津和野と東京における「痛み」を表す表現の違いにまつわる嘆きが紹介されている。「自分の出身地では、痛みをあらわすのにたくさんの語彙があり、それを聞けばどこがどのように痛いのか見当がついて大変便利だが、東京の人などはただ『痛い！痛い！』と言うだけで、はなはだ要領を得ない」という。こうした逸話が示すように、病院という場で患者が用いる「方言」に対する関心は古くから見

られた。

　第二次世界大戦後、医療の大衆化にともない問題が顕在化する。それははからずも明治以降の共通語普及にもかかわらず残存していた地域的な言語的差異に対する最終的な地ならしとしてのマス・メディアの登場・普及の時期と重なる。福岡の医師であり歌人でもあった桑原廉靖による『筑前医事方言』（桑原1948）が作成されたのはこの時期である。

　さらに20世紀の後半以降、以下のような医師自らの手による方言語彙集が日本各地で編まれることになった。

　　　松木明（1982）『弘前語彙』
　　　森納（1988）『とっとり言葉――あるザイゴ医師の覚書き』
　　　横浜礼子（1991）『病む人の津軽ことば』
　　　加治工真市監修・稲福盛輝編（1992）『医学沖縄語辞典』
　　　黒岩卓夫・横山ミキ（1993）『医者が集めた越後の方言集――お年寄の心を聴くために』
　　　牧野辰雄編（2001）『出雲のことば早わかり辞典』
　　　大分保健医療方言研究会（2001）『大分保健医療方言集』

　これらの方言語彙集の特徴は、医師が日々の現場での経験を通して「方言」の有用性を肌で感じ、また「方言」を理解することの重要性を認めたことで、「医師としての責任」（牧野 2001）として行われた個人的活動であるという点にある[3]。聖書のケセン語訳で有名な医師、山浦玄嗣の『ケセン語大辞典』（山浦 2000）もここに含めることができるだろう。

3　1990年代後半以降のICTの普及により、同様の方言語彙集をオンライン上で公開している医師や医療機関も存在する。たとえば、項目数こそ多くないものの、「他の地域の人間が聞き慣れない言い回し（表現）」をまとめた児玉貴光氏の「医療における方言（能登地方編）」（http://pws.prserv.net/jpinet.takodam/hougen.html［2014.8.31］）や、大分県のみえ記念病院の「大分医療方言集（豊肥・県南中心）」（http://www.miekinen.org/［2014.8.31］）など。

21世紀を迎えると、医療と「方言」の問題に関心を寄せる方言研究者により、この問題は科学的な考察の対象となる（日高 2002; 2005; 2007a; 今村 2009; 2010; 2011 など）。こうした医療現場における「方言」の機能や役割を積極的に認め、福祉社会の実現のためにその有効活用を目指そうとするそうした試みには「臨床方言学」の名が与えられている（日高 2007a: 124）。

　それはまた、徳川宗賢が提唱した「ウェルフェア・リングイスティクス（Welfare Linguistics）」の理念、つまり時代は「これまでの研究成果をどのように社会に役立てるか、足りないところはどこなのか、そういうことを考える時期」に来ており、従来の研究とは異なる「社会に貢献する」ことを念頭に置いた言語研究という理念に沿うものである（徳川・ネウストプニー 1999: 90）。現在でも、そうした研究（とその成果による社会貢献）の枠組みを継承・発展させる形で活発な研究が続けられている。

　そうした中、2011年3月11日、東日本大震災が発生した。この未曾有の大災害は日本社会における様々な矛盾を白日の下へさらすとともに、伝統的な価値の再確認をせまることになった。それはまた、医療現場における「方言」問題の重要性をあらためて浮き彫りにした。

　被災直後に医療支援チームが全国から集結したが、被災者の「方言」を理解できないことが、支援活動を行う上での障害となったことが報告されている。震災時に岩手県立大船渡病院の院長を務めていた八島良幸氏は、「支援チームの報告やマスコミではあまり取り上げ」られることはなかったものの、「臨床の現場では、『患者の言葉がわからない』という話題が、かなりの数で出ていました」と証言している（竹田 2012: 6 より）。

　医療の場における「方言」問題に直接的に関係するこうした否応のない現実を突きつけられたことで、おのずと研究や実践に新しい方向性が生まれてきた。その成果のひとつが竹田晃子の『東北方言オノマトペ（擬音語・擬態語）用例集』（竹田 2012）である。「東北地方の被災地で活動なさる医療機関の方々が地元の方言を理解するときの手助け」となることを意図して作成された方言語彙集である。また、今後もさらなる災害の発生が必然とされる中、被災地での利用

を前提とすることで、オンライン上での公開が進められていた旧来の方言語彙集から、紙媒体でかつ項目数を必要最小限に絞った「方言の手引き」[4]の作成へといった方針の転換も見られた（岩城 2012）。

さらに付け加えると、この問題は2008年からの経済連携協定（EPA）による外国人看護師・介護福祉士候補者を含む形で議論されるようにもなっている（今村 2012）。来日した候補者たちは日本全国の医療機関や介護施設で就労するため、日本語研修中に学んだ標準日本語と実際に現場で患者・利用者たちが話す多様な日本語——そこには当然「方言」も含まれる——との違いにより候補者たちに戸惑いが見られ（小川 2009: 74）、現場で聞いた分からない言葉が共通語か方言かすらも判断できないといった状況が存在することも報告されている（『陸奥新報』2010.10.22）。

2.2　ことばが「通じない」ということの意味

前節で見たような今世紀に入ってからの方言研究者を主体とする臨床方言学の研究および実践活動は、言語研究の社会貢献の観点からも、またよりよい福祉社会の実現のためにも、さらには情報保障の観点からも、意義のあるものであるのは疑いない。それでは、その臨床方言学ではそもそも何が問題とされているのか。岩城裕之は、臨床方言学を「医療に限らず、ある現場（臨床の場）で方言が通じないことによって起こる様々な事例を収集、分析するとともに、方言研究者と現場にかかわる人々とでその解決策を考えていこう」という学問領域であると説明している（岩城 2012: 44、強調は筆者）。

先述の通り、医療者による共通語使用は——現実は必ずしもそうではないにしても[5]——それが「常識」「大前提」とされている。問題の源は、患者が方言

4　そこではとりわけ被災直後から平常時の体制へと引き継ぐまでの「非常事態時」における活用が念頭に置かれている。

5　「方言主流社会」（佐藤 1996）とされる青森県津軽地方においての話ではあるが、弘前の看護師を対象とした調査では、「患者さんとお話しするときに方言を使

を発することであり、それが医療者に「通じない」、医療者側がそれを「分からない」ということになるだろう。

　2008年3月に弘前福祉短期大学で行われた調査では、「実習中に方言がわからなかったという経験がありましたか」との問いに対して、「あった」48％、「なかった」52％との結果が得られたという。また、弘前市内の医療施設で実際に働く看護師を対象とした別の調査では、「患者さんの方言が分からないという経験がありますか」との問いに、被験者の59.4％が「ある」と回答している（以上、今村 2010: 3）。一方で、富山県での調査では、看護実習で方言が理解できないことは「なかった」と回答した学生の割合は約7割に達している（岩城 2010: 75）。それぞれの数値自体の判断は難しいが、いずれにしてもこうした状況を受けて、医療者側が参照できる方言語彙集の必要性が主張され、その作成・整備が進められてきた。

　しかし、実際には「通じない」「分からない」ということだけが問題ということではないだろう。「分からない」ことを自覚できる医療者は、相手にそれがどのような意味かを問うことができる。そうした意見の交換を通して相互理解に至る過程は、日常のコミュニケーションにおいてごく普通に見られることである[6]。無論、時間的な制約によりそれが困難な場合はあろうが[7]、それでも医療の場でのみ一旦「通じない」ということがあればそれで即座にコミュニケーションの断絶、ひいては医療行為の不成立が生じるわけではあるまい。むし

　　いますか」の問いに69％が「使う」と回答している（今村 2010: 8）。
6　現実の問題としては、「分からない」と感じることなく医療者と患者の間に誤解をはらみつつコミュニケーションが「成立」してしまったときの方がより深刻な問題を生じさせる危険性がある。磯部（2011: 21）には、「みぞおち」を下腹部だと思い込んでいた患者と患者のその痛みの訴えを上腹部痛と考える医師の間で、コミュニケーション自体は成立したものの、結果として不要な検査が行われ、正しい診断に至らなかったという事例が紹介されている。
7　医療者の中でも医師と看護師、また理学療法士、作業療法士など職種により患者と接する時間はおおきく異なるだろうし、また急性期の治療と慢性期の治療でもその違いは大きいと考えられる。そうした職種や状況を考慮した厳密な分析も必要になるが、本稿ではそこまで立ち入ることができない。

ろ、意見の交換を通した関係性の構築、そうした意見の交換を可能とするような場の構築の方がより重要となってくるとも言えるだろう。

　島根県石見地方のある病院では、患者とのコミュニケーションで積極的な方言使用が推奨されているが、それはお年寄りの患者の方言を理解してあげると、「急にお年寄りの顔が活き活きして、多弁になって（…）コミュニケーションもよくなり、治療効果もどんどん上がる」ためであるという（NHK放送文化研究所 2005: 17）。それでは、患者が「活き活き」とし、ひいては「治療効果もどんどん上がる」のは、患者の話す「方言」が「通じた」ためなのか、それともそこが（公的な場では使用を控えるべきものだと自認している）「方言」が利用できる居心地の良い場であると患者が実感したためなのか。両者の違いは大きい。

2.3　公的な場としての病院

　そもそも臨床方言学が扱う医療と「方言」の問題では、あくまで公的な場における「共通語」使用、逆に言うと「方言」の私的領域における限定的役割が前提とされている。以下の引用は、医療の現場で患者の発する「方言」の役割を認め、それを汲み取ることの重要性を説明する一節である（強調は筆者）。

> そもそも患者の側でも、極力共通語で自分の意思や状況を表現しようとしているはずで、それでもなお方言がでるのだとしたら、それは方言でなくては思いが表せなかったからに他ならない。(日高 2002: 333)

> 患者は、最初から「方言」で伝えようとしたのではなく、病院は公的な場であることは十分認識しているから「共通語」で説明しようとしたはずだが、それではどうもうまく表現できないと判断し、結果的に自分の最も使い慣れたことば＝「方言」に頼ることになったのだと考えられる。

(日高 2007a: 113)

共通語と方言は、それぞれ「改まった公的な場面」と「日常の私的な場面」で、さらには「改まった場での意思疎通」と「日常会話での意思疎通」のためにと、主な使用場面と用途に違いがあるとされる（日高 2007b: 32）。そして、先の引用に見られるように、病院は公的な場と一般的に認識されている。故に、病院では共通語の使用が要請される。

　実際に病院で患者がみな共通語のみを用いていると言いたいわけではない。共通語の運用能力の問題から、また本稿冒頭の「ちきねー」の例のように対応する共通語の語彙を知らないために、全面的または部分的な「方言」の使用はごく普通に見られる[8]。しかし、そうした実際に観察される言語使用の「実践」よりも重要なのは、公的な場である病院で共通語をできるだけ話そうとする患者の「意識」であり、かつそれが医療者の「常識」、臨床方言学の「前提」となっていることである。

　広島、富山、津軽（大鰐・弘前）で行われた調査で、「医師や看護師に方言を使ってほしいですか」との質問に対して、地域を超えて共通して以下のような回答が「多数派」であったという（今村 2009: 25、下線は筆者）。

　　　使ってくれれば親近感もわいて嬉しいけど、無理に使ってもらわなくてもいい。むしろ (A) 共通語でいいから丁寧に説明してほしいし、(B) こちらのことばを理解してくれる方がずっといい。

この多数派の回答から導かれるのは、医療者側に求められる「方言」能力としては、能動的能力までを必要とするものではなく、受動的能力で十分であるという結論である。これは (B) の箇所をより重視した解釈である。

　しかし、(A) の発言内容からは、前節で見たのと同様、医師が丁寧に説明し

8　たとえば、熊本県の病院に勤務する医師・看護師を対象とする調査では、被験者の58%が診療中に患者が方言を使用することが「よくある」と、40%が「ときどきある」と回答しており、とりわけ50歳代以上の年齢層でその傾向は顕著である（肥後 2007: 21）。

てくれるような居心地の良い場を患者が求めているとも読める——当然、患者の真の要求は双方がそろった環境であるのは間違いない。患者がとりあえずは自らのことばで自らの窮状を訴える。伝わらなければ、先の「通じない」状況で見たように、相互行為としてのコミュニケーションをつくせばよい。現地出身の看護師の「通訳」としての役割を積極的に活用してもよい[9]。

　患者の要求を解釈する上でもっとも読み取らなければならないのは、医師との関係性の改善、換言すれば、居心地の良い場の創出であり、「通じる／通じない」のことばの問題は、その関係性を測る指標のひとつに過ぎないのではないか。「医療と方言」の問題は、「共通語」使用の前提からもれ落ちた「方言」の重要性の問題としてではなく、そもそも「共通語」の使用が前提とされる場としての病院の問題であるとより大きく設定し直すことが可能であり、またそうすることが必要であろう。この点について、次節で医師－患者関係から考えてみよう。

3　医師－患者関係

　医療の場における医師－患者関係の問題は、半世紀以上にわたり批判的に議論されてきた歴史を有する。アメリカで第二次世界大戦後に成立した医療社会学では、それまで医療者に与えられていた利他的な性格に対する問い直しがなされ、医師と患者の間に存在する不平等な権力関係が暴かれてきた。

　1950年代、タルコット・パーソンズ（Talcott Parsons）は、患者を独自の「患者役割（sick role）」を担う存在と捉え、治療過程における医師への協力の義務を伴う補助的な役割に位置付けた（Persons 1951/1974：436-437/432-433）。そのパーソンズへの批判でもある1970年にエリオット・フリードソン（Eliot Freidson）が上梓した『医療と専門家支配 Professional Dominance: the Social

---

9　こうした看護師の役割は臨床方言学でも現状（の課題）として指摘されている。

Structure of Medical Care』(Freidson 1970/1992) は、医療における「専門職」としての医師の権力性、およびそうした権力を確立させる過程を明らかにし、医療の場に存在する家父長主義（パターナリズム）を暴いた。

また、医療人類学においても、医師－患者間の関係は「病い（illness）を理解してほしい患者と、疾患（disease）に関わる情報が欲しい医師、という構図」で捉えられ、そこに存在する非対称性や単一方向性が明らかにされてきた（孫 2013: 15）。1970年以降、医療の現場における両者の関係は、会話分析や（批判的）談話分析の分野で中心的な分析対象のひとつともなってきた（Waitzkin 1989; Ainsworth-Vaughn 2003）。まさにそうした医師－患者間に存在する支配と被支配の非対称的な権力関係こそが、医療のもつ「治癒力の源泉」であると長らく信じられてきたのである（佐藤 1994: 263）。

一方で、こうした医師－患者関係に対する批判を受け、現場でも1990年代より「根拠に基づく医療（EBM: Evidence-Based Medicine）」が提唱され実践されている。それまでの権威者としての医師の勘や経験にのみ頼る独断的診療を是正し、科学的根拠に基づいた診断や治療の実施を主張するアプローチである。それは同時に「患者の価値観」（Sackett *et al*. 2000: 1）を重視することも含まれており、先述の医師の権力性への批判にも応えるものである。近年、「医療の質」や「患者満足度」が重視される風潮が示しているように、「患者中心の医療（Patient-Centred Medicine）」への指向が主流となってきている（松繁 2010）[10]。

しかしながら、こうした研究と実践双方における様々な取り組みを考慮しても、かつての不平等な権力関係としての医師－患者関係が完全に清算されたとは言い切れない状況がある。色平・山岡（2005: 196）には、「大学病院が、患者

---

10 その象徴的な存在が「インフォームドコンセント」である。この用語については、医療現場におけることばの「易しさ」に関する実践として、国立国語研究所が「治療法などについて、医師から十分な説明を受けた上で、患者が正しく理解し納得して、同意すること」として、「納得診療」または「説明と同意」という言い換え語を提案している（国立国語研究所「病院の言葉」委員会 2009: 171-2）。

さんをノッペラボウにしている現実を先生方は誰も認識していません。患者さんひとり、ひとりの顔を大切にしていない」との、ある医学部生の言葉が紹介されている。これがすべてではないにしても、医師－患者関係において権威者として君臨する（し続ける）医師の姿がそこには見られる。また、患者の側にも、医療行為に関してはすべて医療者に「おまかせ」したいという気持ちが根強く、それが医師のパターナリズム志向を誘発している現状があることも指摘されている（杉田・長谷川 2001: 121）。

2010年に東京都医師会がその会員を対象として「日常診療における患者さんとの様々なコミュニケーションの現況」についての調査を行っているが、その報告書『医療と言語』には、時間的制約など様々な制約の中で患者とのコミュニケーションをはかろうと苦悩する医師の姿が描かれている（東京都医師会医療開発委員会 2011）[11]。そうした中で、医師－患者関係の改善に向けた患者とのコミュニケーションをさらに重視する方向性が模索されている。

4 新しい可能性としての医療コミュニケーション

近年、患者とのコミュニケーションの重要性が主張されている中で、現場における「ヘルスコミュニケーション（Health Communication）」に関する科学的研究やその実践の試みが注目を集めている。日本では「医療コミュニケーション（学）」や「医学コミュニケーション（学）」などとも呼ばれる「医療・公衆衛生分野を対象としたコミュニケーション学」である[12]。2009年にはヘル

11　ただし、「ご自身の医師としてのコミュニケーション力をどのように自己評価されますか」との問いに対しては、「とても能力がある」が11.9％、「平均水準の能力がる」が76.1％と、全体の88％の医師が自らのコミュニケーション能力が水準以上であると肯定的な回答をしている（東京都医師会医療開発委員会 2011: 29）。

12　日本ヘルスコミュニケーション学会サイト（http://healthcommunication.jp/index.htm［2014.8.31］）。

スコミュニケーション研究会が発足し、2011年からは学会に改編されている。研究自体の歴史はそれほど古くないが、「医療コミュニケーション教育はこの20年ほどの間に、本邦の医学卒前教育カリキュラムの中に一応の定着をみた」と言われるように（斎藤 2000: 29）、教育の分野ではその重要性は認知され、すでに長い実践の歴史を有する。

さて、そのヘルスコミュニケーションの研究・活動内容は、アメリカ合衆国保健福祉省のガイドラインで以下のように定義されている（U. S. Department of Health and Human Services 2010: 11-13）。

> ヘルスコミュニケーションは、健康増進につながる個人やコミュニティの意思決定に対して情報を提供し、影響を及ぼすようなコミュニケーション方略の研究や活用を行うことである。

対象とされる領域は多岐にわたるが、とりわけ医療コミュニケーションが威力を発揮する場として、同ガイドラインには8つの場面が列挙されている。その1番目に挙げられているのが、「医療専門家－患者関係（health professional-patient relations）」である（Thompson 2011）[13]。

そうした医療者と患者間の非対称性を解消するための医療コミュニケーションの実践例のひとつとして、医師の孫大輔が2010年より主催している「カフェ型ヘルスコミュニケーション」の「みんくるカフェ」がある（孫 2013）[14]。1998年にイギリスではじまったサイエンス・カフェの取り組みを医療の領域に応用したもので、実際のカフェなどに10人から15人程度の少人数で集まり、

13　それ以外の7つの状況は、「個人の健康情報への接触、探検、活用」、「個人の臨床的な助言や養生法の順守」、「公衆衛生に関するメッセージやキャンペーンの整備」、「個人および集団の健康上のリスク情報の普及、すなわちリスク・コミュニケーション」、「マス・メディアおよび文化全体における健康イメージ」、「公衆衛生や医療制度の利用法についての消費者教育」、「遠隔医療サービス活用の展開」である。

14　みんくるプロデュース（http://www.mincle-produce.net/ ［2014.8.31］）。

市民・患者と医療者が健康や医療をめぐるテーマに関して学びながら自由に対話を行う[15]。

　孫は、医療者と患者の間に現在もなお存在する「すれ違い」の要因として「情報と立場の非対称性」と「圧倒的な対話の不足」（同: 15）を挙げ、医師と患者の対等かつ自由な「対話」を通した克服を提案している。そうした「対話」を保証するためには医療者の「脱権威化」が必須であり、そのために医療者が「白衣」を脱ぎ、専門用語を使用しないといった仕組みが用意されている（同: 16）。

　ここで言語使用に着目すれば、専門用語の不使用によりことばの「易しさ」が追及されると共に、病院という空間を離れた「私的な」対話空間を作り出そうとすることでことばの「優しさ」も視野に入っている。そうした努力を通して、「公的な場」であるという共通理解を背景とした共通語使用の圧力は次第に弱まっていくことが期待される。そうした医療者の脱権威化の仕組みのひとつとして、「方言」の能動的な使用をより積極的に取り入れるという方策も考えられる。また、直接カフェでの対話のテーマとして「医療の場における方言」の問題を設定するという方向性も考えられるだろう。

　2012年9月には島根県浜田市にみんくるカフェ浜田店[16]が、2013年4月にはみんくるCaféイズモ[17]が島根県出雲市に開設されるなど、みんくるカフェの趣旨に賛同する「支店・系列店」の地方への展開が見られ、他にも同様の活動を行う団体が設立されている。カフェ型ヘルスコミュニケーションは確実に広まっている。日本各地に普及することで、地域的な変異としての「方言」にまつわる問題に対する肯定的な効果はさらに大きなものとなっていくと考えられる。

　また、医療の場における「方言」使用の推進につながる可能性を有するもうひとつの動向として、近年注目されている「物語と対話に基づく医療（NBM:

15　これまでに扱われたテーマとしては、「当事者（患者）と医療従事者の協働とは？」（第1回）、「医療用語って分かりにくくないですか？」（第4回）、「医療コミュニケーション」（第8回）、「賢い患者になろう！」（第14回）などがある。
16　http://blogs.yahoo.co.jp/shiroiruka_clinic_2009/31128831.html ［2014.8.31］
17　http://mincafeizm.exblog.jp/ ［2014.8.31］

Narrative-based Medicine)」を挙げることができる（Greenhalgh & Hurwitz 1998/2001）。先述した「根拠に基づく医療」の限界を克服するための手段として、またはそれを補完する手段として提唱された新しい診療理念である。患者が語る病の体験に医療者が真摯に耳を傾けることで患者の病の背景までを理解しようとするこの臨床手法において、何よりも重視されるのは、先のカフェ型ヘルスコミュニケーションと同様に、患者との「対話」である。そうした対話に基づき、医療者と患者の信頼関係を構築していくことが目指される。

　自らの体験を自らのことばで語ることが尊重される環境では、患者が「方言」で語り、それが理解できなければそれを問い返すという一連の行為もまた、重要な意味をもつ医療行為の一部と位置付けることが可能となるだろう。

5　おわりに

　筆者がこれまで研究対象としてきたベルギー、とりわけ南部のフランス語圏は、方言学の強固な伝統が存在する。ベルギーにおける19世紀以降の方言研究の分厚い蓄積は、確かにフランス語方言学の分野に多大な科学的貢献を果たしてきた。しかし、そうした方言研究の隆盛のかたわらで、20世紀の初頭まで一般の人々の日常のことばであった「方言」の活力が衰退を続けてきたのもまた事実である。ベルギーの方言学は「方言」を単なる研究（記述）の対象としか見ず、その日常のことばとしての衰退または維持には全くもって無関心であったと批判される。近年の「方言」復権に向けた運動において最大の抵抗勢力となっているのは、そうした伝統的な「方言」観を備えた方言学者であるという現実がある（石部 2013）。

　それ故に、医療現場での「方言」の価値を積極的に認め、方言学の知見の社会還元を念頭に、方言語彙集や手引きの整備を進める近年の日本における方言研究者の取り組みは、残念ながらそれがまだ日本の方言学の主流を構成するに至っていないとしても、大きな可能性を秘めた魅力的な試みであると感じる。

しかしながら、そうした語彙集や手引きの整備だけで医療現場における「方言」の問題が解決されるものではないとも感じる。医療の現場で患者ができるだけ「方言」を使用しないということが、たとえ現実の言語使用（状況）は必ずしもそうでないとしても、暗黙裡に要請（意識）されているのであるとするならば、医療現場における「方言」の問題、すなわち本稿で論じてきたことばの「優(やさ)しさ」の問題は、医師－患者間の権力関係のひとつの発露であると捉えなおすことができるためである。

　医師－患者間の非対称的な権力関係は、医療現場の側で、現在でもなお改善へ向けた試みが続けられている。であるならば、そうした議論に言語の専門家が参加していくことが重要になる。医療の現場で近年注目されている医療コミュニケーションにおける「対話」の重視も、その「対話」がなされるべき雰囲気や環境、またその手法や内容については様々に議論され、実践のためのガイドも準備されている。しかしながら、そもそもその「対話」がいかなることばでなされる（べきな）のかは問題とはされていないのである[18]。

　専門用語の言い換えなどを通して期待されることばの「易(やさ)しさ」の実現と共に、また現在臨床心理学で行われている日本各地での医療方言語彙集や手引きの整備に加えて、公的な場（病院）であっても「方言」の使用が当たり前のものとして許容される社会の実現へ向けた働きかけということばの「優(やさ)しさ」の追及は、ことばの構造それ自体だけではなく、そのことばの社会におけるあり方にまで気を配るという点において、まさに言語研究者の社会貢献のひとつの形となりうる。

18　たとえば、医療面接の技法についてのマニュアルには、医療面接の基層をなす「かかわり行動」、つまり「患者さんに『受容されている』『尊重されている』と感じてもらうための行動」の内容として、「場所・時間」から、「服装・身だしなみ」、「姿勢・位置」、「視線」、「身体言語」といった「非言語的メッセージ」、さらには「ことばづかい・声の調子」といった「準言語的メッセージ」が挙げられているが、そこで用いられるべき言語変種については言及されていない（斎藤 2000: 23-31）。

参考文献

相澤正夫 (2013)「言語福祉という視点──情報弱者を生まないために」、多言語化現象研究会『多言語社会日本──その現状と課題』三元社、159-73頁

石部尚登 (2013)「ワロン語の標準化──方言学者と復権運動家の同床異夢」、岩本和子・石部尚登編『「ベルギー」とは何か?──アイデンティティの多層性』松籟社、41-61頁

磯部光章 (2011)『話を聞かない医師 思いが言えない患者』集英社

今村かほる (2009)「「コトバナサケ」がある環境を目指して──「方言」がもつ医療コミュニケーションの可能性」『看護学雑誌』73(6)、22-29頁

────── (2010)「医療・福祉と方言:津軽の社会問題として」『地域学』8、1-18頁

────── (2011)「医療と方言」『日本語学』30(2)、30-40頁

────── (2012)「看護・福祉の現場と方言の今後:教材開発の必要性」『弘学大語文』38、8-17頁

色平哲郎・山岡淳一郎 (2005)『命に値段がつく日──所得格差医療』中央公論新社

岩城裕之 (2010)「医療現場における方言をめぐる「問題」」『日本方言研究会研究発表会発表原稿集』90、74-77頁

────── (2012)「医療従事者のための方言の手引き」『日本語学』31(8)、36-45頁

NHK放送文化研究所 (2005)『NHK 21世紀に残したいふるさと日本のことば⑤中国・四国地方』学習研究社

大分保健医療方言研究会 (2001)『大分保健医療方言集』大分県立看護科学大学

小川玲子 (2009)「経済連携協定によるインドネシア人介護福祉士候補者の受け入れについて──介護施設における量的質的調査を中心に」『都市政策研究』8、65-77頁

加治工真市監修・稲福盛輝編 (1992)『医学沖縄語辞典』ロマン書房本店

黒岩卓夫・横山ミキ (1993)『医者が集めた越後の方言集──お年寄の心を聴くために』考古堂書店

桑原廉靖 (1948)『筑前医事方言』むらぎも會

国立国語研究所「病院の言葉」委員会 (2009)『病院の言葉を分かりやすく──工夫の提案』勁草書房

斎藤清二 (2000)『はじめての医療面接──コミュニケーション技法とその学び方』医学書院

佐藤和之 (1996)『方言主流社会 東北篇──共生としての方言と標準語』おうふう

佐藤純一 (1994)「臨床空間における自己と他者」、池上哲司ほか編『自己と他者──さまざまな自己との出会い』昭和堂、243-264頁

杉田聡・長谷川万希子 (2001)「医療者−患者関係」、山崎喜比古編『健康と医療の社会学』東京大学出版会、115-131頁

孫大輔 (2013)「新しい患者──医療者関係の構築に向けて──カフェ型ヘルスコミュニ

ケーションの可能性」『日本ヘルスコミュニケーション学会雑誌』4(1)、13-24頁

竹田晃子 (2012)『東北方言オノマトペ（擬音語・擬態語）用例集──青森県・岩手県・宮城県・福島県』国立国語研究所

東京都医師会医療開発委員会 (2011)「「医療と言語」──患者との良いコミュニケーションの構築を目指して」http://www.tokyo.med.or.jp/about/enterprise/pdf/H23qa.pdf〔2014.8.31〕

徳川宗賢・J.V. ネウストプニー (1999)「ウェルフェア・リングイスティクスの出発」『社会言語科学』2(1)、89-100頁

肥後球 (2007)『医療現場における方言の活用』慶應義塾大学湘南藤沢学会

日高貢一郎 (2002)「医療・福祉と方言学」、日本方言研究会『21世紀の方言学』国書刊行会、324-336頁

─────(2005)「医療・福祉と方言」、真田信治・庄司博史編『事典 日本の多言語社会』岩波書店、311-314頁

─────(2007a)「福祉社会と方言の役割」、真田信治・陣内正敬・井上史雄・日高貢一郎・大野眞男・小林隆編『方言の機能』岩波書店、105-125頁

─────(2007b)「「方言」と「共通語」の比較対象表（試案）──大学における授業実践を踏まえての分析的考察」『大分大学教育福祉科学部研究紀要』29(1)、29-44頁

─────(2008)「看護・福祉と「方言」の役割」『地域学』6、91-112頁

牧野辰雄編 (2001)『出雲のことば早わかり辞典』島根印刷

松木明 (1982)『弘前語彙』弘前語彙刊行会

松繁卓哉 (2010)『「患者中心の医療」という言説──患者の「知」の社会学』立教大学出版会

森納 (1988)『とっとり言葉──あるザイゴ医師の覚書き』綜合印刷出版

山浦玄嗣編 (2000)『ケセン語大辞典』無明舎出版

横浜礼子 (1991)『病む人の津軽ことば』青森県文芸協会出版部

Ainsworth-Vaughn, Nancy (2003) "The Discourse of Medical Encounters", In Deborah Schiffrin, Deborah Tannen and Heidi Hamilton (eds.) *The Handbook of Discourse Analysis*, Blackwell, pp. 453-469.

Freidson, Eliot (1970) *Professional Dominance: the Social Structure of Medical Care*, Atherton Press.〔進藤雄三・宝月誠訳 (1992)『医療と専門家支配』恒星社厚生閣〕

Greenhalgh, Trisha and Brian Hurwitz (ed.) (1998) *Narrative based medicine : dialogue and discourse in clinical practice*, BMJ.〔斎藤清二・山本和利・岸本寛史監訳 (2001)『ナラティブ・ベイスト・メディスン──臨床における物語りと対話』金剛出版〕

Persons, Talcott (1951) *The Social System*, Routledge & Kegan Paul.〔佐藤勉訳 (1974)『社会体系論』青木書店〕
Sackett, David L, Sharon E. Straus, W. Scott Richardson, William Rosenberg and R. Brian Haynes (2000) *Evidence-Based Medicine: How to Practice and Teach EBM*, 2nd ed., Churchill Livingstone.
Thompson, Teresa L., Roxanne Parrott, and Jon. F. Nussbaum (eds.) (2011) *The Routledge Handbook of Health Communication*, 2nd ed., Routledge.
U. S. Department of Health and Human Services (2010) *Healthy People 2010, Government Printing Office*. http://www.healthypeople.gov/2010/Document/pdf/Volume1/11HealthCom.pdf pdf［2014.8.31］
Waitzkin, Howard (1989) "A Critical Theory of Medical Discourse: Ideology, Social Control, and the Processing of Social Context in Medical Encounters", *Journal of Health and Social Behavior*, 30, pp. 220-239.

第 5 章

ろう教育における「やさしさ」の諸相
社会言語学の視点から見えるもの

中島　武史

【キーワード】ろう教育、インテグレーション、口話法、国語、近代的言語観、日本手話、言語権

1　はじめに

　2014年8月9日から10日にかけて、ろう教育科学会第56回大会「ろう学校は、その役割を終えたのか」が同志社大学で開かれた。二日目のプログラムであるショートレクチャーⅡ「聴覚障がい教育史——明治期前半の聾唖教育」において奈良女子大学大学院の坂井美恵子氏が、2000年前後からの変動期にある現在のろう教育は、これまでのろう学校教育の枠を超えた動きを見せており、近代公教育の思想からマイノリティの人権、WHOによる障害把握の変化、人工内耳などの諸要素との関連において理解する必要があるという問題提起を行った。そこでは、脱構築的にろう教育を捉える視点の必要性が求められるとしたうえで、ろう教育は女性、子ども、少数民族などが抱える問題と同列の枠組みで論じられうることをろう学校教員は認識することが肝要であるとの見解が示された。筆者は、ろう教育を社会言語学や障害学、教育社会学から捉えようとする立場に立っており、この坂井氏の問題提起に共感する。しかし、ろう教育という現象を脱構築的に、また障害学的に、そして人権という領域に立脚して理解しようとすること自体は新しいわけではなく、金澤の一連の著作(1999,

2001, 2006, 2013）や、ましこ（2006, 2010）などが見られる。ではなぜ筆者がこの話をあえてもち出すのかと言えば、坂井氏がろう学校外部の研究者ではなく、ろう学校の元教員であり、ろう学校長の立場としてもろう教育にかかわっていたろう教育内部の人物だからである。ろう教育では、口話法[1]という指導法の研鑽に偏重する時期が長らく続いた。口話法で用いられる読話や発語の技能は、ろう児の日本語獲得に一定の役割を果たすものであった[2]が、鏡（1967）や松宮（1967）のように、口話法自体に内在する困難さや問題点への指摘は早くから見られていた。一方で、主としてろう教育の外部から提示されるようになった手話言語学の知見や、「ろう」を言語的少数者として捉え直すそれまでとは別様な認識[3]、または障害モデルの多様化[4]などの諸変化とろう教育との接触は、井上（1990, 1994）の外国語教育やバイリンガリズムとろう教育との関係についての考察や、長南（2001）のろう児への教育実践を念頭に置いた手話言語の分析などのように一部関連する研究の存在を除いてあまり見られないと言える。それだけに、ろう教育の内部に位置する坂井氏の問題提起には意義があり、ろう教育がその視線をこれまで以上に外部にも向け、隣接する学問領域からの知見を取り込み、進展しようとする機運の高まりを期待させた。

　本稿の目的は、ろう教育に言語としての手話という補助線を引くこと[5]で見えてくるものを、社会言語学の視点から考察することにある。ろう教育を論じるうえでの主要な要素に「手話」がある。その手話に対して、社会が見せる態度に近年大きな変化があった。手話が言語としての市民権を法的にも得るようになってきたのである。2011年に改正された障害者基本法第3条三において手

1　発音・発語の指導や、口唇の形を読むことで話される内容の理解を試みる読話という手段による教育方法。後に主流となる補聴機器を活用した聴覚口話法と区別する場合には純粋口話法と呼ばれる。
2　日本の聴覚障害教育構想プロジェクト委員会（2005: 22）
3　木村・市田（1995）
4　長瀬（1999）
5　「言語としての手話という補助線を引く」という表現は、本書の執筆者でもある植田晃次氏の助言から着想を得た。また、かどや（2012）も参考にした。

話が言語と明記されて以降、鳥取県の手話言語条例制定（2013年）に代表されるように、日本社会のなかで手話言語の公的、また法的な認知の動きが活発化している。ろう教育には、長らく手話を否定してきた歴史があり、ろう児に手話の使用を禁止することもあった。ろう教育が手話を肯定的に捉えるようになったのは比較的最近のことである。したがって、言語としての手話という現代的な視座から改めてろう教育を見つめれば、これまでとは異なる理解や解釈が生まれる可能性は十分に期待できると考える。また一方で、従来からろう教育は、多数派である聴者社会、または健常者社会とは切り離して考えることはできない分野でもある。このように、ろう教育という学問分野は、「言語」や「社会」という概念と関連しながら成り立っている。そうであるならば、言語に対して社会が取る態度を分析しようとする社会言語学との接続は、ろう教育に何らかの示唆を与えうると期待することは邪道ではないだろう。ろう教育とは本来、障害学や言語学、各種の教育学、社会学などにまたがる学際的なものである。ろう教育内部での議論に加えて、社会言語学をはじめとする他学問の知見を取り込むことは、ろう教育に多角的な視野をもたらすと期待できるのではないか。

　本稿では、ろう教育の事象を社会言語学的に読み解こうとする目的に沿いながら、本書に共通したテーマである「やさしさ」というキーワードを用いる。元来ろう教育は、それまで排除されていた障害児としての聞こえない・聞こえにくい身体状況をもつ子どもたち（以下、「ろう児」とする）を教育の対象に据えたという意味で、「やさしさ」と関連が深い領域であると言えよう。ろう児にも教育をという「やさしさ」は、1880年前後のろう教育黎明期においては慈善事業の一環でしかなかったろう児の教育[6]を公教育にまで引き上げ、1956年にはろう児の完全就学義務化を達成するという成果を得た。しかし、本論文集の全体を通して示しているように、「やさしさ」とは、具体的な文脈のなかにおいてはいかようにも変形する多義的なことばである。本稿では、ろう教育

6　日本の聴覚障害教育構想プロジェクト委員会（2005: 13）

という文脈に組み込まれた「やさしさ」を社会言語学の視点からみつめることで、ろう教育における「やさしさ」の諸相を記述したい。具体的には、ろう教育の2つの現象について考察する。1つ目は、口話教育の台頭と普及を「近代的言語観」とのかかわりで論じ、口話法と「国語」の密接な関係を示すことを試みる。2つ目は、言語権という概念からろう学校教員の手話能力保障にかんする課題について考え、言語権がもつ社会権としての性質の射程を試図する。

2　筆者の立ち位置

　筆者は公立ろう学校の現場に立つ聴者教員である。聞こえない身体をもつ父親と聞こえる身体をもつ母親、聞こえない・聞こえにくい身体をもつ複数の親戚がいる。また、筆者は幼少の頃から、地元の聞こえない・聞こえにくい身体をもつ人たちのコミュニティとのかかわりをもちながら育った。

　手話という用語に関しては、言語学の立場からと、手話の使用実態を重視する立場からの意見が混在する。言語学的特徴からは、日本手話という独自の文法をもつ手話言語が規定され、日本語に対応して手話単語や指文字を表す日本語対応手話とは異なる[7]とされる。しかし、その使用実態からは、日本手話と日本語対応手話に二分できず、ろう者が使用する様々な形態の手話の総合体を「手話」と規定する立場[8]もある。本稿は言語としての手話という補助線を引くことを前提としていること、また、5.4以降の言語権の議論にかかわって手話の言語性について考慮する機会が多いことから、「日本手話」・「日本語対応手話」の用語を使用することが多い。しかし、2つを分けて論じる必要のないと思われる複合的な手話使用実態の側面から言及する場合には、単に「手話」と

7　市田 (2001)、木村 (2011)、赤堀・岡・松岡 (2012) などを参照。
8　2003年に出された財団法人全日本ろうあ連盟による「「日本手話」によるろう教育を求める「人権救済申立」に対する見解」(脇中 (2009: 58) に全文掲載)、日本の聴覚障害教育構想プロジェクト委員会 (2005: 9)

する。

　手話・手話話者に関する筆者の立ち位置は次の通りである。聞こえない・聞こえにくい身体状況をもつ人（以下、「ろう者」とする）のなかに、日本手話で言語生活を送る人たちがいる。日本手話は独自の言語であり、日本手話話者のアイデンティティの核をなす。この日本手話話者が求める、日本手話の社会的な承認と日本手話による教育は、言語的・文化的な観点から保障されるべきだと考える。ただし、日本手話を十分に使用できるものだけが「ろう者」カテゴリーに含まれるという考えにはない[9]。本稿でもその意味において、聞こえない・聞こえにくい身体状況をもつ人全体を「ろう者」としている。日本手話話者がろう教育に求めているのは、主にバイリンガルろう教育であり、第一言語としての日本手話保障と、第二言語としての書記日本語の習得が目指される。筆者はこのバイリンガルろう教育の考え方を基本的に支持し、その発展を期待している。ただし、人権的な観点からは、第二言語としての習得を目指す書記日本語能力の程度にかかわらず、日本手話で言語生活を送るものには日本手話のみでも不自由なく生活できる行政サービスと情報保障、司法などの機能をもつ多言語社会[10]が準備されていることが望ましいと考えている。また、日本語

9　日本手話以外の形態での言語生活をおくる、聞こえない・聞こえにくい人たちも多数存在する。なかには、日本手話での教育が保障されてこなかったという社会的・教育的・歴史的な要因により、日本手話による教育を望みながらも叶わなかった人もいるだろう。日本手話という言語を獲得するための環境に制限がある社会状況のなか、日本手話能力の差をもって、特定の個人や集団を「ろう者」に含んだり外したりすることは、線引きされる対象者を尊重しない潜在的な排除の危険性を内包していると言える。詳しくは新井（1996）、Nakamura（2006）を参照。

10　本書の義永論文では、個人と言語と社会の関係を動態的にみる視点をもつ複言語・複文化主義について論じられている。言語と社会を主要な柱として構成される多言語社会では軽視されがちな「個人」という変数を含む複言語・複文化主義は、多様な言語生活状況や生育歴をもつろう児を対象とするろう教育にとって示唆に富む。また、複雑化している手話概念やろう者カテゴリーの使用状況という様相をもつろう者コミュニティ全体に対しても、複言語・複文化主義は有益な議論を導く鍵概念として期待できるのではないだろうか。

対応手話を主な手段とするろう者にも同様に、不自由なく生活できる社会条件が必要である。その意味においては、言語がコミュニケーションよりも上位にあるという思考ではない。

次に、ろう学校での手話に関する筆者の立場は以下の通りである。ろう児の教育に日本手話も日本語対応手話も使用しない純粋口話法による指導は、教育効果と人権の観点から支持しない。ろう児の教育には何らかの手話が用いられることは最低条件であると考える。聞こえない・聞こえにくい身体をもつ子どもたちを対象としている教育機関であるろう学校は、日本手話による教育というニーズに応え、それを受けられる選択肢を準備しておくことが望まれる[11]。しかし、その選択肢が現状では圧倒的に少ないことに問題が認められる。一方で、ろう学校を選択するろう児が置かれてきた言語生活環境歴は多様であり、ろう児の手話使用の実態もまた多様で複合的でもある。ろう学校には、日本語対応手話を必要とするろう児も存在する。したがって、日本語対応手話も同様に必要であり、ろう学校から排除されてはならない[12]。ただし、日本語対応手話で教科指導を受けるろう児に対しても、手話言語の特徴を典型的に有している日本手話を学ぶ機会を提供し、一定の能力を育てることもまた必要であると

11　ただし、日本手話による教育の保障は、特に適切な人材確保・養成の面において、ろう学校単体での努力でどうにかなる話ではない。文部科学省や教育委員会という教育行政レベルでの取り組みが必要になる。

12　音声日本語を獲得した後に失聴する中途失聴の場合、既知の文法知識を使用できる日本語対応手話での教科学習が求められるだろう。また、小学校や中学校までを地域校で過ごし、中学部や高等部段階でろう学校に転入学してくるろう児に対しても日本語対応手話が貢献できる面はある。彼女ら彼らの多くは、日本手話の言語環境ではなく音声日本語環境で教育を受けてきており、習得度合いに個人差はあるが音声日本語を第一言語として生活してきているケースが少なくない。このような生育歴や言語環境歴をもつ中学部や高等部段階にあるろう児の教科学習に対しては、彼女ら彼らにとって未修の言語である日本手話よりも日本語対応手話のほうが馴染むだろう。また、ろう学校高等部の生徒同士が会話で使用する手話には、日本語対応手話も含まれており、その割合は以前と比して増加しているという調査（長南 2004）もある。

考える[13]。現状では複雑化しているろう児の言語生活環境については、手話否定と音声日本語重視の価値観が強かったろう教育史と、これまで日本手話による教育という選択肢が保障されていなかったことなども反映された結果による状況と捉えている[14]。

　他方、教育学的観点に比重を移し、ろう児に書記日本語を習得させるという目的について考える場合、読話や発音・発語などの口話法の技能や補聴機器の活用は否定しない。もちろん、それら技能の習得が目的化されることがあってはならないが、口話法の技能が日本語の音韻意識の形成に有効である[15]ならば、書記日本語獲得のための資源として利用すればよいと考える。

3　ろう学校

　ろう学校には、ろう児と共に、聞こえにくさと知的障害や肢体不自由などを併せもつ重複障害児と呼ばれる子どもたち（以下、「重複児」とする）も一定数在籍している[16]。2006年度までの盲・聾・養護学校による特殊教育体制では、

13　授業や休憩時間、放課後でのろう児同士の会話に日本手話や日本手話の要素を含む手話が使用されることはある。また、成人になってから、成人日本手話話者の集まりに参加する際や、活動を共にする際に日本手話の技能が必要になることもあるだろう。したがって、日本語対応手話で教育を受けるようなろう児であっても、日本手話を学ぶことは有益である。

14　斎藤（2007: 60-63）を参照。

15　音韻意識は、ろう児が読み書き能力を習得するための重要な役割を果たすと考えられている。音韻意識の研究動向については長南（2005）に詳しい。ただし、書記日本語を重視しすぎることが日本語の読み書き能力の規範性を高める可能性について自覚的になる必要がある。この点については、別稿を用意したい。

16　文部科学省初等中等教育局特別支援教育課（2014）による「特別支援教育資料」では、ろう学校の小学部・中学部・高等部の合計生徒数のうち、重複児が占める割合は17.7%である。この数値はろう学校として独立している学校のみを対象にしたものであり、視覚障害や知的障害などを主な対象としてい

表1　ろう学校の授業グループ内人数　　　　　　（藤本 2010: 36 図1を筆者が表に修正）

	1人	2-3人	4-5人	6人以上
幼稚部	17.1%	31.3%	36.0%	15.6%
小学部	40.5%	41.2%	14.1%	4.2%
中学部	32.1%	43.8%	17.4%	6.7%
高等部本科	36.9%	36.3%	20.4%	6.4%
高等部専攻科	31.0%	44.8%	19.0%	5.2%

ろう学校は盲学校、その他知的障害児や肢体不自由児を主な対象とした各種の学校とは別に独立して設置されていたが、2007年度からの特別支援教育体制への移行にともなって、ろう児が他の障害をもつ子どもたちと一緒の学校に通うような複合型の特別支援学校も現れ始めている。特別支援教育体制でのろう学校はほとんどが「聴覚特別支援学校」や「聴覚支援学校」などの名称に変更されているが、本稿では、よく知られている名称である「ろう学校」と記述することにする。

3.1　現在のろう学校概要

　文部科学省初等中等教育局特別支援教育課 (2014) によれば、聴覚障害児のみを対象とする複合型ではないろう学校は、全国で90校あり、幼児・児童・生徒数は合計で6,008人である。授業形態の特徴としては、生徒机を馬蹄の形に配置することが挙げられる。そうすることで、教員と授業グループ内のろう児全員が顔を向け合うことができる。授業の開始や終了を告げるチャイムにも特徴があり、教室に取り付けられたパトライトがチャイム音と併せて光ることで知らせる仕組みになっており、光の色を赤色にすると緊急時避難の合図にもなる。

　藤本 (2010) の資料によれば、小学部から高等部専攻科[17]までの各学部におい

　　　る特別支援学校との併設校は含んでいない。
17　高等部本科3年間に次ぐ、2年間の課程。

て1〜3人までで編成されている授業グループが全体の70%以上を占めている。6人以上の授業グループは幼稚部の16.6%以外では10%に満たず、全国的に少人数での授業が展開されている（**表1**）。

3.2 ろう教育史の概説

　坂井 (2012)、武田 (2012) を中心にろう教育の歴史を概説しておこう。1878年に日本で最初のろう学校として京都盲唖院（現在の京都府立聾学校）が誕生している。「盲」と「唖」の字からわかるように初期のろう学校は盲学校との併設であり、ろう児は見えない・見えにくい子どもたち（以下、「盲児」とする）と同じ教育機関で学んでいた。日本でろう教育が開始されてからしばらくのあいだ、ろう学校は手話を用いて教育を進める手話法に基づく教育を行っていた。1923年8月に公布された「盲学校及聾唖学校令」によって、聾唖学校と盲学校の分離が決定し、ろう児と盲児は別の学校施設で学ぶように体制変更が行われた。第二次世界大戦後の1956年にはろう児と盲児の就学義務制度が完成し、多くのろう児・盲児が公的に教育を受けられるようになった。

　教育指導法の変化に関しては、ろう教育が開始されて以来採用されていた手話法が1910年頃からは口話法へと変更されていった。1920年にはアメリカの口話法指導による日本聾話学校が東京で、1926年には学校名に「口話」という文言が冠せられた私立大阪聾口話学校が大阪で設立されるなど、口話法は全国のろう学校に広がっていった。1925年には、日本聾口話普及会という組織が発足し、雑誌『口話式聾教育』が創刊されるようになっている。このように、口話法に関連する動きが活発化するなか、1933年の全国聾唖学校長会において鳩山一郎文相が口話法による聾唖教育を推奨する訓示を出したことにより、全国的な口話法の採用が公然のものとなった。1955年頃からは、補聴器が普及しだしたことにより、それまではあまり関心が払われてこなかったろう児の聴覚が注目され活用されるようになった。この補聴器を用いた聴覚活用以降の口話法を聴覚口話法と呼び、それまでの純粋口話法とは区別される。その

図1 ろう学校在籍者数の推移1948年度-2013年度

(「特別支援教育資料(平成25年度)」より筆者が作成)

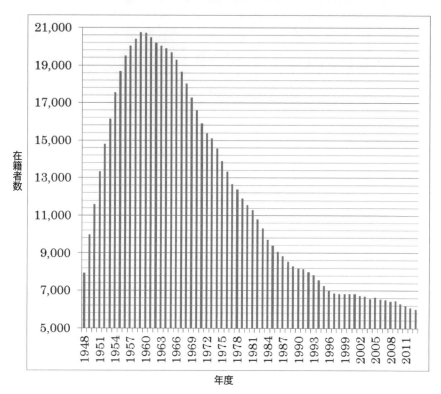

後、1980年代からろう教育に手話が再登場しはじめ現在に至っている。

3.3 ろう学校の在籍者数減少とインテグレーション

　手話がろう教育に再登場するきっかけとなる要因の1つは、ろう学校が慢性的に抱えていたろう学校在籍者数の減少問題である。ろう学校では、1959年を境にして在籍者数が減少し続けている（図1）[18]。

18　2007年度以降は聴覚障害のみを対象としたろう学校だけを扱っており、知的障害児や肢体不自由児を主な対象とする特別支援学校との併設校は含んでい

在籍者数は1959年度の20,744人が最大であり、2013年度では6,008人にまで減少している。在籍者減少の実際を確認するため、小学校、中学校、高等学校における第一次と第二次ベビーブームによる在籍者数の増加傾向とろう学校の在籍者数の増加傾向の違いを見てみる。文部科学省[19]によれば、第一次ベビーブームによって小学校、中学校、高等学校はそれぞれ1958年度、1962年度、1965年度において在籍者数がピークに達している。図1を見ると、この1958年度から1965年度にかけてろう学校でも在籍者数のピークを迎えていることがわかる。しかし、第二次ベビーブームでは小学校、中学校、高等学校はそれぞれ1981年度、1986年度、1989年度において在籍者数が二度目のピークに達しているにもかかわらず、ろう学校では同じ9年間で一貫して在籍者数が減少している。この減少の要因にはいわゆる少子化の影響もあると思われるが、これにも増してろう児の居住地域校（主に小学校）へのインテグレーションという保護者とろう児の「選択」の流れが影響していた。ろう学校には選択されなければろう児が集まらないという根源的な事情がある。

　この在籍者数減少問題とその背後にあるインテグレーションは当時のろう学校現場に相当な危機意識を与えたようだ。例えば、大阪市立聾学校（現大阪市立聴覚特別支援学校）の1991年度紀要には以下のような記述が見られる。

> 聾学校教育の低迷が言われてから久しい。私たちがかかえるいくつかの課題の中でも深刻な状況は、児童生徒数の歴史的減少現象であろう。(中略) インテグレートする子供達へのフォローもほとんどなく、聾学校が社会的に何を要請されているかという自己点検も機能していないシステムのままでは、聾学校の再生への道はありえまい。[20]

ない。
19　文部科学省 (2014)『学校基本調査──平成25年度（確定値）結果の概要──「平成25年度学校基本調査（確定値）について」』
20　大阪市立聾学校 (1992: 102)

また、1992年版では、この年度の校内研究会の助言者である教育委員会の指導主事が「私自身、聾学校がなくなるとは思いませんけれども、かなり存亡的な状況になていくことが事実ですし、その傾向は変わらないと思う。」[21]（原文ママ）と発言している記録が残されている。このように、在籍者数の減少という問題に対して「聾学校教育の低迷」や「再生」という踏み込んだ議論がろう学校内部でなされ、教育委員会の指導主事からも当時の現状への厳しい言及がなされていた。このような危機意識のもと、各ろう学校では学校の力を高める努力や工夫がなされたと思われるが、全国的な在籍者数の減少は現在でも止まっていない[22]。

　インテグレーション増加によるろう学校在籍者数の減少の要因は何だったのだろうか。当時なぜインテグレーションが保護者によって選択されたのかを見てみたい。この点についても大阪市立聾学校の1991年度紀要が参考になる。

　　関係者の多くが指摘するように、聾学校のシステムでは求められない条件（一般児童生徒との日常的交流や音声言語の習慣を必然化させる環境など）を求めての積極的なインテグレーションというよりは、聾学校の専門性（言語教育や行き届いた少人数教育など）に対するなんらかの不満や失望感[23]

　上記から分かるように、ろう学校の専門性への不満や失望感をインテグレーションの理由として想定している。また、上農（2003: 158-160）は「ろう教育を考える全国討論集会」において重ねられてきたインテグレーションに関する議論を整理し、インテグレーションを選択した保護者の言い分を以下のようにまとめている。

21　大阪市立聾学校（1993: 126）
22　現在では障害児の教育という大枠でインクルージョンを志向する流れがあることや、幼児期に人工内耳を装用するろう児の増加が影響している。ろう教育における人工内耳の受け止めについては田中（2013, 2014）がある。
23　大阪市立聾学校（1992: 102）

- 勉強が学年に対応していないという問題
- 書記日本語（読み・書き能力）の指導が不徹底
- 小集団ゆえの社会的孤立という問題（親から見た場合の心配事）
- 手話が使われていない→わかりやすい授業とアイデンティティ形成の不成立
- 障害認識の指導理念が不十分
- 遠距離通学の負担→さまざまな事情がある

　勉強が学年対応になっておらず、書記日本語の指導も不十分であることが挙げられている。さらに、ろう学校では手話が使われていないという理由も見られ、手話を取り入れない授業はわからないと続く。これらを手話に比重をおいて解釈すれば、口話では授業の内容がわかりにくい面があり、その影響もあって書記日本語の指導もふるわず、結果として学習進度が遅れる一因となったと理解できるだろう。実際に「書記日本語（読み・書き能力）の指導が不徹底」という保護者の不満の一例として、「聴覚口話法だけを絶対化しているからではないのか？」[24]が挙げられている。このように、地域校での環境に理想を求めているのではなく、ろう学校の教育に対する不満もろう学校「不選択」の背景にあったことが読み取れる。

　しかし、インテグレーションしたろう児たちの置かれた教育環境の実際は望ましいものではなかった。まず、インテグレーションとは手話のない聴覚口話法による指導を意味する。インテグレーション環境とは音声言語環境であり、ろう児は補聴器などの補聴機器を頼りに音声に囲まれた学校生活を送ることになる。しかし、ろう児の聞こえは程度に差はあるものの音声を正確に理解することができない点では同じであり、常にまだらな理解のまま学校生活を送ることになる[25]。聞こえないまま・理解できないまま過ごす学校生活は、聞こえているふりや理解できているような態度を取ることでその場をやり過ごす習慣

24　上農（2003: 159）
25　上農（2003: 114-115）

をろう児にもたらす[26]。このように、しかたなく分かったふりをすることで周りに追随する習性が身につくことは、自己形成を疎外すると指摘されている[27]。それでも優秀な成績を残し、大学に進学するろう児もいるが、そのようなろう児たちも音声での授業内容が完全にわかるわけではないため、結局は家庭などでの自力学習という条件を強いられていた[28]。

4　口話主義者による「やさしさ」の形

　ろう学校は、聞こえない・聞こえにくい身体状況をもつろう児に対し、約1世紀にわたって口話法をその教育手段としてきた。そして、口話普及以前には用いられていた手話を否定するようにもなった。4節では、口話法の有効性を主張しその全国的な採用を推し進めた口話主義者に焦点を当て、口話主義者が口話法を強力に支持した理由を「やさしさ」との関連において考察したい。そして、口話主義というろう教育の一現象に言語としての手話という補助線を入れることによって何が見えるのかを示したい。

4.1　ろう児の社会参加という「やさしさ」

　3.2で述べたように日本聾口話普及会が1925年に組織され、『口話式聾教育』という雑誌が創刊されるようになった。日本聾口話普及会という団体の設立によって個別の口話主義者の運動がより組織的になり、口話法の意義を主張する声が勢力をましていった。この日本聾口話普及会を設立した中心人物が西川吉之助、橋村徳一、川本宇之介の3人である。以下、3人について概説しておく。

26　上農（2003: 118）
27　日本の聴覚障害教育構想プロジェクト委員会（2005: 35）
28　上農（2003: 133-134）

- 西川吉之助：豪商であった西川家の第十一代目。娘のはま子が三歳でろうと診断されたことをきっかけにはま子に口話法の指導を行う。ラジオ放送や講演会ではま子との会話実演を行いながら口話法の普及に努める。1928年より滋賀県立聾話学校長の職に就く。
- 橋村　徳一：1912年から発音法の研究にとりかかる。その成果をもとに口話法による授業を始める。1914年より名古屋市立盲唖学校（現在の愛知県立名古屋聾学校）長の職に就く。
- 川本宇之介：東京市教育課に勤務し市視学を兼任。文部省普通学務局第四課の調査係長を経て、1922年には盲聾教育を学ぶため文部省より欧米に派遣される。その後、東京聾唖学校（現在の筑波大学附属聴覚特別支援学校）の教諭となり、1942年に同学校長の職に就く。

　彼らが口話法を普及させた中心人物である。強力な口話主義者の彼らが、手話法ではなく口話法を支持した理由とは何であろう。1つには音声日本語と文字との一致が挙げられている。それは、言葉（音声日本語）を用いる口話法は、文字文章とも一致するため文字の理解が良くなり[29]、反対に手話法では「てにをは」など助詞の定着が悪く、筆談も不満足になる[30]という主張であった。しかし、より重要視された点は「話す」能力であった。上野（2001）によれば、すでに名古屋市立盲唖学校長の立場にあった橋村は、1914年に、卒業生の就職を製図会社に依頼しにいくことがあった、この生徒の在学中の図面や国語の成績を見せながら、雇ってもらえるように依頼したが、会社の社長に断られる、雇用できない理由として社長が挙げた内容は「口がきけない」、「忙しいなか筆談はできない」などであった、橋村はこの経験から、聾唖教育には手真似[31]ではなく口話教育が必要だと考えるようになったという。
　また、西川・橋村・川本が設立した日本聾口話普及会の創立趣旨には、以下

29　川本（1940: 484）、橋村（1925b: 31）
30　西川（1925: 49）
31　当時の手話についての呼び名。

のような一節がある。

> 聾たるが故に唖たるを余儀なくせられ、全く社会より忘れられたる我国現下の聾者は、訴ふるに言語なきも尚虐待を防止せらるる動物に比し、恵まれざるの甚だしきものにして、最も不幸なる人類の一也。(中略) 口話発音の法、普く世界全国に実行せられ効果著しきものあるに関せず、その採用にやぶさかなるは不仁これに過ぐる無し。[32]

ここでも「話す」ことが重要視されている。これらから読み取れるものは、それまでの手真似（手話）による教育では、声を出して話すことができず、話すことができなければ、ろう者は社会に入れず、忘れられた存在になってしまうという思考であろう。そして、そのような状態を防ぎ、社会参加する手段として口話法が必要となった。つまり、橋村や西川、川本ら有力な口話主義者たちが、それまでの手話法に代わって口話法を志向した理由には、「話す」能力を獲得できる口話法でしか社会参加が叶わないという考えと、そう思わせる状況があったからだと言えるだろう。実際に、手話は社会一般では通用しない[33]という旨が述べられ、その裏返しとして、口話は一般社会に通じると以下のように主張している。

> 発音法によつて教育し多数普通人と交渉の出来る社會の一員とすることは人としての務では無いでせうか。[34]
> 口話はよし、その成績が思わしくないとしても、社會生活より見てその周圍の人々との間に思想の交換をなし易いといふ長所がある。[35]

32　高山 (1982: 81-82)
33　川本 (1940: 329)、西川 (1925: 48)
34　西川 (1925: 50)
35　川本 (1940: 484-485)

彼ら口話主義者は、「話す」技能こそが、ろう児を社会参加させるために必要だという考えをもっていた。口話主義者は、「話す」ことで達成されるろう児の社会参加をできる限り可能にしてあげたいという「やさしさ」の追求のために、口話法を推し進めたと解釈できるだろう。その根底には、社会から隔離されたろう児を不幸から救うという善意が読み取れる[36]。口話主義者のやさしさとは、聴者にとって他者でしかなかったろう児に、社会参加という可能性を与えることだったのではないだろうか。

4.2　口話主義と「国語」・「近代的言語観」

このように西川や橋村、川本といった、ろう教育に口話法をもたらした口話主義者の共通点は、「話す」能力への重視にあった。「話す」ことができるようになる口話法こそが、ろう児の教育に必要であるとの考えであり、話すことができるようになって初めて、社会に入っていけるという論理であった。しかし、こうして口話主義者によって広められた口話法普及に関する動向を、ろう児の社会参加を志向したがゆえの善意による運動としてのみ理解するのは十分ではないだろう。言語としての手話という補助線を引いた視点から口話普及を捉え直せば、ろう者の言語である手話を否定し、音声言語を話すことを強いる行為は、聴者への同化として批判されることが容易に想像される。ここではしかし、口話法の強制を、手話言語を根拠に同化主義と評価する次の段階に進みたい。それは、口話法推進という口話主義者の「やさしさ」が、ろう児を社会参加させる手段として説得力をもち得た理由について考察するということである。

まずはこの口話法が発案され、広まっていった時代について考える。そのために、西川や橋村、川本以前の「口話法第一の波」[37]とされる伊沢修二[38]と、

36　本多（2003）によれば、橋村はろう児と聴児を同等に認識しようする一種の平等主義によって特徴づけられる。その平等性が、ろう児にも「音声言語」を教えるべきという主張を支え、一方では手話は不具者の象徴として禁じられた。

37　野呂（2000）は、後述する伊沢を口話法第一の波とし、西川と橋村、川本の三人を口話法第二の波に位置づけている。

38　野呂（2000）では「伊澤」、後述のイ（2009）では「伊沢」と表記されている。

彼が用いた視話法の目的について述べよう。伊沢は東京師範学校長、文部省編輯局長、東京音楽学校長、台湾総督府学務部長、東京高等師範学校長を歴任した人物であったが、そのなかに東京盲唖学校長の経歴も含まれる。伊沢は、「視話法」という、音を発声する際の発音器官の位置と運動を、文字のなかに形状化する音声表記法をろう児の教育に用いたことで知られている。視話法はもともと、グラハム・ベルの父親であるメルヴィル・ベルが考案したもので、グラハム・ベルもろう者に発音を教えるために活用した。当時アメリカに留学していた伊沢は、グラハム・ベルと出会い、視話法を習得した。伊沢が1901年に著した『視話法』によれば、吃音矯正、方言矯正、植民地での日本語の普及に加え、「聾啞ニ、談話スルコトヲ教フ。」ことを視話法の目的の1つとしている。また伊沢は、1911年の第3回全国盲唖教育大会において、発音法（視話法）の必要性を以下のように主張している。

> 発音法は聾啞の側に就いて考へると非常に骨が折れてなかなか六か敷く実に迷惑なものに相違ありませぬ。けれども社会の方に取つては重大なる問題であります。縦令聾啞の卒業生が出来たところで、社会の人が重宝して呉れないでは仕方がない。それには社会の人に聾啞の思想が直ぐ分かる様にならなければならぬ。社会の人の直ぐ分かる様にするには発音法でなければ甚だ不便である。だからして聾啞には誠に気の毒であるけれども矢張り発音法を強行する方法を取る事は必要ではないかと思ふのであります。[39]

つまり、口話法のさきがけである視話法がろう児にとって必要な理由は、ろう児が社会の人にすぐ通じる発音をもつためであった。この意味では、後に口話法を主張する西川や橋村、川本と同じように、「話す」ことによってろう児を「社会参加」させようとする「やさしさ」のうえに、伊沢の視話法の目的も

本稿では、「伊沢」を用いる。
39　信濃教育会（1958: 880-881）

一致するのである[40]。

　ろう児が社会参加する必要性に沿って、伊沢の視話法（口話法）も主張されていることを確認した次に、社会言語学者のイ（2009）の議論を取り上げ、ろう教育における口話主義者たちの思考と、近代日本の「国語」概念[41]の関係について考察してみたい。イ（2009）によれば、近代日本の「国語」概念を支えた二つの柱は、音声と話しことばの領域の発見である、「国語」の理念とは、言語規範を少数のエリートによる書きことばから脱却させ、全ての「国民」が話すべきことばを創出することを目指したものであり、音声と話しことばという立ち位置に立脚してはじめて、近代の「国語」という思想が可能になった、この「音声中心主義」の方向づけのうえに、上田万年と保科孝一の表音式仮名づかいと漢字廃止の主張、言文一致の推進があり、保科孝一の「満州国」・「大東亜共栄圏」における異民族に対する言語的同化政策の推進があるとしている、そして、この近代日本の「国語」概念がもつ音声中心主義のなかに伊沢修二を位置づけている。

　イは同書のなかで、伊沢は正音（標準音）を視話法によって確立しようとしていたと結論づける。1900年に、小学校令改正で初めて「国語」という教科名が出現し、1904年の第一次国定教科書である『尋常小学校読本』において、東京の中流社会のことばが「国語の標準」とされた。イは、上記の流れから、「発音矯正」と「標準音の制定」が教育の目標として定められていた当時の教育政策の実態を指摘したうえで、伊沢について以下のように記している。

　　伊沢修二がその「視話法」によって、成し遂げようとしたのは、「国語」の外部にいるさまざまな他者をひとくくりにしたうえで、「国語」の「正音」のなかに同化することであった。つまり、ろう者、吃音者、方言話

40　音声言語共同体の意思疎通効率を高めるという視点のもとに、伊沢のろう者への口話教授を位置づけている研究（本多 2003）もある。
41　「国語」の成立については、長（1998）安田（1997, 2007）などにも詳述されている。

者、植民地異民族は、それぞれの存在のありかたがいかにちがっていたとしても、ひとしく「国語」の「正音」の外部にいるものとして、「視話法」によって「正音」の帝国に同化することができるのである。こうして、視話法によって吃音者が正確な発音を学ぶように、ろう者は音声言語を、方言話者は標準語を、植民地異民族は「国語」を学ぶのである。[42]

このように見ていくと、ろう教育の世界で1910年前後から起きた、手話法から口話法へという教育指導方法の変更を、「話しことば」による「国語」の創造との関連において捉え、近代日本の言語政策論という、社会言語学の領域と結びつけて理解することができるだろう。つまり、音声中心主義によって方向づけられ、全ての「国民」が話すべきことばとして作られた「国語」をろう児も「話す」ことによって初めて、ろう児は「国民」となる。だからこそ「国民」として認められ、社会参加するためには、話しことばによる「国語」とはかけ離れた手真似や手話の使用は不適切だと判断され、「話す」能力を獲得するために、口話法が志向されるようになった。そして、ろう児が話すことで国民となっていく論理は、国家主義的な時局において、以下のようにろう児を善良な日本人とすることが、「聾教育の目的」と定めるに至る。

> 聾教育の目的は國家公民的人格を養成するにあるといふことは各國有通の思潮であると思ふ。(中略) 日本國民的人格を要請するのが本邦聾教育の目的であると思ふ。日本國民的人格とは日本人のことである。故に本邦聾教育の目的は聾者をして、善良なる日本人たらしむるにあると確信する。[43]

手話を否定していた口話主義者である彼らにとって、ろう者の善良なる日本人像とは「国語」を話すろう者のことである。「国語」を話す人が「国民（日

42　イ（2009: 162-163）
43　橋村（1925a: 16）

本人)」と規定される社会言語情勢のなかでは、ろう者の手話または手話を使うろう者を認める余地は残されていなかったであろう。

　ろう教育と近代日本の言語政策の関連については、部分的ではあるがいくつかの指摘がある[44]。それらの論点とは、ろう教育が口話法に切り替わっていく背景には明治期の西洋型の近代国家を目指す日本において強力に推し進められた「一国家一言語」の理想を追う体質が影響したというものであり、本稿はその指摘をより具体的な資料のもとに示そうとする試みと言えよう。また、3.2で述べた鳩山の訓示（1933年）については古石（2004）と木村（2004）が共に口話が広まる契機として挙げている。ここではその訓示の内容を分析し、この訓示が近代的言語観である「一国家一言語」の理想のもとろう教育を「国語」論に接続する機能を果たしたということを示す。口話を奨励する箇所は訓示全体の最後にある[45]。

　　　尚聾兒ニ在リマシテハ、日本人タル以上、我ガ國語ヲ出来ルダケ完全ニ
　　　語リ、他人ノ言語ヲ理解シ言語ニ依ツテノ國民生活ヲ営マシムルコトガ
　　　必要デアリマシテ、聾兒ノ言語教育ニ依ル國語力ノ養成ハ、國民思想ヲ
　　　涵養スル所以デアリマシテ、國民教育ノ根本ニ合致スルモノト言ワナケ
　　　レバナリマセン。全國各聾学校ニ於テハ聾兒ノ口話教育ニ奮勵努力シ研
　　　鑽工夫ヲ重ネ、其ノ實績ヲ擧グルニ一層努力セラレンコトヲ望ミマス

　ここで言われたのは、ろう児も日本人である以上「国語」を話し理解することで国民生活を営む必要があるということ。ろう児の「国語」力の養成は「国民思想」を涵養するためであり、国民教育の根本であること。そして、そのために口話教育が望まれることである。つまり、「一国家一言語」の近代的言語観にしたがい、単一言語による国家の統制を図ろうとする当時の日本において

44　古石（2004）、木村（2004）などを参照。また、本多（2002, 2003）は、植民地における言語政策とろう児に対する口話教育の類似点を指摘している。
45　1933年発刊の『聾口話教育』9巻3号2-4頁に全文が掲載されている。

は、日本人であるろう児も国民思想を育むために「国語」=「話しことば」を話し理解する必要があるという論理が読み取れ、ここからも近代的言語観と口話法との関係を確認することができると思われる。そして、この訓示を背景に口話法の優位が確定していく。

4.3 口話主義者の「やさしさ」と「手話言語」・「多言語社会」

「話す」能力によってろう児を社会参加させるという考え方のもと、口話主義者は口話法を推進してきた面があり、口話法という唯一可能な（と考えられた）手段でもってろう児を社会に参加させることが口話主義のもつ「やさしさ」であったと述べた。では、口話法普及の動きがなぜ大きな説得力をもったのだろう。口話法普及は、強力ではあったが数人の口話主義者の個人的な思想だけでは、十分な説得力をもたなかったはずである。岡本（1997:637）が述べるように、ろう児に教育勅語を理解させるという国家主義的教育と口話法の普及を関連づけることは妥当であろう。しかし、当時の国家主義が基盤にしていた言語観こそが「一国家一言語」という西洋輸入の近代的言語観であったことは忘れてはならない。したがって、言語という視点からは、口話法普及を可能にした要因はやはり、口話主義者も含む、日本社会の構成員全体が影響を受けていた近代的言語観という下地にその根本を求められるではないか。「国語」の側に引きつけて理解するならば、単一言語による国家の統制を要請する近代的言語観の浸透によって形成された「国語」概念がろう教育にまで射程を広げ、ろう教育に従事するものたちを口話法へと方向づけしたとも理解できる。また、「日本人」とは話しことばによる「国語」を習得しているものであり、ろう児も日本人である限り「国語」を話せるように、という認識はろう教育関係者以外にも理解しやすい主張であっただろう[46]。

---

46 聴者に伝わりやすいという面から、口話法はろう学校を公的に位置づけるための運動手段として掲げられた側面もある（日本の聴覚障害教育構想プロジェクト委員会 2005:13）。ろう児の発声をラジオ放送するという実際に行われ

手話は言語であるという今日的な認識からすれば、手話を否定する当時の口話法とは、ろう者を聴者に同化させようとする行為であったことは確かである。そのような観点から口話主義者の「やさしさ」を解体すれば、ろう児に対する「やさしさ」とは、図らずも聴者への同化をろう児に強要することであり、その意味で彼女ら彼らに対する差別を助長してしまったものと考えることができる。しかし、口話法普及の背景には、音声中心主義によって形成された「国語」という概念があり、「国語」という概念自体も、「一国家一言語」という近代的言語観によって裏打ちされていた。したがって、当時において仮に、手話が言語だという市民権を得ていたとしても、「一国家一言語」の理想のもと、手話は「国語」より劣位に置かれ、ろう児は「国語」を話すことを強要されていたかもしれない[47]。その可能性は、当時のアイヌ語話者や琉球のことばの話者が時の為政者の言語政策によって辿った経緯[48]からして、否定できないだろう。「一国家一言語」を自明視する近代的言語観は、社会のなかに言語が複数ある状態を否定する。このことは、手話が言語として認知されるだけでは、ろう児が受けていた・受けている不利益の解放は達成されない可能性を示している。ろう児の言語的解放は実際のところ、手話が言語であると認められるだけでは不十分であり、異なる言語・共同体が受け入れられる「多言語社会」という前提をも必要としている。

　ろう者の言語的解放に社会のあり方が関係するならば、社会の内実を注視することもまた必要になる。当時の口話主義者が目指していた社会とはいったい「どのようなひと」を構成員として想定した社会であっただろう。ろう児が参加すべきとされた社会とは、聞こえる日本人たちにとって普通の社会であり、標準化された音声日本語という「国語」が、日本全土で疑い無く用いられてい

　　　ていた事象についても、ろう教育についての認知度を高める取り組みとして理解できる。
47　九州帝国大学に赴任していた言語学者の佐久間鼎は、1938年に文部省が主催した聾教育講習會において、手を広い意味での言語として認めながらも抽象的な内容には適さない低級な言語だと述べている（佐久間1942）。
48　アイヌ語については中川（2005）、沖縄のことばについてはかりやまた（2005）を参照。

ると想像され(るように仕向けられ)、その想像が言語政策側の学者や官僚たち以外にとってある程度自明になっている社会である。そこでは、手話が言語だと認められていたとしても、「日本人」としてのカテゴライズが優先されることによって、アイヌや琉球の人たちと同じように、「国語」による「単一言語社会」に組み込まれたであろう。当時の口話主義者がろう児を組み込もうとした社会とは、ろう児がろう児のままでいることを認めない、聞こえる日本人を前提とした社会であった。その意味で、当時の社会を絶対視し、その社会にろう児を参加させようとする行為は、それがやさしさであったとしても、「普通の社会」という意識を(再)強化することに繋がってしまったのではないだろうか。

4.4　近代的言語観とインテグレーションの関係

　1910年頃から広がった口話法は、「一国家一言語」を理想とする近代的言語観をその内に宿しながら、ろう児に「国語」を話すことを求めた。言語としての手話という補助線を入れることが可能な今日から見れば、口話法が潜在的にろう児に伝えたものは、聞こえる日本人という理想像であろう。この口話法の背景にある思想は戦後を超えて、インテグレーションという現象にも影を落としたのかもしれない。3.3で述べたように、インテグレーション環境とは音声日本語環境のことである。そこでのろう児のコミュニケーションは聴覚口話法になる[49]。そして、話しことばを重視する口話法による指導は原理的に普通教育(聴者への教育)と同じである。そのため、口話法のもつ理念自体が、地域校での統合教育(インテグレーション)という思考を導く[50]。そうして、口話法思想の影響によるインテグレーションが興隆し、ろう学校のみならず地域校においてもろう児のコミュニケーションは聴児に合わせることになった。3.3で述べたように、ろう学校の在籍者数は減少し続けており、多くのろう児がイ

49　中野(2001: 323)
50　日本の聴覚障害教育構想プロジェクト委員会(2005: 13)

ンテグレーション環境下[51]にある。このように考えると、口話法に透けて見える「単一言語社会」という近代的言語観が、戦後も、そしておそらくは現在もろう児に対する教育に影響を与えていることが分かる。このことからもやはり、ろう児の言語的・人権的解放には、手話が言語として公認されるだけでなく、多様な言語とその使用者を肯定する多言語社会の承認が期待されていることが分かるだろう。

5 「言語権」という「やさしさ」の形

　5節以降では、言語としての手話という補助線を現代のろう教育を対象に引いてみたい。3.2で述べたように、1980年頃からろう教育に手話が再登場する。しかし、ろう教育に再導入された手話の、その「され方」は1つではなく、異なる2つの経路があった。5.1・5.2では、手話再導入の2つの流れを確認する。そして、5.3でろう学校教員の手話力について概説し、5.4以降では、言語権という概念を援用し、言語権がろう学校の教員に与えうる「やさしさ」について考えてみたい。

5.1　口話法の補助機能としての手話導入

　ろう学校の教育現場から、手話を制限する口話法の限界や反省について意見が出るようになり[52]、手話に取り組む教師が次第に増えた。そこでは、口話法によって入力される刺激の少なさが強調された[53]。ろう学校現場が口話法について見直すようになったという要因の他にも、ろう教育の専門家集団であるト

51　共同参画を重視するインクルージョンという名称に変わった現在でも、言語やコミュニケーション面でろう児の一番快適な選択肢が整っていないのであれば、これまでのインテグレーションと実態は同じであろう。
52　日本の聴覚障害教育構想プロジェクト委員会 (2005: 73)
53　金澤 (1999: 210)

ータルコミュニケーション研究会とろう当事者の団体である全日本ろうあ連盟の「ろう教育に手話を」という連携もろう学校への手話導入に貢献した[54]。しかし、ここでの手話はあくまで口話法の補助という位置づけであった。つまり、口話法でのコミュニケーションのなかに手話を取り入れることで、意思疎通の効率を高めようとする試みであった。これがろう学校への手話導入の1つの形である[55]。

5.2 「言語」としての手話の導入

　ろう教育に手話が導入されたもう1つの「仕方」として、ろう教育・ろう学校内部とは離れたところで展開された議論があった。ろう教育畑ではない研究者や、全日本ろうあ連盟とかかわりのない成人ろう者たちが主な活動者となり、手話が言語であることが主張された。ろう者とは、日本手話を用いる言語的少数者なのだという視点が提起され、ろう児は手話を第一言語として習得したうえで、第二言語として書記日本語を習得し、ろう者の文化と聴者の文化のなかで生活するとした。日本手話をめぐる一連の動きは、ろう教育に言語としての手話という補助線を引くことで、手話言語による教育を受ける権利という視点

54　クァク（2014）
55　ろう学校の手話導入は、1993年に文部省が示した「聴覚障害児のコミュニケーション手段に関する調査研究協力者会議」のなかで、中学部以上の手話がコミュニケーション手段の1つとして位置づけられたことによるところが大きく、そのため中学部と高等部から導入が始まった。金澤（2013: 194-198）では、小学部の手話導入事例が紹介されている。それによれば、いくつかのろう学校では、中学部高等部の手話導入に続き幼稚部が手話を導入した。それらろう学校の小学部では、手話をすでに使用するろう児が小学部に入部する段階になってから、実態に合わせるという論理で手話を導入することになった。ここから、ろう学校の手話導入は、学校全体として行われたのではなく、時間をかけながら進んでいったことがわかる。また、手話導入にかんしては学部間で温度差があり、口話一辺倒への反省が契機となったことは確かであろうが、手話を使用するろう児が入部するという現実問題への追認というケースもあった。

を明確にした。ろう児が言語としての日本手話を学び、また日本手話で学べるろう学校を求める声と運動は次第に大きくなり、二言語二文化主義の理念をもつフリースクール「龍の子学園」が始まり、私立「明晴学園」の開設に至った。

　この2目の動きのなかでもろう学校に手話が必要だと言う主張がなされた。手話をろう学校に求めるという点では、1つ目の「手話導入」と一致している。しかし、手話をろう学校にという点では一致するこの2つは、手話の捉え方というその根本において全く異なっている。ろう学校・ろう教育内部から起こった手話導入の動きはあくまでも、口話法では露呈してしまう、ろう児と教員間・ろう児間での非効率的なコミュニケーションの改善を目指したものである。それまでのろう学校がもっていた口話法による日本語習得という指導理念は基本的に変更を迫られない。一方で、ろう学校外部で起きた手話導入への議論は、手話とは「日本手話」という音声日本語とは異なる独自の言語であるという主張が核となる。そして、日本手話が「言語」であると規定することで、日本手話がろう児・ろう者の第一言語であり、ろう児・ろう者は日本という社会のなかで言語的少数者であるという主張が成立するようになった。このように、言語としての手話という補助線をろう教育や日本社会に導入することによって、ろう児・ろう者の問題とアイヌや沖縄のことばの使用者、在日韓国朝鮮人、ニューカマーなどの問題が、「言語的少数者」という点で同列に論じられるようになった。同様の論理は、口話法でのコミュニケーション効率を高めるための手話というみかたからは導き出せないと思われる。

5.3　ろう学校教員が手話技能にかんして置かれている困難さ

　前述のように、手話は1980年頃からろう教育に再登場している。我妻(2008)によれば、2007年時点において、ほとんどのろう学校では手話を教育活動に用いている[56)]（表2）。

56　ただし、この際の手話とは「音声と手話の併用」または「聴覚口話法が基本

表2　授業における教師の手話使用：学校割合　　　　（我妻2008:140 一部表現を修正）

	1997年	2002年	2007年
幼稚部教師	回答71校	回答74校	回答80校
半数以上が手話使用	22.5%	70.5%	86.3%
全員が手話使用	―	55.1%	77.5%
小学部教師	回答70校	回答78校	回答79校
半数以上が手話使用	27.1%	75.6%	88.6%
全員が手話使用	―	41.0%	69.6%
中学部教師	回答64校	回答75校	回答71校
半数以上が手話使用	50.0%	77.3%	93.0%
全員が手話使用	―	46.7%	71.8%

　しかし、ろう児と教員とのコミュニケーション不全は、手話導入後のろう学校においても指摘され続けている[57]。手話を使用することが当然になっている現在のろう学校では、授業初日から手話を使うことは当然視される。しかし、その手話の習熟度が問題となっている。「手話をする」ことと、「手話がろう児に伝わる」こと、「ろう児の手話を読み取る」ことは全く別次元である。授業のために手話単語をできる限り覚えて授業に行くという状態でも、「手話をする」ことに現場ではなりえる。結果として、教員が手話を使ってもろう児との意思疎通が十分に図れているわけではない状態が多くある。さらに、ここに教員が使用する手話が、日本手話なのか日本語対応手話なのかという論点が重なることで複雑さが増す。筆者は、多様化しているろう児の言語環境に対応する

　　　で手話は補助的に使う」のどちらかに属することもあわせて指摘している。つまり、ろう学校で使用されている手話とは、そのほとんどが日本語対応手話だという意味である。
57　中島（2013）では、現在の手話を用いるろう学校における教員とろう児の関係性を分析している。そこでは、手話を知らない聴者教員がろう学校に赴任する苦労を記述し、手話ができないことによって作られる聴者教員の立ち位置がろう児の低学力の一要因となっていることを示し、ろう学校の異動や赴任制度の問題を指摘した。そして、問題解決のために言語権という視座を取り入れる必要があると提起した。

必要から、日本手話と日本語対応手話のどちらも使用できる教員が理想的だと考える。しかし、理想と現実とはかなりのひらきがある。日本語の文法規則を使用できるという特徴から考えて、聴者教員にとっては比較的習得しやすいと思われる日本語対応手話であっても、ろう学校に赴任する教員にとって習得は容易でない。彼女ら彼らの多くは、地域校園（幼稚園・小学校・中学校・高等学校）やろう学校以外の特別支援学校において、音声というモダリティを使用して教育を行っていた、20代から50代までの教員である。たとえ文法面で負担が少ないとしても、モダリティを音声から手指へと変更することの困難さは大きい。日本語対応手話という範疇であっても、手話単語を表す際の手の形・手の位置・手の動きを学んでいく作業は一朝一夕にはいかない。さらに、日本手話という独自の文法規則までを学ぶことの困難さは容易に推測できるだろう。

　ここにおいて、現場に立つ教員の立場も加味して筆者が確信していることは、教員がろう学校に赴任してから、自己学習によって日本手話を習得することには限界があるということである。このように日本手話、日本語対応手話を含めたろう学校教員の手話能力にかんする問題を改善するには、ろう学校教員の養成システムや人事面、現職教員への研修などが鍵となることは明白であろう。そして、教員養成や人事に関する範囲でろう教育に責任をもっている文部科学省や教育委員会の積極的な関与なしに、根本的な改善は望みにくいことも想像に難くない[58]。さらに近年では、頻繁な人事異動が、ろう学校教員の在職期間を短くしているという問題がある。人事異動によって、数年をかけて手話能力を高めたろう学校教員が短い在職期間で転出させられるケースは決して珍しくない。

58　現場では、手話ができないことや手話の習得が比較的遅いことの原因を教員個人の資質や努力にのみに還元してしまうようなケースも見られる。教員が、手話能力不足を原因としてろう学校に不適応を起こすということがないよう、ろう学校現場では何かしらの対策や工夫を行い努力しているが、根本的な解決策とはなりにくい。

5.4 「言語権」について

5.4では、言語としての手話という認識のもと「言語権」に注目し、その概要を示し、5.5につなげたい。木村 (2006) によれば、異なる言語を話す人と人との関係性のなかで常に一方のみに大きな負担を強いるような言語間の階層性がある場合、弱小言語の話し手にとってそれは言語的な差別となる、そこには言語間の非対称性があり、言語権とは言語的不平等が生じる際にこれを是正しようとするものである、また、言語権には言語的少数者が自集団と自己同一する権利と、より広い社会につながる権利という2つの柱がある、つまり、1つめは自身が帰属意識をもっている集団の言語を習得することや使用する権利であり、2つめは当該の地域や国で広く使われている言語を学習することや使用する権利である、さらに、言語権とは社会生活に必要となる言語的条件を獲得する権利であって、その他の自由権や社会権を享受する前提となり、基本的人権に含まれるとしている、また、すでに社会生活を送るうえで支障をきたさない言語的条件をもっている人でも、自己のアイデンティティを確立するために必要とみなされる言語を学ぶことも基本的な言語権であり、文化権としての言語権である。

このように規定される言語権は比較的新しい権利であり、1990年代以降世界的に注目されるようになった。また、これまで言語権という権利が見過ごされてきた理由として、言語的な不平等は人種差別や性差別と違い、複数の言語を習得することや言語を「乗り換える」ことが原理的にはできるため、差別として認識されにくいこと、また、国民国家の同質的統合を奨励するという近代的な要因も言語権の低い社会的認知に影響を及ぼしたと指摘されている[59]。

ろう児に関する言語権については『ろう教育と言語権——ろう児の人権救済申立の全容』のなかで詳しく論じられており[60]、手話環境が整えば言語としての日本手話を第一言語として習得できるろう児に対して、日本手話を遠ざけ口

59　臼井・木村 (1999: 9)
60　古石 (2004)・小嶋 (2004)・木村 (2004) を参照。

話法のみを用いて教育を行う不適切さを「人権侵害」とし、第一言語の日本手話を学習し、日本手話で学習する権利があると言語権を根拠に述べている。しかし現状では、日本手話による教育という選択肢を用意しているろう学校はほとんどない。

5.5 「言語権」とろう学校教員

5.3で述べたように、ろう学校はろう学校教員の手話能力という点に今日的な課題をもっている。ろう学校教員の「養成」、「教員研修制度」、「人事制度」などの喫緊の課題を改善することは容易ではなく、ろう学校教員やろう学校という単位を超えて文部科学省という単位での貢献が必要であるとした。そして、5.4では「言語権」について紹介し、言語権とろう教育のかかわりについて述べた。

5.5では、言語権がもたらしうる効果について、直接的な権利の享受者であるろう児にではなく、ろう学校で働く教員側に焦点をあわせて論じる[61]。具体的には、言語権がろう学校教員の手話能力という今日的な課題の改善に寄与しうる可能性について検討する。本稿は、ろう教育に対して言語としての手話という補助線を引くことで見えてくる様相を、社会言語学の視座から捉えようとするものである。したがって、ろう学校に在籍するろう児の手話使用状況は実際には多様であり複合的な側面をもつが、ここでは上記の趣旨に沿って、手話言語としての日本手話に焦点を絞って論を進める。

日本手話による教育という選択肢の成立は、日本手話話者の言語権という着想からは正当化される。しかし、実際にこの教育を実行しようとする段階では、日本手話を教育言語として使用できる教員の不足という課題が生じる。人権救済申立書[62]のように、日本手話話者の積極的な採用や現職教員への日本手話研

---

61 言語権の直接的なろう児への意義については、脚注60で示した先行研究に詳しい。
62 複数の弁護士とろう児をもつ親たちが日本弁護士連合会宛に出した申立書。

修を文部科学省に要求しようとする運動はある。しかし、現行の特別支援学校小学部・中学部・高等部の学習指導要領において、手話はコミュニケーション手段としては明記されているものの、手話を言語とする記述や日本手話を規定する記述は見られない[63]。幼稚部の教育要領においては、手話という用語自体がない[64]。小学部・中学部・高等部の学習指導要領におけるコミュニケーション手段としての手話が意味するのは、日本語対応手話であると考えられることからも、文部科学省は手話を言語とする認識には立っていないだろうことがわかる。このような、文部科学省の立ち位置からして、日本手話技能にかんする研修を文部科学省が準備することは今のところ期待できない。

仮に、日本手話に秀でた教員を養成できないまま、日本手話による教育が理念先行でろう教育に導入されたとしよう。日本手話技能が不足する教員が日本手話による教育を推進することになるため、質の高い教育が行われるとは考えにくい。その結果として生じうるであろう教育不全の直接的な被害者がろう児であることに異論はないと思われる。一方で、教員として適切な教育を行う条件を与えられていないという意味では、日本手話技能を育成されないままろう学校に赴任させられ、ろう児を教えることになる教員も間接的な被害を受けているとも言える[65]。さらに、日本手話による教育が、理念先行でろう教育に導

日本手話による教育の保障を求める内容になっている。
- [63] 「児童の聴覚障害の状況等に応じ、音声、文字、手話等のコミュニケーション手段を適切に使用して、意志の相互伝達が活発に行われるように指導方法を工夫すること。」（特別支援学校小学部・中学部学習指導の第2章第1節・2節）
- [64] 「聴覚障害者である幼児に対する教育を行う特別支援学校においては、早期からの教育相談との連携を図り、保有する聴覚や視覚的な情報などを十分に活用して言葉の習得と概念の形成を図る指導を進めること。また、言葉を用いて人とのかかわりを深めたり、日常生活に必要な知識を広げたりする態度や習慣を育てること。」（特別支援学校幼稚部教育要領の第3章第2「特に留意する事項」）
- [65] 中島（2013）では、手話を知らずにろう学校に赴任した教員たちが、ろう学校を外国のように感じることや、ろう児の手話が分からず気後れしてしまうこと、ろう児に対して壁を作って自分を守るようになることなどの事例があると述べている。

入された場合に生じると予想される教育不全の原因は、現場でろう児やその保護者と対峙する教員個人に向けられることもあるだろう。しかし、5.3で述べたように、ろう学校教員個人の自学では日本手話の習得は厳しく、日本手話技能をろう学校教員に保障するための抜本的な仕組みはやはり、文部科学省や教育委員会という教育行政の規模で行う必要がある[66]。では、文部科学省や教育委員会がろう学校教員の日本手話技能を保障する責任主体であるという主張をどのように展開できるだろうか。1つの答えは、5.5でも触れた、言語権のもつ社会権という性質にあると考えられる。小嶋 (2004: 132) は、言語権の性質について以下のように述べている。

> 言語的少数者にとっては、社会的経済的弱者が社会権を保障されることによって国家からの給付を受けるのと同様の意味において、社会内において自己の言語を使用する環境を国家が整えることを要求する権利も保障されるものと言うべきである。その意味で、言語権は社会権でもある。

この指摘を踏まえれば、日本手話話者は、日本手話による教育を実行するための条件整備を文部科学省に対して要求することが権利として認められていると言える。言語権とは、前述のように基本的人権に含まれる概念である。日本手話による教育のための条件整備には、日本手話技能を有する教員の養成が重要な柱として含まれると考えられるため、ろう学校教員の日本手話技能保障の責任主体として文部科学省が規定されることになる。このように、言語権の射程は社会権という性質にまで及んでいるとする考えから、日本手話話者は、言語権を根拠に日本手話技能を有する人材育成を文部科学省に求める権利がある

---

66 筆者の経験からは、(日本手話、日本語対応手話を問わず) 手話能力がないままでろう学校に赴任させられる教員に対する保護者からの不満は出やすい。その教員が教科指導の知識や技能は十分にもっていたとしても、そのもっているものが十分に伝えられないため、授業の質と進度に影響が出るからである。教員にとってそのような状況は苦しいものであり、自身の能力を発揮するためにしっかりとした手話技能の研修を受けたいと望む教員は少なくない。

と理解できるだろう。

　この言語権がもつ社会権としての側面をろう学校教員の立場に引きつけ、「やさしさ」と関連して捉え直すならば、ろう児への言語権の正確な行使はろう学校教員に日本手話能力の保障をするという前提を要するため、結果的にろう学校教員の教育活動をサポートすることにもなる。自身が職責を果たすために必要な知識や技能の1つを身につけることが保障されることは、ろう学校教員に安心感を与えるであろうし、ろう学校教員としてのアイデンティティを構築し維持していくことにも繋がると考えられる。特に、ろう学校教員の多くは予期せぬ形でろう学校に赴任する。日本手話による教育の責任主体として文部科学省や教育委員会が明記されること、そして、現職の教員や赴任が決定した教員に対する研修によって一定程度の日本手話技能が保障されることは、ろう学校教員がろう学校で働くうえでの「やさしさ」となるのではないだろうか[67]。

　言語権がろう学校教員にもたらす「やさしさ」とは、何よりも教員自身に日本手話能力を保障することを意味し、日本手話能力を高められる環境を責任主体である文部科学省がろう学校教員に対して準備するものであるだろう。それはまた、ろう児に対する言語権の保障を成立させる過程において、ろう学校教員が日本手話を学び習得することをも権利として保障するということを含意するのではないだろうか[68]。

67　また、大学での教員養成課程にも言語権の理念が反映され、「日本手話」技能の育成を図ることができるカリキュラム設定が望まれる。なお、関西学院大学のように「日本手話」を第二言語としてカリキュラムに位置付けている大学も存在する。

68　本論の筋立てに沿って、言語としての手話という立場を明確化している日本手話を言語権の対象としてここまでは論じてきた。しかし、言語権にも課題はある。木村（2010）は、海外と国内での言語権にまつわる議論から、言語権に言語やアイデンティティ、または言語とアイデンティティの結びつきを所与のものとする意味での本質主義があるとの指摘がなされていることを紹介し、その本質主義的なアプローチが権利の対象となる言語とそうでない言語の選別や格づけにつながる危険性や、主体をある「母語」への忠誠に囲い込むことで、多様な言語を用いる使用者の現実をゆがめるという矛盾につい

4.3でも指摘したように、ろう教育において手話が否定されないためには、手話が言語として認知されるだけでなく、多言語社会という枠組みが必要である。単一言語社会という近代的言語観のなかでは、聞こえる日本人への接近が優先され、言語としての手話であっても排除される危険性は常にある。ろう教育に言語としての手話という補助線を引くことで見えるようになる言語権概念は、異なる言語話者間の不平等を是正するというその目的からも分かるように、多言語社会を前提としている。言い換えれば、言語権による議論が成立するためには、多言語社会という認識が必要となるのである。その意味で、日本社会における言語権概念の広がりは、多言語社会という意識の広がりとある程度同期した現象であると考えられるだろう。

6 おわりに

本稿は、言語としての手話という補助線をろう教育に入れたうえで、ろう教育にかんする事象を「やさしさ」というキーワードを用いながら考え、そこ

ての批判があると記述している、そして、このジレンマに対し、固定的な「言語」ではなく言語実践に注目し、分類され命名された「言語の権利」ではなく「人間のことばへの権利」という観点からの考察が重要になるとしている。また、言語権には情報弱者やコミュニケーション弱者への寄与という点にも不十分さがある。古賀(2006)は、知的障害者のコミュニケーションは既存の言語という枠組みからはずれているとし、言語権が知的障害者に寄与しにくくなっていると指摘した。この課題に対して、かどや(2006)では、言語の枠組みの外部に存在する人たちをも含む概念として、言語権を「コミュニケーション権」へと捉え直すことを主張している。筆者もこのコミュニケーション権の考え方に賛同しており、実際には多様な手話使用実態がある多くの公立ろう学校において、コミュニケーション権を論拠に据えることで、日本手話だけでなく日本語対応手話についても本論と同様にその保障を求めていくことができると考える。さらに、ろう児と比してより注目されにくかったと言える知的障害のある重複児や盲聾児のコミュニケーションにも同様の期待ができるようになるのではないか。

から見えものを社会言語学的に捉えようとする試みであった。前半部では、ろう教育史において口話法を進めてきた口話主義者の主張を考察対象とし、ろう児の社会参加のための口話法という主張を「やさしさ」とした。そして、口話主義者によるこの「やさしさ」を「国語」との関連から読み解き、その背後にある近代的言語観とのつながりを述べた。後半部では、ろう教育に手話が再登場する2つの経緯を確認したのち、ろう学校教員の手話能力という今日的課題を指摘した。次に、日本手話という手話言語の承認から導き出せる言語権という概念を紹介し、言語権がもつろう学校教員への「やさしさ」について考えた。言語権のもつろう学校教員への「やさしさ」とは、言語権に含まれている社会権の性質にあり、その社会権の性質により、文部科学省や教育委員会がろう学校教員の日本手話力を保障する責任主体と規定される。そうすることで、ろう学校教員は日本手話による教育を実行する条件を得ることができ、日本手話技能の欠如は教員個人に押し付けられることはない。このことは、言語権の本来的な享受者である日本手話話者に対する「やさしさ」だけでなく、ろう学校教員が日本手話を学ぶ権利が保障されるという意味で、ろう学校教員への「やさしさ」でもあるとした。

　本稿の全体を通した示唆は、異なる言語と話者を包摂する「多言語社会」を重要な前提として、手話が言語という線引きの外側に位置づけられるのか、それとも内側に入るのかによって、ろう教育における「やさしさ」の意味合いは差別構造にも権利構造にも変わりうるということであろう。「やさしさ」が語られる時、それは誰にとっての、または誰からみた「やさしさ」なのかという視点をもつことが重要である。

　冒頭で述べたように、現在のろう教育は、これまでのろう教育の射程を超えた議論が可能になってきている。言語としての手話という補助線をろう教育内部に取り込むことによって、「障害」や「福祉」、「教育」だけでなく、「社会言語」や「マイノリティ」などの領域ともろう教育はその論点を共有できるようになりつつある。他の学問分野との接続は、今後ますますこれまでとは異なる新たな視点や知見をろう教育にもち込むだろう。また、反対にこれまでろう教

育が蓄積してきたものが他学問領域への刺激や示唆となり、貢献することも十分に考えられる。さらに今後は、接続できる視点の発見にとどまらず、取り込んだ新たな知見をどのように援用し、ろう教育の現場で活用していくのかという実際的な取り組みを考えていくことも必要となるだろう。

参考文献

我妻敏博（2008）「聾学校における手話使用の調査」課題研究報告書『聾学校におけるコミュニケーション手段に関する研究──手話を用いた指導法と教材を中心に』国立特別支援教育総合研究所: 139-147

赤堀仁美・岡典栄・松岡和美（2012）「文法が示す自然言語としての日本手話」佐々木倫子（編）『ろう者から見た「多文化共生」──もうひとつの言語マイノリティ』ココ出版: 118-140

新井孝昭（[1996] 2000）「『言語学エリート主義』を問う」現代思想編集部（編）『ろう文化』青土社: 64-68

イ・ヨンスク（2009）『「ことば」という幻影──近代日本の言語イデオロギー』明石書店

伊澤修二（1901）『視話法』大日本図書株式会社

市田泰弘（2001）「ろう教育は手話を言語として認知できるか」金澤貴之（編）『聾教育の脱構築』明石書店: 113-141

井上智義（1990）「障害児の言語指導と外国語教育の接点──伝達能力を育てる言語教育とは」ろう教育科学会（編）『ろう教育科学』32(1): 47-59

井上智義（1994）「ろう者にとってのバイリンガリズム」ろう教育科学会（編）『ろう教育科学』36(3): 119-131

上野益雄（2001）『聾教育問題史──歴史に学ぶ』日本図書センター

上農正剛（2003）『たったひとりのクレオール──聴覚障害児教育における言語論と障害認識』ポット出版

臼井裕之・木村護郎「はじめに」（1999）言語権研究会（編）『ことばへの権利──言語権とはなにか』三元社: 7-20

大阪市立聾学校 現職教育部 前田浩・中瀬浩一（1992）「聾学校の今日的役割を考える」大阪市立聾学校『研究紀要』24: 102-134

大阪市立聾学校 現職教育部（1993）「聴覚障害者の就労をめぐって──聾学校に期待するもの」大阪市立聾学校『研究紀要』25: 103-126

岡本稲丸（1997）『近代盲聾教育の成立と発展──古河太四郎の生涯から』日本放送出

版協会
長志珠絵 (1998)『近代日本と言語ナショナリズム』吉川弘文館
鏡隆佐衛門 (1967)「口話法による学習の不確定性とfeedback困難性に対処する方策について」ろう教育科学会（編）『ろう教育科学』9(3): 102-107
かどや ひでのり (2006)「言語権からコミュニケーション権へ」『人権21・調査と研究』183: 78-83
かどや ひでのり (2012)「識字/情報のユニバーサルデザインという構想——識字・言語権・障害学」『ことばと社会』編集委員会（編）『ことばと社会』14号 特集：リテラシー再考 三元社: 141-159
金澤貴之 (1999)「聾教育における『障害』の構築」石川准・長瀬修（編）『障害学への招待——社会、文化、ディスアビリティ』明石書店: 185-218
金澤貴之 (2001)「聾教育のパラダイム転換」金澤貴之（編）『聾教育の脱構築』明石書店: 11-41
金澤貴之 (2006)「聾教育という空間」ましこ・ひでのり（編）『ことば/権力/差別——言語権からみた情報弱者の解放』三元社: 217-229
金澤貴之 (2013)『手話の社会学——教育現場への手話導入における当事者性をめぐって』生活書院
かりやまたしげひさ (2005)「琉球語の地位」真田信治・庄司博史（編）『事典 日本の多言語社会』岩波書店: 257-260
川本宇之介 (1940)『聾教育學精説』信樂會
木村護郎クリストフ (2004)「なぜ二言語教育なのか——言語権の観点から」全国ろう児をもつ親の会（編）『ろう教育と言語権——ろう児の人権救済申立の全容』明石書店: 79-90
木村護郎クリストフ (2006)「『共生』への視点としての言語権——多言語的公共圏に向けて」植田晃次・山下仁（編）『「共生」の内実——批判的社会言語学からの問いかけ』三元社: 11-27
木村護郎クリストフ (2010)「日本における『言語権』の受容と展開」社会言語科学会（編）『社会言語科学』13(1): 4-18
木村晴美 (2011)『日本手話と日本語対応手話（手指日本語）——間にある「深い谷」』生活書院
木村晴美・市田泰弘 (1995)「ろう文化宣言」『現代思想』3月号 青土社
クァク・ジョンナン (2014)「ろう児のためのフリースクール『龍の子学園』開校前史」立命館大学大学院先端総合学術研究科 Core Ethics Vol. 10: 61-72
古石篤子 (2004)「ろう児の母語と言語的人権」全国ろう児をもつ親の会（編）『ろう教育と言語権——ろう児の人権救済申立の全容』明石書店: 47-78
古賀文子 (2006)「『ことばのユニバーサルデザイン』序説——知的障害者の言語的諸問題の様相から」「社会言語学」刊行会（編）『社会言語学』VI: 1-17

小嶋勇 (2004)「なぜ二言語教育なのか——言語権の観点から」全国ろう児をもつ親の会（編）『ろう教育と言語権——ろう児の人権救済申立の全容』明石書店：91-152
斉藤くるみ (2007)『少数言語としての手話』東京大学出版会
坂井美恵子 (2012)「聴覚障害教育の黎明期」ろう教育科学会（編）『聴覚障害教育の歴史と展望』風間書房
佐久間鼎 (1942)「聾唖の心理」『日本語のために』厚生閣：300-317
信濃教育会 (1958)『伊沢修二選集』
高山弘房 (1982)『口話教育の父——西川吉之助伝』湘南出版社
武田修 (2012)「聴覚障害教育の歴史」ろう教育科学会（編）『聴覚障害教育の歴史と展望』風間書房
田中多賀子 (2013)「日本の聴覚障害教育における人工内耳の受けとめ方の変遷」『生存学』6: 50-72
田中多賀子 (2014)「日本における人工内耳（治療）の導入が聴覚障害教育に与えた影響——1970年代から1990年代までの日本の状況」立命館大学大学院先端総合学術研究科 Core Ethics Vol. 10: 131-142
長南浩人 (2001)「日本手話・中間型手話・日本語対応手話の構造の違いについて」ろう教育科学会（編）『ろう教育科学』43(3): 165-174
長南浩人 (2004)「聾学校高等部生徒の手話表現に関する研究——10年前の生徒との比較を通して」『聴覚言語障害』33巻1号：13-20
長南浩人 (2005)「聴覚障害児の音韻意識に関する研究動向」『特殊教育学研究』43(4)：299-308
中川裕 (2005)「アイヌ・アイヌ語」真田信治・庄司博史（編）『事典 日本の多言語社会』：162-165
長瀬修 (1999)「障害学に向けて」石川准・長瀬修（編）『障害学への招待——社会、文化、ディスアビリティ』明石書店：11-39
中島武史 (2013)「聾学校におけるろう児と教師の関係性と低学力」「社会言語学」刊行会（編）『社会言語学』XIII: 85-112
中野聡子 (2001)「インテグレーションのリアリティ」金澤貴之（編）『聾教育の脱構築』明石書店：321-340
西川吉之助 (1925)「発音法に依つて我濱子を教育せし理由」日本聾口話普及会『口話式聾教育』第一輯：46-49
日本の聴覚障害教育構想プロジェクト委員会 (2005)『日本の聴覚障害教育構想プロジェクト最終報告書』全日本ろうあ連盟／ろう教育の明日を考える連絡協議会
野呂一 (2000)「我が国の口話法の歴史——口話法の『第一の波』と伊澤修二」日本聾史学会『日本聾史学会個人研究論文集』：54-57
橋村徳一 (1925a)「聾教育の目的」日本聾口話普及会『口話式聾教育』第一輯：14-17

橋村徳一 (1925b)「田代熊本聾盲唖學校長に答ふ」日本聾口話普及会『口話式聾教育』第三輯: 28-31

藤本裕人 (2010)「聾学校における授業の形態」専門研究B『聾学校における授業とその評価に関する研究——手話活用を含めた指導法の改善と言語力・学力の向上を目指して』国立特別支援教育総合研究所: 35-43

本多創史 (2002)「境界線としての「国語」——ろう教育と植民地＝台湾の教育」『一橋論叢』127(3): 310-323

本多創史 (2003)「生誕する「聾者」——新たなその身体と精神の創出過程」見田宗介、内田隆三、市野川容孝（編）『〈身体〉は何を語るのか』新世社: 35-53

ましこ・ひでのり (2006)「言語権の社会学的意義」ましこ・ひでのり（編）『ことば／権力／差別——言語権からみた情報弱者の解放』三元社: 65-72

ましこ・ひでのり (2010)『知の政治経済学——あたらしい知識社会学のための序説』三元社

松宮隆 (1967)「過程的言語観における口話の意義」ろう教育科学会（編）『ろう教育科学』9(3): 108-114

文部科学省 (2014)『学校基本調査——平成25年度（確定値）結果の概要——「平成25年度学校基本調査（確定値）について」』
http://www.mext.go.jp/b_menu/toukei/chousa01/kihon/kekka/k_detail/1342607.htm （2014.8.31 現在）

文部科学省初等中等教育局特別支援教育課 (2014)『特別支援教育資料(平成25年度)』
http://www.mext.go.jp/a_menu/shotou/tokubetu/material/1348283.htm （2014.8.31 現在）

安田敏朗 (1997)『帝国日本の言語編制』世織書房

安田敏朗 (2007)『国語審議会——迷走の60年』講談社

聾教育振興會 (1933)「文部大臣訓示——全國盲啞學校長會議ニ於ケル」西川吉之助（編）『聾口話教育』9巻3号: 2-4

脇中起余子 (2009)『聴覚障害教育これまでとこれから——コミュニケーション論争・9歳の壁・障害認識を中心に』北大路書房

Nakamura Karen (2006) *Deaf in Japan: Signing and the Politics of Identity*, Ithaca, New York: Cornell University Press

第6章

「どづぞ」な多言語表示から見る商品化された「やさしさ」[1]

「メシノタネ」となった言語

植田　晃次

【キーワード】多言語表示、言語景観、どづぞ、言語の商品化、外国語表記の規範

1　はじめに

　近年街なかで多言語表示が行われるようになって来た。これらは言語景観として注目され、社会言語学の考察の対象にもなってきた。「外国人観光客」を対象としたものであるが、地方運輸局で多言語表示の調査やガイドラインの策定が試みられたりしている。また、東京オリンピック（2020年）の開催決定直後、日本国首相と東京都知事との会談で多言語表示の拡大に取り組むことで意見一致を見たという報道があった。これを受け、2014年3月19日には東京都オリンピック・パラリンピック準備局に「2020年オリンピック・パラリンピック大会に向けた多言語対応協議会」が設置され、7月31日にはそのポータルサイ

1　本論文は、植田晃次（2011）「「どづぞ」な多言語表示の現状――朝鮮語表示を例に」『批判的社会言語学の領域（言語文化研究共同プロジェクト2010）』（大阪大学大学院言語文化研究科）を増補・訂正、改稿したものである。なお、本論文での朝鮮にまつわる呼称は植田（2002）による。また、朝鮮語については、金恩希教授（大韓民国・済州国際大学）のご教示を得た。ただし、文章の責任は全て植田にある。

トが開設された[2]。

　言語景観をめぐる先行研究としては、関西における多言語表示の実態を調査した庄司 (2006)、多言語表示の実態調査とその発信者・受信者への調査である佐藤・布尾・山下 (2006)、言語景観の諸相を扱った Backhaus (2007) などがある。また、庄司・バックハウス・クルマス (2009) 所収の諸論文では個別の事象について扱っている。この他、多言語表示におけるローマ字表記の問題に関しては、鏡味 (1997)、佐渡島・小林・齋藤 (2009) などが挙げられる。他方、「差別ウォッチウォーク　まちの多言語警告・差別表示に関する調査」[3]のように、「差別表示」という観点からの調査もある。さらに、国内外の言語景観を示すとともに、言語景観研究の方法論を提示した中井・ロング 編 (2011) や、多言語表示のみならず、日本を多言語社会と捉えた諸相に対する論考からなる多言語化現象研究会 (2013) がある。

　本論文の筆者の記憶する限りで、在日朝鮮人集住地域以外で朝鮮語のいわゆる多言語表示を見たのは、1980年代前半に大阪・梅田に現れたいささかぎこちない字体の한큐삼번가 (阪急三番街) というショッピングモール名の表示である。その後、官公庁・公共交通機関・商業施設の表示や街中の住所の多言語表示などが現れ、近年、ことに都市部では全国的に容易に見い出せるようになった。

　単純に見れば、多言語表示というものは、下に挙げる対象・目的を念頭に、他者への「やさしさ（優しさ）」の表れとして「やさしい（易しい）」表示が設置され始めたものと理解されるかもしれない。

　　　対象：その母語話者、例えば朝鮮語表示の場合には朝鮮語母語話者、基本的には大韓民国からの来日者で日本語や英語（含ローマ字）表示では不便を感じるであろう人々（観光客にせよニューカマーの

2　http://www.sporttokyo.metro.tokyo.jp/multilingual/index.html （2014年8月29日最終接続）
3　http://migrants.jp/v1/Japanese/whatsnew/s-watch/index.html （2014年8月29日最終接続）

定住者にせよ）
目的：何らかの不便の軽減・解消

　実際、本論文の筆者も、外国で自分の理解できる言語の表示に助けられた経験を持つ。

　ここで興味深いのは、相互理解や異文化理解・異文化交流等が暗黙の善なる前提とされている点である。

　冒頭で言及した東京都の多言語対応協議会のポータルサイトでは、多言語対応の取組みを推進する必要性について、「(前略) 多くの外国人旅行者が快適に移動・滞在し、「おもてなしの心」を実感できるよう都市や地域の力を高めていくことが求められています。」と謳っている。ここでいう、「おもてなしの心」は、上述した他者への「やさしさ」と言い換えることもできるだろう。しかし、現在の日本における多言語表示、ここでは朝鮮語表示について詳細に見れば、それの持つ意味が必ずしも上述のような側面のみではないことが浮かび上がる。

　というのは、これらの多言語表示の中には、様々な種類の不正確さを持つものが散見されるからである。しかし、従来の研究では、多言語表示を含む言語景観の実態報告やその内容の分析が主であり、そこに見られる表示の不正確さについてはあまり関心が払われてこなかった[4]。

　本論文では、2節で後述する「どづぞ」という概念を援用し、これらの不正確な多言語表示のうち、朝鮮語によるものを取り上げ、その多様な現状を報告・検討し、体系化を試図するものである。それとともに言語の商品化をキーワードとして、その産出プロセスから見て、「どづぞ」な朝鮮語表示が何のために、誰のために、どのように生成されるのかという問題を考察するための基礎を築くことを目的とする。

4　大韓民国で見られる日本語表示の「誤用」・「不適切」といった語用論的観点に着目した日本語教育での実践については、磯野 (2011) が報告している。

2 「どづぞ」とは

　ライターの柳沢有紀夫は、「海外旅行や海外暮らしをしていて遭遇する日本語の中」の「「いったいどうしてこうなるの？」と思ってしまう不思議なもの」を、最初に発見した看板の文言にちなんで「日本語でどづぞ」（「どづぞ」と略）と名付けている。これらは「日本語らしきもの」・「摩訶不思議な日本語」とも呼ばれている（柳沢 2007: 4-7）。

　柳沢は「どづぞ」をその作成過程に注目した場合について、4つの型に分類した上で、さらに系により類型化している。これをまとめると表1の通りである。

　多言語表示が増加した日本社会に目を向けると、朝鮮語表示にも「どづぞ」に該当するものが散見される。本論文ではこの「どづぞ」という概念を援用し、多言語表示のうち様々な種類の不正確な朝鮮語による表示を「朝鮮語『どづぞ』」と呼ぶ。また、日本語の「どづぞ」を「日本語『どづぞ』」と呼ぶ。

　本論文では原則として2010～2011年に日本各地で見られた朝鮮語「どづぞ」40件を中心に質的に検討する[5]。柳沢は店の看板・商品のパッケージ等を中心に扱っているが、本論文では自治体や公共交通機関等の公的な表示を主な対象とする。ただし、より多様な朝鮮語「どづぞ」を示すため、その他のものも補って扱うことがある。

　なお、本論文の目的は不正確な多言語表示やその作成者・設置者をやり玉に挙げることではない。したがって、それぞれの型・系には他の収集例もあるが、典型的なものを例示したに過ぎず、選択に他意はない。

5　　ただし、2005年のものを2件、2013年のものを2件含む。取り上げた写真やその他の例は、特定の調査地域を定めてはいないが、すべて本論文の筆者が実見・撮影したものである。

表1 「どづぞ」の類型　　　　　　　　　　　　　　（柳沢2010: 262-264より植田作成）

型	系	定義		例
ツメ甘型	ソックリ文字系	ちゃんとした日本語を書く努力はしたけれど、ツメが甘くて「どづぞ」になってしまったもの。	似ている(と日本人は思わなくても、「どづぞ生産者」は思う)文字を間違って用いたもの。	日本語でどづぞ
	脱字増字系		脱字または不要な文字が加わったもの。	長崎ちんぽん
	アナグラム系		文字順を入れ替えてしまったもの。	極上海ガ上ニ
	誤訳系		おそらく翻訳ソフトがしでかしてくれたであろう、ナイスなミス。	注意する・タイヤ*
デザインエレメンツ型	コピペ系	日本語を使うとカッコイイ、オシャレ、高級そうに見えるなどの理由により、デザインの一要素として用いたもの。	日本の雑誌か何かから、適当にコピーしたもの。	ロングヘアで女人生ゲームを生きぬく
	暗号系	意味のない文字の羅列。		乐しじねペ好の滋味すだぜへ
お呼びでない型		日本語としてはだいたいあっているが、場違いな場所に書かれているもの。		また〜あした、おしあわせに♥♥♥
アルファベット表記型		(「お呼びでない型」同様に) 読めることを優先したもの。		doKyo

*併記された漢語（中国語）は「小心防滑！」（「滑らないようご注意ください！」の意）である（柳沢2010: 35）。また、これはバスルームの表示であるにも拘わらず、「道が滑るので注意せよ」という意味の朝鮮語が、誤植・分かち書きの誤りを伴った上、イビツな字形で併記されている。

3 朝鮮語「どづぞ」の類型（1）：ツメ甘型

　3節と4節では、日本語「どづぞ」の類型（**表1**）を参照し、朝鮮語「どづぞ」をツメ甘型と非規範型という類型に分け見ていく。まず、朝鮮語を書こうとはしたが、何らかのツメの甘さによるミスのために「どづぞ」になってしまったものをツメ甘型と定義することにする。なお、日本語「どづぞ」のアナグラム系・お呼びでない型・アルファベット表記型にあたるものは管見の限りでは発見できなかった。論文末に朝鮮語「どづぞ」を類型化した表を付した（**表3**）。

3.1　ソックリ文字系

　(1)～(3)のように、似ている（と朝鮮語母語話者は思わなくても、「どづぞ産出者」は思う）文字を間違って用いたものをソックリ文字系と定義する。
　以下、例には当該例が現れる写真の通し番号を付し、「表示」・「直訳」・「併記」とともにまとめて示す[6]。

(1)	表示	도움미 필요하신 고객
	直訳	お手伝いが お入用の 顧客
	併記	ANAスカイアシスト

---

[6] 左に当該例が現れる写真の通し番号を付し、「表示」欄には当該の朝鮮語表示を、分かち書きを含めてそのまま示した。「直訳」欄には朝鮮語表示の直訳を、分かち書きを含めてそのまま示した。日本語の音が朝鮮文字で表記された部分はカタカナで、朝鮮語に翻訳された部分は漢字・ひらがなで分かち書きを含めてそのまま直訳して示したが、朝鮮語で外来語として翻訳されているものについてはその原語を示した。「併記」欄には、併記された日本語の表示を示した。これは朝鮮語表示と内容にズレがある場合もある。これらを本文中で示す際には、「直訳」には〔　〕を、「併記」には（　）を付して示した。「直訳」または「併記」を略した場合がある。

写真（1）羽田空港
（東京都大田区・2011.1.11）[7]

写真（2）羽田空港
（東京都大田区・2011.1.18）

写真（3）羽田空港
（東京都大田区・2011.2.17）

	表示	도착로비 방변
(2)	直訳	到着 lobby 方面
	併記	到着連絡口

	表示	주전원을 끄고나서 탑승해 주십시오.[8]
(3)	直訳	主電源をお切りになった後で搭乗してください
	併記	主電源を切ってからご搭乗ください

7 　写真のタイトルには、通し番号、表示の設置された場所、（　）内に所在地・撮影年月日を順に示す。

8 　ここでは朝鮮語訳の不自然さは措く。

第6章　「どうぞ」な多言語表示から見る商品化された「やさしさ」

(1)はㅁとㅇを誤って이を미、(2)はㅁとㅂを誤って면を변、(3)はㅏと丨を誤ってㅓをㅓと表記している。これらは字形の類似性による「どうぞ」であり、朝鮮語に通暁している者は犯さない誤りである。ただし、一般に用いられる2ボル式のキーボード配列では、ㅁとㅂ、ㅏと丨は隣り合っており、(2)・(3)は入力時のミスとも考えられる。だとしても、それは表示物として商品化され、設置までの過程で気付かれずに掲示・設置され続けている点が注目に値する[9]。

3.2 脱字増字系

(4)のように、脱字または不要な文字が加わったものを脱字増字系と定義する。

写真(4)街路
(熊本市・2013.9.13)

	表示	여기는 오에 로잇초메 25 번지
(4)	直訳	ここはオエロイッチョメ25番地
	併記	ここは大江一丁目25番

9　この他、ATMの朝鮮語表示でも、예〔はい〕を에(三菱東京UFJ銀行「잔액조회」〔残額照会〕最終部分)、현재〔現在〕を헨재(三井住友銀行「통장기장」〔通帳記帳〕の最終部分헨재 미기장은 없습니다〔現在 未記帳は ありません〕)と誤っているというような「どうぞ」がある(2例とも2014年8月31日に最終確認)。なお、機種等の違いにより、同一の銀行でも正確な表示が出る場合もある。

(4)は市内各所に設置されている、観光名所や公共機関を示した周辺案内版に示された住所の表示である。1丁目に当たる部分の冒頭に意味不明の「로〔ロ〕」という文字が「増字」されている。この表示物のみ見れば、音節文字1字の不可思議な「増字」の理由はわからない。しかし、他の場所にある同じ様式の6丁目の案内板（3.3.1で後述の写真（9））と併せ見れば、6丁目用の表示がまず作成され、朝鮮語部分はそれを基に、コピーアンドペーストを用いつつ作成された際、その作成者に朝鮮語の知識があるにせよないにせよ、不注意で「増字」が発生したのではないかと推測される。これは3.5で後述のコピペ系との複合系ともいえる。

　なお、脱字については、차내에서 휴대폰 사용시는, 다른 사람을 배려하여, 가능한 짧게 사용해 주십시요.〔車内で 携帯電話 使用時は、 他の 人に 配慮し、可能な 短く 使用して ください。〕（車内での携帯電話の使用は他のお客様にご配慮の上、最小限のご使用でお願いいたします。）[10]という例が見られた。가능한 한 짧게とあるべき箇所の「可能な」に当たる部分の最終音節文字と「限り」に当たる部分の音節文字が同じく한であることから、不注意で後者の脱字が起こったものと見られる。

3.3　誤訳系

　(5)～(15)のように、語彙の選択や語尾などの用法の誤り、日本語の外来語の直訳、漢字音の誤りなどに基づく誤った逐語訳、日本語の干渉、翻訳機の誤訳によるものを誤訳系と定義する。

3.3.1　朝鮮語が用いられているが語彙の選択、語尾等の用法が誤っているもの

　ここでは朝鮮語が用いられているものの、語彙の選択、語尾等の用法が誤っ

10　九州産交・阿蘇熊本空港空港バス・車内モニター（熊本市/熊本県上益城郡・2014.8.12）。このモニターの表示の他の部分にも多数の「どうぞ」が見られたが、それについてはここでは描く。

写真（5）大阪国際空港
（伊丹市・2010.6.29）

写真（6）商店
（函館市・2010.11.6）

写真（7）商店
（神戸市・2010.10.13）

写真（8）JR北海道・函館駅
（函館市・2010.11.6）

写真（9）街路
（熊本市・2013.9.14）

写真（10）商店
（別府市・2010.9.15）

写真(11) JR東日本・郡山駅前のバス停
(郡山市・2010.11.21)

写真(12) 山形空港ライナー・山形空港バス停
(東根市・2010.11.20)

ているものを検討する。

	表示	가게
(5)	直訳	みせ
	併記	ショップ

(5)はショップに対して가게〔みせ〕をあてているが、空港のショッピングモールを指しており、そぐわない表現である。

	表示	책가게
(6)	直訳	本のみせ
	併記	BOOK SHOP(日本語表示なし)

(6)はBOOK SHOP(日本語表示なし)に対して책(本)と上述の가게を合成語のように用いているが、書店は서점・책방と表現される。

	表示	누른다
(7)	直訳	押さえる
	併記	押

(7)は雑貨店型ホームセンターの入口ドアの表示であり、押にあたる(引には당긴다とある)。押すにあたる動詞として、扉などを押し開ける際の밀다ではなく、圧力を加えて押さえる際の누르다が用いられている。動詞の誤りに加えて、

通常、当該の動詞を尊敬が添加された中称か略待上称の命令形で、미시오・당기시오、または미세요・당기세요（ともに「押してください」・「引いてください」の意）とされる表示が、ここでは尊敬なしの下称の叙述形で表現されている。ここには語彙の選択の他、文法的な側面でも日本語の干渉が見られる。なお、後にこの表示は正確なものに改められたことを確認した。

(8)	表示	중앙문 출구
	直訳	中央扉 出口
	併記	中央口

(8)はなぜか문〔扉〕が添加され訳されている。

(9)	表示	여기는 오에 로쿠초메 27번지
	直訳	ここは オエロクチョメ 27 番地
	併記	ここは大江五丁目10番（ツツ）

(9)は日本語と英語では5丁目10番とある表示に6丁目27番に当たる朝鮮語表示が併記されており、おそらく朝鮮語表示の方が誤っていると考えられる。このような例は、誤訳系であるとともに、朝鮮語部分をコピーアンドペーストした可能性があり、3.5で後述のコピペ系の一種と見なすこともできよう。

(10)	表示	당점은 가전 전문점/점포 몇일본일
	直訳	当店は 家電 専門店/店舗 いくつか日本一
	併記	当店は家電専門店/店舗数日本一

(10)は家電専門店の看板である。店舗数の数にあたる部分が 몇 となっている。これは「いくつ（の）」・「いくつか（の）」にあたる語である。日朝辞典の一部には、見出し語「すう」（数）に対し、「수…（（약간의 뜻））¶〜人 수명. 몇 명/〜回 몇 번」、「몇 //（中略）/〜時間（じかん）。몇 시간」などという記述がある（斗山東亜辞典編集局 1995; 2008[2版4刷]: 525、曺喜澈1999: 780）。この類の記述を引き写すことによって、朝鮮語に不案内な日本語母語話

者が数を5と誤訳した、あるいは翻訳機による誤訳の可能性がある。

(11)	表示	4번선고속버스타는곳에
	直訳	4番線高速busのりばに
	併記	4番線高速バスのりば

（11）は4番線高速バスのりばに対して、「に」あたる에が更に付されている。朝鮮語では通常このような場合に에は付されない。併記されている英語と漢語(中国語）はTo the 4th line HighweyBus Platformと4号线高速客车乘场であるが、英語のtoの干渉と見るのも無理があり、産出の原因は推測できない。また、4.2で後述の分かち書き不全系でもある。

(12)	表示	야마가타 시내 가고
	直訳	ヤマガタ 市内 行って
	併記	山形市内行き

（12）は山形市内行きに対して、「山形市内行って」もしくは「山形市内行き」にあたると解釈される表現が示されている。ただし、この「行き」は行先を表すものではなく、動詞 가다（行く）に羅列等の接続語尾 -고 が添加されたもので、「Aさんは大阪に行き、Bさんは京都に行く。」という場合の「行き」にあたる形である。朝鮮語に不案内な日本語母語話者が日本語の干渉を受けた訳、あるいは翻訳機による誤訳の可能性がある[11]。

3.3.2 日本語の外来語の直訳

ここでは日本語の外来語を朝鮮語に直訳したものを検討する。

(13)	表示	코인 로커
	直訳	coin locker
	併記	コインロッカー

11　加えて、併記の英語と漢語（中国語）もYamagata city boundと山形市的約束で、特に「山形市の約束」の意の漢語（中国語）の産出原因は推測できない。

写真(13)大阪国際空港
(伊丹市・2010.7.16)

写真(14)羽田空港
(東京都大田区・2010.8.28)

　(13)はcoinとlockerをそのまま朝鮮語の外来語表記にしたものである。しかし、朝鮮語では、보관함〔保管函〕・물품보관함〔物品保管函〕が用いられる。

(14)	表示	남쪽 윙
	直訳	南側 wing
	併記	南ウイング

　(14)は南ウイングに対して、남쪽〔南側〕とウイングもしくはwingを朝鮮文字で表記した윙をあてているが、윙はスポーツ用語では用いられるものの、空港のウイングに対しては通常用いられない。

3.3.3　漢字音の誤り
　ここでは漢字音の誤りに起因するものを検討する。

(15)	表示	괴산지옥（オニヤマ　ジゴク）
	直訳	塊[12]山地獄（オニヤマ　ジゴク）
	併記	鬼山地獄

　(15)は鬼山地獄に対し、鬼山にあたる朝鮮漢字音のつもりの괴산に지옥（地

12　後述のように、괴と読む漢字は複数あるがここではとりあえず塊をあてておく。

写真(15) 観光地
(別府市・2010.9.16)

獄)と表記した後に( )書きで日本語とその音を朝鮮文字で表記したものが併記されている。ところが鬼の漢字音は괴ではなく귀である。塊・傀・愧などの괴という漢字音からの類推等の漢字音の誤った知識に基づくものと考えられるが、初学者には괴と귀をしばしば混同することから、それによる誤りと考えることもできよう。この例はまた、4.1と4.3で後述のイビツ字形系・日本語表記不全系でもある。

3.4 暗号系

日本語「どうぞ」での、暗号系はデザインエレメンツ型に属し、「乐しじねペ好の滋味すだぜへ」といった意味のない文字の羅列を指している。しかし、朝鮮語「どうぞ」の場合、(16)～(22)のように、日本語音の朝鮮文字表記、翻訳方針の不統一、破損などにより意味が分からない文字の羅列となっているものを暗号系と定義する。日本語「どうぞ」の暗号系とはその性質が異なるため、ツメ甘型に含める。また、日本語を単に朝鮮文字で表記しただけのものも「どうぞ」と見ることにする。

3.4.1 日本語の音の朝鮮文字表記

ここでは日本語音の朝鮮文字表記に関するものを検討する。

写真（16）東京メトロ・桜田門駅　　　写真（17）東京モノレール・浜松町駅
（東京都千代田区・2010.10.14）　　　（東京都港区・2011.3.5）

 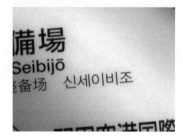

(16)	表示	코쿄 방면 개찰
	直訳	コキョ 方面 改札
	併記	皇居方面改札

（16）は皇居の日本語の音を朝鮮文字で表記し、方面改札は朝鮮語に翻訳されている。

(17)	表示	신세이비조
	直訳	シンセイビジョ
	併記	新整備場

（17）は新整備場を신정비장〔新整備場〕と翻訳せずに、日本語の音をそのまま朝鮮文字で表記したものである。

　いずれも日本語の音を朝鮮文字で表記したものである。これらを逆に考えた場合、大韓民国で国立中央博物館を示す表示に「국립중앙박물관／クンニプチュアンバンムルグァン」と併記されていると想像すればよい。朝鮮語の知識のない日本語母語話者にとって、「クンニプチュアンバンムルグァン」というカタカナの羅列は、「乐しじねぺ好の滋味すだぜへ」と同じ程度に意味を成さない。寧ろ英語の知識があるなら、その併記が有用というケースがあろう。固有名詞を当該言語に訳すか否か、即ち「「音」を表示するか「意味」を表示するか」という問題は英語など他の言語でもこれまでに指摘されている論点であ

る（佐渡島・小林・齋藤 2009）。

3.4.2 翻訳方針の不統一

日本語音の朝鮮文字表記に関して興味深いのは、同じ経営母体での表示にも翻訳方針の不統一が見られた点である。ここではこのようなものを検討する。

	表示	진구구장 방면 개찰
(18)	直訳	ジング球場 方面 改札
	併記	神宮球場方面改札

(18)は固有名詞に含まれる名詞である「球場」が翻訳されている場合である。

	表示	아오야마가쿠인 방면 개찰
(19)	直訳	アオヤマガクイン 方面 改札
	併記	青山学院方面改札

(19)は固有名詞全体が日本語の朝鮮文字表記のみになっている場合である。

	表示	아오야마 도오리 거리 개찰
(20)	直訳	アオヤマ ドオリ 通り 改札
	併記	青山通り方面改札

(20)は日本語の朝鮮文字表記である도오리〔トオリ〕に訳語の거리〔通り〕を重複して示している場合である。

また、하네다쿠코 코쿠사이센비루 공항〔ハネダクコ コクサイセンビル 空港〕（羽田空港国際線ビル）[13]のように、日本語音の朝鮮文字表記に普通名詞を添えた例も見出せた。

更に、하네다쿠코 다이니비루 공항〔ハネダクコ ダイニビル 空港〕（羽田空港第2ビル）と제2터미널〔第2terminal〕（第2旅客ターミナル）[14]のよ

13　東京モノレール・同駅（東京都大田区・2011.2.11）
14　2例とも東京モノレール・羽田空港第2ビル駅（東京都大田区・2011.2.17）

写真（18）東京メトロ・外苑前駅
（東京都港区・2011.3.8）

写真（19）東京メトロ・表参道駅
（東京都港区・2011.3.8）

写真（20）東京メトロ・表参道駅
（東京都港区・2011.3.8）

うな例が見られた。前者ではビルに対してbuilding由来の朝鮮語 빌딩ではなく、日本語ビルを朝鮮文字で表記した비루を用いているが（他にも4.3.1で後述（33）텐노스아이루のアイルの例もあり）、後者では逆にターミナルに対して日本語の朝鮮文字表記のターミナルではなく、terminal由来の朝鮮語터미널を用いている。

　加えて、(18)〜(20)では、併記された日本語表示には全て「方面」があるが、朝鮮語表示では(20)のみそれにあたる「방면」が訳されていないという類の不統一もある。これらは、設置時期の違いや営業母体内での管轄の違いなどに起因する不統一である可能性と見ることもできないことはない。
　しかし、次のような例はそのような可能性を排除するものである。表2は1枚の案内板（写真(21)）に表示されている6つの対象物について、朝鮮語の

写真（21）JR東日本・浜松町駅
（東京都港区・2011.3.5）

表2　1枚の案内板に見られる朝鮮語の訳語と日本語の朝鮮文字表記の混在

表示	直訳	併記の日本語
①도쿄타워	トキョ tower	東京タワー
②포켓몬센터 도쿄	ポケモン center トキョ	ポケモンセンタートウキョー
③다케시바부두	タケシバ埠頭	竹芝桟橋
④도에이 아사쿠사선	トエイ アサクサ線	都営浅草線
⑤도에이 오에도선	トエイ オエド線	都営大江戸線
⑥도립 산업 무역 센터	都立 産業 貿易 center	東京都立産業貿易センター

訳語と日本語の朝鮮文字表記が混在しているものである。

　①〜③は東京・竹芝の朝鮮文字表記やポケモンの朝鮮語での表現を含めて、朝鮮語に翻訳された表示であると見てよい。④・⑤は地下鉄路線の××線は朝鮮語に翻訳されているが、都営の部分は도에이〔トエイ〕と日本語がそのまま朝鮮文字で表記されている。但し、これを도영〔都営〕と翻訳しても、日本事情に知識のない朝鮮語母語話者には意味が分からないと思われる。興味深いのは⑥で、東京を省略した上で、都立は도립、センターは center 由来の朝鮮語 센터に翻訳されている。センターの部分を center 由来の朝鮮

第6章　「どうぞ」な多言語表示から見る商品化された「やさしさ」

写真（22）伊予鉄道・松山市駅駅前のバス停
（松山市・2010.10.31）

語센터とするか、4.3.1で後述の（32）류쯔 센타（流通センター）に見られるように、日本語の朝鮮文字表記센타とするかは論点となる。また、도립は上述の도영同様に知識なしに意味が伝達されづらいと思われる。

　以上からは、このように同じ経営母体での表示、著しくは1枚の表示にも、様々な点について翻訳方針の不統一など表示の翻訳方針に一貫性がないことがわかる。

3.4.3　破損

　ここでは表示が物理的に破損したことによるものを検討する。

	表示	마츠야마 시에키
(22)	直訳	マツヤマ　市エキ[15]
	併記	松山市駅

　ここでは3.4.1で指摘した問題に加え、4.3で後述する朝鮮文字による日本語表記の不全のある表示であるが、さらには 마 の ト、키 の ㅋ と ㅣ が破損したままになっている。

　（22）は日本語表記の不全に加え、朝鮮語「どうぞ」の文字の一部が破損し

15　시は市と訳されているのではなく、日本語を朝鮮文字で表記したものとも見做し得るが、直前に分かち書きがあることから、訳されていると見做すほうが妥当であろう。

たまま放置され、更に暗号系の「どづぞ」になっているケースである。

3.5　コピペ系

　日本語「どづぞ」でのコピペ系とは、デザインエレメンツ型に属し、「ロングヘアで女人生ゲームを生きぬく」といった、日本語を使うとカッコイイ、オシャレ、高級そうに見えるなどの理由により、デザインの一要素として用いたもので、日本の雑誌か何かから、適当にコピーしたものであった。

　朝鮮語「どづぞ」では、3.2と3.3で既述の（4）・（9）のように、コピーアンドペーストの結果、朝鮮語部分の単なるミスによるもののみならず、朝鮮語部分が誤訳となったものも含めてコピペ系と定義する。

　日本語「どづぞ」とはその性質が異なるため、暗号系と同様にツメ甘型に含める。

(4)	表示	여기는 오에 로잇초메 25번지
	直訳	ここはオエロイッチョメ25番地
	併記	ここは大江一丁目25番

(9)	表示	여기는 오에 로쿠초메 27번지
	直訳	ここはオエロクチョメ27番地
	併記	ここは大江五丁目10番（ママ）

　3.2で見た（4）のように、朝鮮語部分の単なるミスによりコピペ系かつ増字脱字系となっているものがある。それのみならず、3.3で見た（9）のように、日本語部分・英語部分と朝鮮語部分が対応せず、コピペ系かつ誤訳系となっているものすら存在する。このような例は、コピペ・誤訳複合系とも言える。とりわけ（9）は、設置意図とはうらはらに、表示自体が誤りとなってしまっている。

3.6 小結

これらの「どづぞ」の出現の背景には、表示物作成の段階における、朝鮮語能力の比較的低い日本語母語話者の存在が浮かび上がる。その人物が、不十分な知識によって、あるいは辞書を引き、あるいは朝鮮語母語話者に不完全に尋ねて、あるいは翻訳機を使って、作った「どづぞ」があると考えられる。また、母語を問わず、入力ミス・翻訳方針の不統一、加えて、破損などによっても朝鮮語「どづぞ」が産出されていることがわかる。さらには、おそらく対価（報酬・給与）と交換されているはずであるにも拘らず、それらが商品化される段階でも、さらに対価（代金）と交換されているはずの納品・設置の段階でもチェックがなされていないこともわかる。

4 朝鮮語「どづぞ」の類型（2）：非規範型

朝鮮語には現在、(A)「ハングル綴字法」(大韓民国文教部告示第88-1号、1988年1月19日)、(B)「朝鮮語規範集」(朝鮮民主主義人民共和国国語査定委員会、2010年10月[16])、(C)「朝鮮語規範集」(中国朝鮮語査定委員会、2007年8月) の3つの規範がある。朝鮮語表示には、これらや他の個別の規範によらない朝鮮語「どづぞ」がある。朝鮮語のいずれの規範にも依らず「どづぞ」になってしまったものを非規範型と定義することにする。

4.1 イビツ字形系

(23)～(26) のように、朝鮮文字の字形が標準的な字形から見てイビツなものをイビツ字形系と定義する。これは厳密には非規範的なものといいがたい

16　(B) は扉に示された日付であり、日は不記載、(C) は前書の日付である。

が、標準的な字形から見て顕著に逸脱しているものという点で非規範型「どづぞ」に含める。ここではこのようなものを検討する。

	表示	지하도
(23)	直訳	地下道
	併記	地下道

(23)は지・하で子音字（ㅈ・ㅎ）と母音字（ㅣ・ㅏ）のバランスが悪い上、ㅏの2画目がトのように下がっている他、도のㄷの1画目の後半（右上）が欠け、また左下が飛び出している。

	表示	카마도 지옥
(24)	直訳	カマド 地獄
	併記	かまど地獄

(24)では、子音字と母音字のバランスの問題の他、ㅈの下の部分が口ひげのように不自然に跳ねている。とりわけㅈのみが顕著に不自然であることから単なるデザインと見ることは難しい。

	表示	마츠카제-쵸
(25)	直訳	マツカゼ-チョ
	併記	松風町

(25)では마以外での子音字と母音字のバランスの問題に加え、ㅊがとりわけ不自然な形である。また、松風と町の間に不要な「-」が挿入されている。

	表示	우선석
(26)	直訳	優先席
	併記	優先席

(26)は선の終声ㄴのバランスがやや不自然である。

朝鮮文字はカナのフやトやスに似ている字形の文字があったり、印刷と手書

写真（23）街路
（別府市・2010.9.15）

写真（24）観光地
（別府市・2010.9.16）

写真（25）街路
（函館市・2010.11.6）

写真（26）宮崎空港
（宮崎市・2010.12.15）

きでは形が異なる文字があったりする。これらはこのような理由により、朝鮮語の知識が十全でない、もしくは示された朝鮮語を見よう見まねで書いた場合に産出されるものと考えられる。

　庄司（2006: 66）でも、飲食店の暖簾・看板の写真を示して「これらのハングル表示はしっかりしたフォントで制作されたものに混じり、手書きのものから、日本の看板屋が注文により、みようみまねで制作したと思われるものなどがある。」と指摘されている。(23)・(26)からは、飲食店や観光地のみならず、繁華街の街路（地下道の入口）や空港といった公的空間やそれに準ずる場所でもイビツ字形系の「どづぞ」が見られることを示している。

4.2 分かち書き不全系

　朝鮮語の分かち書きの規範には現在、(D)「分かち書き」((A) の一部)、(E)「分かち書き規定」((B) の一部)、(F)「朝鮮語分かち書き」((C) の一部) の3つがある。(27) 〜 (29) のように、いずれの分かち書きの規範にも基づかないものを分かち書き不全系と定義する。分かち書き不全系の「どづぞ」には規範に依らないもののほか、分かち書きという概念が理解されていないと思われるものも見られる。ここではこれらを検討する。

	表示	아메노모리 호오슈우 의묘
(27)	直訳	アメノモリ ホオシュウ の墓
	併記	雨森芳洲の墓

	表示	아메노모리호슈의묘
(28)	直訳	アメノモリホシュの墓
	併記	雨森芳洲の墓

	表示	4번선고속버스타는곳에
(11)	直訳	4番線高速busのりばに
	併記	4番線高速バスのりば

　(27)・(28) はいずれも雨森芳洲の墓所の案内であるが、前者は公的機関に、後者は恐らく私的に作成されたものと見られる。まず (27) では姓名が分かち書きされ、(28) ではされていない。朝鮮の姓名は原則として分かち書きされないが、日本の姓名の場合、分かち書きされる。次に、(28) では「芳洲」にあたる部分「호슈」と「の」に当たる部分「의」の間は規範通りに分かち書きされないが、(27) では分かち書きされてしまっている。他方、「の」に当たる部分「의」と「墓」に当たる部分「묘」の間は分かち書きされるが、ともにされていない。規範に従うなら、아메노모리 호슈의 묘となる。また、3.3.1で前述

写真（27）街路
（対馬市・2005.8.31）

写真（28）名所旧跡
（対馬市・2005.8.31）

写真（29）山交バス・山形市役所前バス停
（山形市・2010.11.20）

の(11)では分かち書きが完全に無視されている。規範に従えば4번선 고속버스 타는 곳となる（에については既述）。

(29)	表示	야마가타시 청앞
	直訳	ヤマガタ市 庁前
	併記	山形市役所前

(29)は市役所＝시청〔市庁〕からの類推で、市を시、役所を청と誤解して分かち書きしたものと思われる。

また、3.4.2で見たように、同一経営母体による表示でも、流通センターの表記で後掲(32) 류쯔 센타 と 류쯔센타 [17]のように分かち書きが異なっている

17　分かち書きされていない後者は東京モノレール・羽田空港第2ビル駅ホーム転落防止柵「停車駅ご案内」（東京都大田区・2011.2.17）での表示。

場合もある。

これらは分かち書きもしくは朝鮮語自体の知識がない／不十分な日本語母語話者によって表記が決定され、表示物が作成されたことによると思われる。また、同一経営母体による表示であっても、表示物作成者が異なるためか、齟齬が生ずる場合があることが確認できる。

4.3 日本語表記不全系

　日本語の体系の中で、朝鮮語を如何に表記するかという規範はない。反面、朝鮮語の体系の中での日本語の朝鮮文字表記の規範には（G）「外来語表記法」（大韓民国文化体育部公示第1995-8号、1995年3月16日）、（H）「外国語表記法」（朝鮮民主主義人民共和国国語査定委員会、2001年）、（I）「「外国語表記法」統一案」（（C）の一部）の3つがある[18]。（H）・（I）にはほとんど差異はない。朝鮮語表示における日本語の朝鮮文字表記を見た際、いずれの規範からも逸脱したものが散見される。(30)〜(38)のように、いずれの日本語表記法の規範にも基づかないものを日本語表記不全系と定義する。

　また、多言語表示の趣旨や共和国からの観光客やビジネスマン、ニューカマー[19]は存在しない現状に鑑みれば、あえて（H）による必要は無いと思われるが、共和国系の民族教育による影響か、規範の知識を欠くためか、聴覚印象に引きずられたものか不明なものの、これに基づいた表記も見られた。

4.3.1　個別の表記

　ここでは個別の文字・発音の表記に関するものを検討する。

18 　とはいえ、『労働新聞』にさえ、니이가다（新潟）・도요다（トヨタ）等の非規範的な表記が見られる（「日本で深刻な放射能汚染、地震と津波による被害拡大」2011年3月23日付6面）。ただし新潟の例などその一部は、ロシア語でのЙокогама（横浜）のような慣用的表記であると見ることも可能かもしれない。

19　ここではいわゆる「脱北者」等については措く。

	表示	미도수지 출구
(30)	直訳	ミドスジ出口
	併記	御堂筋出口

　(a) すの表記：いずれの規範でも「す」は「스」と表記する。(30) 미도수지 출구(御堂筋出口) 等、「수」と表記した例が見られた。「す」・「つ」・「ず」・「づ」以外は「う」の母音を「ㅜ」で表記することによる。

	表示	하마마츠쵸
(31)	直訳	ハママツチョ
	併記	浜松町

	表示	류쯔 센타
(32)	直訳	リュツ センタ
	併記	流通センター

　(b) つの表記：(G) では「쓰」、(H)・(I) では「쯔」と表記する。(31) 하마마츠쵸(浜松町) 等、「츠」での表記が見られた。(H)・(I) による (32) 류쯔 센타(流通センター) も見られた。聴覚印象に引きずられた表記と思われる。

	表示	텐노스아이루
(33)	直訳	テンノスアイル
	併記	天王洲アイル

　(c) ず・づの表記：いずれの規範でも「ず」・「づ」とも「즈」と表記する。(33) 텐노스아이루(天王洲アイル) 等、「스」と表記した例が見られた。洲をスと誤読した、あるいはㅅが有声音化すると誤解した可能性があるものの産出の原因は不明である。

写真(30)JR西日本・大阪駅
(大阪市・2010.7.6)

写真(31)東京モノレール・羽田空港第２ビル駅
(東京都大田区・2010.8.28))

写真(32)東京モノレール・浜松町駅
(東京都港区・2011.3.5)

写真(33)東京モノレール・浜松町駅
(東京都港区・2011.3.5)

写真(34)(大分)空港特急エアライナー
(大分市・2010.9.15)

写真(35)東京メトロ・永田町駅
(東京都千代田区・2010.6.29)

写真(36)東京メトロ・渋谷駅
(東京都渋谷区・2010.8.22)

	表示	벳부 기타하마
(34)	直訳	ベップ キタハマ
	併記	別府北浜

　(d) ぱ行の表記：ぱ行の子音は、語頭・語中に拘わらず、(G) では「ㅍ」で、(H)・(I) では「ㅃ」で表記する。(34) 벳부 기타하마 (別府北浜) 等、バ行を表記する「ㅂ」で書かれた例が見られた。「っ」を表記する「ㅅ」があることから、「ㅂ」で表記しても発音は [ㅃ] となるためと思われる。

	表示	콕카이기지도 방면 개찰
(35)	直訳	コッカイギジド 方面 改札
	併記	国会議事堂方面改札

　(e) っの表記：促音は、(G) では「ㅅ」、(H)・(I) ではか行の前では「ㄱ」、さ行・た行・ぱ行の前では「ㅅ」で表記する。(G) が基本となりつつ促音は (H)・(I) による折衷表記の (35) 콕카이기지도 방면 개찰 (国会議事堂方面改札) 等が見られた。聴覚印象に引きずられた表記と思われる。

	表示	덴엔도시선
(36)	直訳	デンエンドシ線[20]
	併記	田園都市線

　(f) んの表記：撥音は、(G) では一律に「ㄴ」、(H) では母音の前・語末では「ㅇ」、子音の前では「ㄴ」で、(I) では母音・か行・が行の前および語末では「ㅇ」、さ行・ざ行・た行・だ行・な行・ら行・ま行・ば行・ぱ行の前では「ㄴ」で表記する。(36) 덴엔도시선 (田園都市線) 等、(H) によった例が見られた。とはいえ、前述の如く、あえて (H) による必要は無いと思われる。表示内容決定者が規範を知っているにせよいないにせよ、むしろ、(G) によ

20　도시は日本語の朝鮮文字表記の〔トシ〕ではなく、〔都市〕と翻訳した〔デンエン都市線〕の可能性もあるが、田園のみ朝鮮文字表記したとは解釈しにくい。

って덴엔도시선と表記した場合、終声の初声化（いわゆる連音）によって「デンエンドシ」が「デネンドシ」と読まれるのを排除するための工夫と見るのが妥当であろう。

　（g）ちゃ行の表記：ちゃ行のちゃ・ちゅ・ちょは、（G）では자・주・조（語頭）、차・추・초（語中）、（H）・（I）では쟈・쥬・죠（語頭）、쨔・쮸・쬬（語中）と表記する。前掲（31）하마마츠쵸等、子音字は(G)、母音字は（H）・（I）の方式であり、いずれの規範とも異なる「쵸」で表記した例が多く見られた。자と쟈や초と쵸は実際には綴字法上の差異となっているため生じたものと思われる。

　（h）長音の表記：（G）・（H）・（I）とも、「お」や「う」で表記される長音は表記しない。しかし、前掲（27）아메노모리 호오슈우 의묘〔アメノモリ ホオシュウ の墓〕（雨森芳洲の墓）等、長音を表記した例が見られた。日本語のカナ表記に引きずられた可能性が高い。

4.3.2　清音・濁音の表記

ここでは清音・濁音の表記に関するものを具体的に検討する。

(37)	表示	어서 오십시오 쿠마모토에
	直訳	ようこそ いらっしゃいました クマモトへ
	併記	ようこそ熊本へ

(38)	表示	치요가타이 공원
	直訳	チヨガタイ 公園
	併記	千代台公園

　（a）語頭の清音の表記：（G）・（H）・（I）とも語頭の清音は平音字で表記される。しかし、（37）어서 오십시오 쿠마모토에等、いずれの規範とも異なる激音字での表記が多く見られた。聴覚印象によるか、清音は激音で表記するという誤解によると思われる。

　（b）語中の清音の表記：語頭・語中ともㅅで表記するさ行とㅎで表記するは

写真(37) 商店街
(熊本市・2010.7.17)

写真(38) 街路
(函館市・2010.11.6)

行を除き、(G)では激音字、(H)・(I)では濃音字で表記される。濃音字で表記した前掲(15)괴산지옥(오니야마 지고꾸)のような例が見られたが、(H)・(I)に依ったものか、聴覚印象に依ったものかは不明である。

　また、清音・濁音に関して見れば、たとえば(I)では、か行・た行が語頭に来る際に平音字で表記する場合について、「合成語の構成単位の語頭を含む。」としているが、収集例の가메노이키타하마 버스 센터(亀の井北浜バスセンター)や게이힌토호쿠선(京浜東北線)[21]の例からは、亀の井北浜や京浜東北線を1語扱いして処理している可能性がある。

　(c) 語中の濁音(清濁の混同)：語中の濁音については、(G)・(H)・(I)とも平音字を用いる。しかし、(38)치요가타이 공원(千代台公園)等、語中の濁音に激音字を用いている例が見られた。この地名は併記された英語・ロシア語表記からチヨガダイとわかる。したがって、「타」は「다」が規範的表記である。また逆に「치」は語頭であるから、平音字を用いて「지」と表記される所であるが、激音字が用いられている。ここからは清音と濁音が弁別されていない朝鮮語母語話者がこの表示の表示内容決定者となったことが推測される。

21　前者は亀の井バス・北浜バスセンター(別府市・2010.9.15)、後者はJR東日本・浜松町駅(東京都港区・2011.3.5)。また、前掲(31)벳부 기타하마のように、北浜が単独の固有名詞として扱われている例もある。

4.4 不可思議系

上に挙げたそれぞれの系に属するものの他、(39)・(40)のような、その産出の過程を推測しがたい不可思議なものがある。これを不可思議系と定義する。ここではこれらを検討する。

(39)	表示	가이엔 잇쵸 나미키 방면 개찰
	直訳	ガイエン イッチョ ナミキ 方面 改札
	併記	外苑いちょう並木方面改札

(40)	表示	JR 유락쵸역 방면 개찰
	直訳	JR 유락쵸駅 方面 改札
	併記	JR有楽町駅方面改札

(39)はいちょうをいっちょうの表記のようにしたものである。また「ちょ」の表記は規範では「초」か「쪼」である。この背景には表記法に明るくない、もしくは日本語の発音を正確に認識し得ていない朝鮮語母語話者の存在が見える。

(40)は有楽町を「유락쵸」と表記している点が極めて特異である。直訳では元の表示のままとした。通常では日本語の音を朝鮮文字表記し、たとえば(G)では「유라쿠초」となる。あるいは大阪や東京を대판や동경のように朝鮮漢字音で呼ぶ習慣も未だ存在している点に鑑み、朝鮮漢字音で表記した可能性も考えられる。しかしながら、その場合には「유락정」と「町」の部分も朝鮮漢字音となろうかというものの、ここでは「町」については規範どおりではないが日本語表記によるものである。

4.5 小結

非規範型「どづぞ」にはイビツ字形系・分かち書き不全系・日本語表記不全

写真（39）東京メトロ・外苑前駅
（東京都港区・2011.3.8）

写真（40）東京メトロ・有楽町駅
（東京都千代田区・2011.3.8）

系・不可思議系があり、公的空間やそれに準ずる場所でも見られる。これらは朝鮮語自体の知識がなかったり不十分な朝鮮語非母語話者や、規範に明るくない、もしくは日本語の発音を正確に認識し得ていない朝鮮語母語話者によって表示内容が場当たり的に決定・入力され、表示物が作成され、商品化された結果と思われる。加えて、この過程の全段階で対価（報酬・給与・代金）の遣り取りがあるはずにも拘らず、滞りなく非規範「どづぞ」は承認され、商品として納品・設置されていることを強調しておく。

5 考察

5.1 規範の位置づけ

　ある朝鮮語初級テキストでは、朝鮮文字による日本語表記について、「日本語の50音を表記する上での基準が一応ありますが、それにはあまりとらわれず、固有名詞ですからある程度個性を持って表記すればよいでしょう。」と述べている（渡辺鈴子 2004: 10）。しかしながら、ここでは多様性の尊重という社会言語学的な考え方の曲解が見られる。なんでもありが個性というわけではなかろう。
　「やさしさ」を表すはずの言語景観である多言語表示、殊に公的空間のものには、無用な混乱や誤伝達、また、意味が伝わらず用をなさないといった状態

を避けるため、何らかの指針や原則があるのが望ましい[22]。その試みとしてはバックハウス（2009）で扱われている行政による指針の類がある。

とはいえ、人為的に言語に統制を加えることには限界があり、このような指針あるいはより拘束力の強い法的規制を行っても、実効性はさほど高くないと予測される。例えば、（C）の規範は前書きで「国内の朝鮮語使用で必ず守らなければならない規範」とされている。また中国の延辺朝鮮族自治州では、「延辺朝鮮族自治州朝鮮語文事業条例」（1988年）等により、表示等の朝鮮語・漢語（中国語）併用が定められ、「延辺朝鮮族自治州人民政府朝鮮語文学習使用賞罰実施規程」（1989年）が施行されてはいる。しかし、同条例の「法律より低く規程より高い」（キム＝チャンゴル 1995: 6）という法的地位もあり、実際にはこれらは実効性をさして持たない[23]。そのため、条例施行から四半世紀以上経った現在でも、規範（C）の存在にも拘らず、非規範的な——とりわけ韓国の規範である（A）による——表示が自治州内でも散見される。例えば、写真（41）は延吉市内の食堂の看板である。ここでは「冷麺」にあたる語彙について、隣接する看板で規範（B）・（C）による랭면と規範（A）による 냉면 が併存している[24]。また、韓国でもこれに類する現象は容易に見出される。ソウル標準語では、バッテリーに対して英語由来の外来語 배터리 [pɛtʰɔri] が規範とされる。だが、写真（42）のように、日本語由来で醇化すべきとされる밧데리 [patʳteri] も実際には用いられる。これらの例は、言語に統制を加える限界を表している[25]。

22　植田（2006: 51）で指摘したように、表示などに規範的なものを採用するということと、「正しい」ものに正当性があるということとは別の問題である。

23　クァン＝ホ・リ＝ホンメ・ムン＝グムラン・チェ＝ホンナム（1996）では延吉市光明街の600余の看板を調査し、外来語で非規範的なものが見られたと指摘している。

24　国内の朝鮮族向けと韓国人向けを表示しているとは考えにくい。また、旅行社の看板で、規範（B）・（C）による려행사ではなく、規範（A）による여행사のみ表示されている例も確認された（延吉市・2013.8.22）。

25　近年流行した歌謡曲「愛のバッテリー（사랑의 배터리）」（歌：ホン＝ヂニョン）はタイトルの「배터리」と歌詞の中で実際に歌われる「밧데리」のミスマッチが受けたとも考えられる。

写真（41）食堂
（延吉市・2013.8.21）

写真（42）商店
（釜山市・2010.4.30）

　ここからは、多言語表示が本来の「やさしさ」から離れ、目標としての善である共生の風景の一部として消費され形骸化している様子[26]が看取される。また、雑多な不正確さを持つ表示からは、そもそも朝鮮語多言語表示の主対象と考えられる朝鮮語母語話者、基本的には大韓民国からの来日者──観光客にせよニューカマーの定住者にせよ──で日本語や英語（含ローマ字）表示では不便を感じるであろう人々にとって、朝鮮語による表示は有用か否か、あるいはどのような表示であれば有用かという議論がなされていないことが浮かび上がる。

5.2　言語の商品化

　量産される朝鮮語「どうぞ」の前提として、稀少言語からとりわけ実用言語として朝鮮語がメジャー化した結果、朝鮮語という言語が商品化され、それに関わる人々に利益をもたらす「メシノタネ」になったという社会状況が存在する[27]。言語学習は、相互理解や異文化理解・異文化交流等を暗黙の善なる前提に、しばしば他者に対する「やさしさ」の表れとして推奨・奨励される。だが、

26　この現象については、植田（2006）で論じたことがある。
27　日本社会における朝鮮語の商品化や位置づけについては、植田（2012）で言及した。

「話せばわかる」といったナイーブな思い込みの有効性がどれほどかは、言語が必ずしもそのような「やさしさ」の発露の場面でのみ用いられるものではないということを想起すればよい。異文化を理解すれば、相手との距離が縮まり親しくなれるとは必ずしも限らない。

さらに、商業出版という観点から見れば、書店に溢れる粗悪な朝鮮語教材は時流に乗った売れ筋の商品として売れるからこそ出版されるのであり、極言すれば質より商品としての価値が重要なのである[28]。また、韓国語教師という職業が成立するようになり、朝鮮文字による日本語表記の規範を承知しないのみならず、音声と音韻の区別がつかない韓国語教師による韓国語教室が存在し得るのも同様である。つまり、本論文の筆者自身を含め、朝鮮語を教えるという行為や朝鮮語という言語が商業ベースに乗り、それに関わる人々に利益をもたらす「メシノタネ」になったのである。

ここで、商業という営為に着目すれば、多言語表示は、必要なものを的確に適価で手に入れたい「買い手」(消費者)に利益をもたらすと同時に、それにより利益を得たい「売り手」(販売者)にとっても有用な価値をもつという側面が存在することも「メシノタネ」としての言語の様相を明らかにしてくれる。

5.3 「どづぞ」産出のプロセス

言語が商品化されたという前提の下、多言語表示における朝鮮語「どづぞ」の産出プロセスを見れば、「買い手」(消費者)と「売り手」(販売者)に利益をもたらすのみではなく、さらに表示物作成の依頼者が発注し設置するまでのプロセスの様々なところにも利益を生み出す。図1はこれを図式化したものである。「⇨」は「どづぞ」産出プロセスの流れ、「→」は対価(報酬・給与・代金)の流れを示す。

これらの一部もしくはすべてが重なる場合もあり得るし、それぞれが依頼者

28　この点については、植田 (2014) で検討した。検討した対象は1945年以前の朝鮮語学習書についてであるが、現代の状況と通底するものがあろう。

の所属組織内部の場合と外部の場合があろう。いずれにせよ、これまで見た例からは、発注→受注→内容決定→入力→商品化→納品・設置の過程のいずれの段階でも表示内容へのチェックが働いていないことが明らかになった[29]。

表示内容にチェック・確認機能が働いていないことについては、佐渡島・小林・齋藤 (2009: 141) でも指摘されている。ここで佐渡島らは、単純な綴りの間違いを含む不適当な訳語が散見されることに対し、次のように述べている。

> 国際化の動きとはほど遠い、嘆かわしい事実である。単純な綴りの間違いがたくさんあるということは、案内板を作成する際に英語やその他の言語を母語とする人による確認がなされていないということを表している。訳語を公共の場に提示する前に、その言語を母語とする人を介して確認する制度の確立が望まれる。(佐渡島・小林・齋藤 2009: 141)

ここでは、朝鮮語「どうぞ」の産出でも、その産出プロセスのなかで表示内

図1 「どうぞ」産出のプロセスの流れと対価の流れ

依頼者 (表示物を設置しようとする機関・人物)	
〈発注〉	〈納品・設置〉

⇩　　　　　　　　　　　　　⇧↓

表示物作成者 (表示物を作成する会社、依頼者内の部署)	
〈受注〉	〈商品化〉

⇩　　　　　↙　　　　　⇧↓

表示内容決定者 (表示物作成者内で表示内容を決定する者)	入力者 (表示内容決定者の決定した表示内容を実際に入力する者)
〈内容決定〉	〈入力〉

　　　　　　⇨

---

[29] 管見の限りでは、とりわけ東京メトロの朝鮮語「どうぞ」の多さと訳の不統一等のバラエティの豊富さは群を抜いている。これについては、組織の規模の大きさも考慮に入れ、別途検討の余地がある。

容に確認機能が働いていないことが原因となっていることを述べるに止め、その問題の所在については次に検討する。

5.4 「どづぞ」産出の問題の所在

　5.3で見た佐渡島らの指摘のように、確認機能を働かせる制度の確立は必要であろう。しかし、5.2で述べたような音声と音韻の区別がつかない韓国語教師に類する人物が確認した場合、たとえ母語話者であろうとも到底あてにならない。その言語を母語とする人を介した確認は必須条件ではない。また、その言語を「メシノタネ」とする非母語話者であれ、教育という営為において規範に無頓着である場合が存在することは、5.1で指摘した通りである[30]。「嘆かわしい」のは、母語話者か否かを問わず「どづぞ」であることに気付かない／気付けない表示物作成者・表示内容決定者・入力者であり、表示内容の（不）適切さを確認し得ていない依頼者、あるいはそれを是認・容認する社会状況である。

　朝鮮語「どづぞ」の産出の場合、以下の原因が予測される。

1. 共生の風景としての朝鮮語表示（多言語表示の形骸化）
2. 朝鮮語の社会的位置づけ（従来は稀少言語、現在は実用言語）
3. 表示内容決定者の多様性による規範の混在（非母語話者＝日本人・在日朝鮮人[31]、母語話者＝韓国人・中国朝鮮族）

表示物作成者・表示内容決定者・入力者には依頼者から対価（報酬・給与・

30　繰り返しになるが、表示などに規範的なものを採用するということと、「正しい」ものに正当性があるということとは別の問題である。5.3で挙げた佐渡島・小林・齋藤（2009: 141）が訳語の確認制度の確立について、「公共の場に提示する前に」と述べている点は示唆に富む。

31　韓国系や共和国系の民族教育を受けた者、民族教育によらずに朝鮮語を身につけた者が含まれる。

代金）が支払われているはずである（**図1**）。しかし、それにも拘らず、本論文で見たような、ありていに言えば、欠陥商品・不良品である朝鮮語「どづぞ」が公的空間においても全国的に散見されることは、とりわけ言語の社会的位置づけを反映した、多言語表示の商品化の各プロセスにおける商品に対する責任意識の欠如を表していると考えられる。

「確認する制度の確立」に必要な人材には、母語話者であろうとなかろうと、欠陥商品・不良品を生産しない責任意識が必要であることは英語やその他の言語の場合も同様である。

6　おわりに

本論文では、多言語表示に見られる朝鮮語について、「どづぞ」という概念を援用し、その現状を報告し、体系化を試図するとともに、言語の商品化という視点から多言語表示の産出プロセスと性格について検討した。多言語表示の増加は一概に多言語化の瑞徴とは言えないのである。

実はこのような朝鮮語「どづぞ」の出現は今に始まったことではない。1925・1926年に刊行された日本人対象の朝鮮語学習雑誌『月刊雑誌朝鮮語』に「どづぞ」に関する記事がある[32]。ここでは、総督府商品陳列館の広告の「ご覧くださいませ」に当たる朝鮮語「御覧 하시기를 願 하옵나이다」で1音節文字の를を2音節文字と見做し誤った上、「願」の上下に配し、「御覧 하시기르 願 ㄹ하옵나이다」（原文縦書）とされていること等を挙げている。これなどは今回見出せなかったアナグラム系の一種である。また取扱に当たる취급を취금とした例はまさにソックリ文字型である。他方、もっとも普及していると思われる「ローマ字表記」ですら、○○商事を○○ SYOJI、○○ SHYOJIとするといった訓令式・ヘボン式の混在や混同が広く見られる。これらのことから見ても、「どづ

32　校正博士（1925）・校正博士（1925; 1926²）・無署名（1925; 1926²）

ぞ」はなくならないことが予測される。

　このようななかで、多言語表示の本来の意図をより実現させるにはどうすればいいのかについては、朝鮮語「どづぞ」産出のプロセスやメカニズムの諸問題の検討と合わせ、改めて論じたい。

参考文献

朝鮮語文献は日本語訳を示し、（　）内に朝鮮語を付記した。

磯野英治(2011)「韓国における日本語の言語景観」中井・ロング編(2011)所収

植田晃次(2002)「言語呼称の社会性」『社会言語学』Ⅱ、「社会言語学」刊行会

植田晃次(2006)「「ことばの魔術」の落とし穴」植田晃次・山下仁 編『「共生」の内実』三元社（新装版：2011年）

植田晃次(2012)「批判的社会言語学からの接近」野間秀樹 編著『韓国語教育論講座』第2巻、くろしお出版

植田晃次(2014)「金島苔水とその著書」李东哲 主编（2014）『日本语言文化研究』第三辑（上）延边大学出版社

鏡味明克(1997)「日本の地名標識におけるローマ字表記の問題点」『三重大学教育学部研究紀要 人文・社会科学』48

キム＝チャンゴル(1995)「朝鮮語文行政執法」『中国朝鮮語文』1995-5（김창걸(1995)＜조선어문행정집법＞《중국조선어문》1995-5）

クァン＝ホ・リ＝ホンメ・ムン＝グムラン・チェ＝ホンナム(1996)「延吉市の朝鮮語看板で現れた言語使用」『中国朝鮮語文』1996-5（광호, 리홍매, 문금란, 최홍남(1996)＜연길시 조선말간판에서 나타난 언어사용＞《중국조선어문》1996-5）＊クァンホは名のみの筆名の可能性もある。

校正博士(1925)「諺文広告の間違調査」(一)『月刊雑誌朝鮮語』1 (1)、朝鮮語研究会（허재영 엮음（2004）"월간잡지조선어" 1, 亦樂）（校正博士は朝鮮文字で교정박사とされている。ただし、ト は「・」で表記されている。以下同様。＞

校正博士(1925; 1926²)「諺文飜訳の間違調査」(二)『月刊雑誌朝鮮語』1 (2)、朝鮮語研究会（허재영 엮음（2004）"월간잡지조선어" 1, 亦樂）

佐藤誠子・布尾勝一郎・山下仁(2006)「大阪における多言語表示の実態」『言語の接触と混交－共生を拓く日本社会』大阪大学21世紀COEプログラム「インターフェイスの人文学」編集・発行

佐渡島紗織・小林良子・齋藤眞美(2009)「地下鉄案内板にみるローマ字表記」庄司・バックハウス・クルマス 編(2009) 所収

庄司博史(2006)『まちかど多言語表示調査報告書』多言語化現象研究会
庄司博史・バックハウス，P・クルマス，F編(2009)『日本の言語景観』三元社
多言語化現象研究会(2013)『多言語社会日本』三元社
曺喜澈(1999: 780)『JPIニューミレニアム日韓辞典』JPI
斗山東亜辞典編集局(1995; 2008^{2版4刷})『プライム日韓・韓日辞典（コンサイス版）』斗山東亜(두산동아 사전편집국 (1995；2008^{2판4쇄}) "프라임 日韓・韓日辞典(콘사이스판)" 두산동아)
中井精一・ロング，ダニエル 編／内山純蔵 監修(2011)『世界の言語景観 日本の言語景観』桂書房
バックハウス，ペート(2009)「日本の言語景観の行政的背景──東京を事例として」庄司・バックハウス・クルマス 編(2009) 所収
無署名(1925; 1926^2)「朝鮮文の公告文の誤謬について──特に官公署の長たる人に……」(二)『月刊雑誌朝鮮語』1 (2)、朝鮮語研究会（허재영 엮음 (2004) "월간잡지朝鮮語" 1, 亦樂)
柳沢有紀夫(2007)『日本語でどづぞ』中経出版（中経文庫）
柳沢有紀夫(2010)『世界ニホン誤博覧会』新潮社（新潮文庫）
渡辺鈴子(2004)『日本語と照らして学ぶ韓国語基礎』白帝社
Backhaus, Peter (2007) *Linguistic Landscapes*. Multilingual Matters Ltd.

〈付表〉

表3　朝鮮語「どづぞ」の類型

型	系	定義		例
ツメ甘型	ソックリ文字系	朝鮮語を書こうとはしたが、ツメの甘さによるミスにのために「どづぞ」になってしまったもの。	似ている（と朝鮮語母語話者は思わなくても、「どづぞ産出者」は思う）文字を間違って用いたもの。	(1)도움미 필요하신 고객
	脱字増字系		脱字または不要な文字が加わったもの。	(4)여기는 오에 로잇초메 25번지
	誤訳系		語彙の選択や語尾などの用法の誤り、日本語の外来語の直訳、漢字音の誤りなどに基づく誤った逐語訳、日本語の干渉、翻訳機の誤訳によるもの。	(12)야마가타 시내 가고 (13)코인 로카 (15)괴산지옥 (오니야마지고꾸)
	暗号系		日本語音の朝鮮文字表記、翻訳方針の不統一、破損などにより意味が分からない文字の羅列となっているもの。	(17)신세이비조 (20)아오야마 도오리 거리 개찰 (22)마츠야마 시에키
	コピペ系	コピーアンドペーストをしてみたが、ツメが甘くて「どづぞ」になってしまったもの。	コピーアンドペーストの結果、朝鮮語部分の単なるミスによるもののみならず、朝鮮語部分が誤訳となったもの。	(9)여기는 오에 로쿠초메 27번지
非規範型	イビツ字形系	朝鮮語のいずれの規範にも依らず、「どづぞ」になってしまったもの。	朝鮮文字の字形が標準的な字形から見てイビツなもの。	(23)지하도
	分かち書き不全系		いずれの分かち書きの規範にも基づかないもの。	(11)4번선고속버스타는곳에
	日本語表記不全系		いずれの日本語表記法の規範にも基づかないもの。	(31)하마마츠쿄 (38)치요가타이 공원
	不可思議系		産出の過程を推測しがたい不可思議なもの。	(39)가이엔 잇쵸 나미키 방면 개찰

||||| 第7章 |||||||||||||||||||||||||||||||||||||||||||||||||||||||||||||||||||||

「硬直した道」から「やさしい道」へ
原発とコミュニケーション

野呂　香代子

|||||||||||||||||||||||||||||||||||||||||||||||||||||||||||||||||||||||||||||||

【キーワード】原子力帝国、ロベルト・ユンク、国会事故調、三宅洋平、対抗する談話

1　はじめに

1.1　本稿における「やさしさ」

　核兵器や原子力エネルギーに反対する平和運動をヨーロッパに根づかせた一人に、ロベルト・ユンクという人がいる[1]。ユンクは、「原子力が社会や政治にもたらす影響の研究」（ユンク1989: 13）を促進させる目的で、1977年に"Der Atom-Staat: Vom Fortschritt in die Unmenschlichkeit"（「原子力国家――進歩から非人間性へ」、邦訳『原子力帝国』）という本を著わした。まず、本題と副題で、原子力と国の強力なつながり、そして、原子力という技術の進歩が、人間性の喪失へと向かう道が示唆される。ユンクはその本の中で、いったん原子力産業という道を選んだ国は、「永遠に『強権国』であることを選択したこと」（同: 18）になり、「国と経済はますます巨大機械と同じものになって（中略）その機能を妨害することは許されなくなる」（同: 19）ことを具体的に詳細に提示し、

1　Holzinger 2013: 11-12

原子力産業が引き起こす「自由と人間性の喪失」(同: 13) に大きな警鐘を鳴らした。日本においても『原子力帝国』に描かれた「民主主義的な権利や自由がすこしずつ掘りくずされる」(同: 5) 様子があまりにも現実的な姿となって現われている。ユンクは福島第一原子力発電所（以下、原発）の事故やその後の事態を予測したのではなく、原発を進める国の必然的な方向性を示したのである。彼はこうした道を「der harte Weg」（硬直した道）と呼んだ。

『原子力帝国』は不安と怒りのなかで書かれた (同: 13) という。ユンクは、原子力がもたらすであろう巨大な現象に向き合うには、人間の持つ感情の力が不可欠だとする。

> プルトニウム時代がもたらすにちがいない途方もない出来事を、共感も恐怖も興奮もなく、ひたすら冷静な知性で取り扱うことのできる者は、その過小評価に協力する者である。問題の拡大を阻止し、冷静ではあるが間違った計算を引き起こした事態を阻止するためには、感情の力が加わらなければならない状況というものがあるのだ。(同: 14)

本論では、ここに示された「途方もない出来事」を福島原発事故と理解し、この原発事故を、なんらの感情も移入せず、一般に学問に求められる「冷静な知性で取り扱う」という姿勢はとらない。自己の存在を客観的、中立的な世界におき、今回の原発事故を語ることは、原発事故の未来にわたる甚大な被害に対し、ただ傍観者として観察することになると考えるからである。特に原発事故以降明らかになったさまざまな「非人間的な」状況について感情ある人間として取り組むこと、「原子力帝国」から脱し、「人間性」を取り戻すための道を探ること、これを「やさしい道」と位置づけ、本書のテーマである「やさしさ」の一つのあり方として提示したい。

1.2　問題のありか

　福島原発事故以降、筆者も含めこれまで原発の安全神話に疑問を抱かず、特に関心を持たなかった人々にも見えてきたものは、巨大な規模の原子力産業の種々の矛盾である。核ゴミの処理をはじめ技術的に制御できない問題が山積みにされたまま、未来の世代の負担を考えることなく刹那的な経済的利益を求めて稼働されるという無責任な産業であるだけでない。危険であることがわかっているがゆえに、いわゆる原発マネーと引き換えに人口の少ない地方に建設されていることや何次もの下請け会社の作業員が被ばくしながら働いていることなど露骨な差別構造の上に成立している産業でもある。また、原発事故で飛散した、そして飛散し続ける放射性物質により空気、水、土、ありとあらゆる自然、生物が長い将来にわたって汚染されるにもかかわらず、事故の実態は政府やメディアからなかなか明るみにされないという点も原発産業の本質的な問題を示している。総じて、命に対する傲慢な発想、欺瞞、隠蔽が原発運営の基本にあると言えるのだが、そのような知識は、原発事故前の日本において、一般の人々はほとんど持ち合わせていなかった。しかし、さまざまな情報が、次第にインターネットなどを通して人々の間に広がっていった。原発をめぐる知識を少しずつ得て、学び始めた市民が増える一方で、今なお、国が原発事故の原因究明や責任問題を問うことなく「硬直した道」を進んでいることが、どのような談話の形態を生んでいるのだろうか、それが社会的にどのような意味を持つのだろうか。「(プルトニウムは)実際にはなんにも怖いことはありません」(安冨 2012: 64)などという発言は原発事故前は可能であったが、事故後の市民の知識が深まるとともに、原発を推進する側の発言の欺瞞や隠蔽の形も複雑にならざるをえないのではないだろうか。また、談話の形態だけではなく、原発事故によりこれからも生じるさまざまな事象に関しても欺瞞や隠蔽という行為が国という権力によって行われるなら、そうした談話が社会全体のコミュニケーションに与える影響も大きいのではないかと考えた。

1.3 分析の目的と分析対象

　原発事故後、政府や官僚のさまざまな発言が主にインターネットなどを通じて耳目に触れるようになってきた。そこで気になったのは、ある一定の話し方であった。無表情で、人と話しているようでいて、実は話していない、筋が通っているようで、実際何が言いたいのかよく理解できない独特の話法であった。筆者は、日本語が巧みな技術で遊ばれていると感じた。そしていらだちを思えた。しかし、それは、単なる言葉遊びゆえのいらだちではないだろう。安冨歩(2012)はこのような話法を「東大話法」と名付け、その欺瞞性にメスを入れた。安冨は「東大話法」が生まれる社会的背景について考察し、論の展開を主に内容面から分析して、東大話法の規則を提示した。本稿は批判的談話分析[2]の「詳細分析」の手法[3]を応用し、言語の表現形式を詳細に観察する。どのような言語的手段を用いてどのような意味を作り上げ、何を行っているかという談話的実践に注目する。そして、そのような欺瞞に満ちた談話に「対抗する談話」のありかたを探っていく。

　「対抗する談話」とは、批判的談話分析の一つの概念である[4]。批判的談話分析は、談話を権力闘争の場と認識する。ある一定の談話が支配的である場合、それが社会的に「常識」として「存在」しているように感じられる。しかし、そこには常に対抗する談話が入り込む余地があり、支配的な談話の安定性が揺らぎ、大きく変化する可能性がある。対抗する談話はさまざまなコンテクストの中で多様な生成のされ方をするのであろうが、本稿では少なくとも二つの種類があると考えたので、それを示したい。一つは、支配的な談話に対し正面から抵抗しようとするもので、まずは支配的な談話と同じ土俵に立ち、緊張関係の中で、その世界をくずしていこうとする談話である。もう一つは、支配的な

2　野呂 (2009)、ヴォダック／マイヤー (2010)、野呂 (2014) などを参照。
3　イェーガー (2010: 82-85)、野呂／山下 (2012: 167-180)、野呂 (2014: 149-159)
4　イェーガー (2010: 76-77)、野呂 (2014: 138, 145)

談話と衝突するのではなく、支配的な談話が作る世界観や価値観とは異なる新たな形を人々に提示し、それを広げていこうとする談話である。

以下の2節では、東京電力福島原子力発電所事故調査委員会（以後、国会事故調）で委員たちをいらだたせた、原発を維持・推進する国側（文部科学省、以下文科省）の答弁を一つの例として取り上げ、その特徴の可視化を試みる。そして、支配的な談話に正面から抵抗する「対抗する談話」のありかたを考察する。3節では、支配的な談話とは異なる、新たな価値観を模索する「対抗する談話」の例として、脱原発をはじめ、既成の価値観の転換を訴え、2013年7月の参議院選で、若者を中心に新たな市民のうねりを作った三宅洋平氏の選挙のスピーチを取り上げ、その特徴を分析する。

2 硬直した道

2.1 硬直した道の談話

原発を推進する「硬直した道」を進む国における支配的な談話の姿は、論理的には容易に予想できる。日本は、事故以前から原発を推進してきた。国民に対して神話を流布させ、原発、放射性物質の危険性を隠蔽してきた。つまり、国は、原発を安価で安全でクリーンなエネルギーだと虚偽の説明をするための表現や論理を用意し[5]、さまざまな方法で広報に努めてきた[6]。事故当初は国やいわゆる御用学者たちの言葉を信じていた人たちも食物の汚染や健康被害などもろもろの事実を体験したり、見聞したりするようになってきたため、国の発言の信憑性や国民への対応に疑念を抱き、声をあげる人たちが増えてきた。しかし、そこで、原発に反対する市民の要請に応じて事故責任、原発や放射性物質の危険性、事故の現状をそのまま認めてしまっては、国としては原発を推進で

5　たとえば、高木 (2011)。
6　川原 (2014)、内橋 (2011) などに詳しい。

きなくなってしまう。推進する以上、事実関係を隠したり、ごまかしたりする方向に話を進めざるをえない。現実に汚染、被ばく状況があり、国に対する市民の不信が高まるなか、できれば事故はなかったことに、それができなければできるだけ過小評価したものにしたい国側の談話は、おのずから独特のスタイルをもったものとなる。原発に反対する市民に正面から向き合って対話をしていては推進ができないのである。これからも原発を推進する限り、次々に生じる新たな事態を隠蔽しようとする動きが強まるだろう。そして、ますます原発に反対する市民との間の緊張が高まっていくと考えられる。両者の緊張が高まれば高まるほど、より強硬な態度をとらざるをえなくなる。その結果、市民との対話を拒む硬直した談話形態が勢いをつけてくるだろうということが想像される。

　以下では、そのような硬直した道を歩む国側の談話の一例として、原発事故後の国の国民への対応がよく現われたやりとりを観察する。

2.2　国会事故調における文科省の答弁

2.2.1　コンテクスト

　ここで扱うのは、2012年1月16日に行われた「東京電力福島原子力発電所事故調査委員会」、いわゆる「国会事故調」におけるやりとりである（**資料1**）。国会事故調とは、「憲政史上初めて、政府からも事業者からも独立した」[7]原発事故調査委員会で、2011年12月に「衆参両院において全会一致で議決され、誕生した」[8]ものである。民間の10名の委員から成る。事故当時、職務上責任ある立場にいた人を中心に参考人として招致した。また、情報公開を徹底するために委員会を全て公開とした[9]。

　抜粋したテーマは「子供の20ミリシーベルト問題」と「SPEEDI（緊急時迅

7　国会事故調『報告書』「はじめに」
8　注7に同じ。
9　国会事故調『報告書』「調査の概要」

速放射能影響予測ネットワークシステム）情報」である。二つのテーマは異なったものであるが、国民を被ばくさせた、あるいは、させているという点では共通しており、いずれも文科省の管轄下で生じた問題である。

ここに登場するのは、事故調査委員会の委員数名と参考人の一人である、(当時の)文部科学省科学技術・学術政策局次長渡辺格氏である。渡辺氏は20ミリシーベルト基準の撤回を要請した福島県民の要請行動や交渉に際し、文科省の代表としてたびたび登場した人物である[10]。

「子供の20ミリシーベルト問題」とは、文科省が「幼児，児童及び生徒が学校に通える地域においては，非常事態収束後の参考レベルの1－20mSv/年を学校の校舎・校庭等の利用判断における暫定的な目安」[11]とする通知を出し、子供を被ばくさせ続けている問題をさす。この年間20ミリシーベルトは「原発労働者が白血病を発症し労災認定を受けている線量に匹敵」[12]するという。また、当時内閣官房参与だった、つまり国側に立っていた小佐古敏荘氏が辞意表明をした際に、「年間20ミリシーベルト近い被ばくをする人は、約8万4千人の原子力発電所の放射線業務従事者でも、極めて少ないのです。この数値を乳児、幼児、小学生に求めることは、学問上の見地からのみならず、私のヒューマニズムからしても受け入れがたいものです。」[13]と発言している。なお、法的には1ミリシーベルトが規制値である[14]ことから、20ミリシーベルトがいかに

---

10 「20mSv撤回要求：文科省、原子力安全委員会との交渉（2011年5月2日）」
https://www.youtube.com/watch?v=2TS9yrUtwRQ （2014年8月21日）
『20mSv』撤回を～福島の父母らが文科省に要請行動（2011年5月23日）」
https://www.youtube.com/watch?v=8CE9SxUAe7c （2014年8月21日）

11 文科省通知「福島県内の学校の校舎・校庭等の利用判断における暫定的考え方について」（2011年4月19日）http://www.mext.go.jp/a_menu/saigaijohou/syousai/1305173.htm （2014年9月25日）

12 FoE Japanのサイトを参照。http://www.foejapan.org/infomation/news/110425.html （2013年9月12日）

13 NHK「かぶん」ブログ2011年4月29日（金）「官房参与が辞任・記者会見資料を全文掲載します」http://www9.nhk.or.jp/kabun-blog/200/80519.html （2014年8月22日）

14 町田市放射線量を測る有志の会「我国における放射線量の法的規制に関す

高い数値かが窺える。

　また、「SPEEDI（緊急迅速放射能予測ネットワークシステム）」というのは、その予測情報が原発事故時の避難に利用されるべく開発されたものである[15]が、実際の福島原発事故時には住民に知らされなかった。そのため、距離的には遠いが、放射線量の高い方向に避難し、無用な被ばくをさせられた住民たちがいる。

2.2.2　子供の20ミリシーベルト問題

　ここで扱うのは、事故調という制度的場面におけるやりとりで、会話分析の言う「制度的トーク」[16]に入るものある。委員が質問し、参考人が答えるという「質問―答え」の隣接ペアが基本的なパターンとして繰り返されている。委員の行う質問の意図に沿う形で参考人が答えていれば、無標の隣接ペアとなり、スムーズに次のテーマに移っていくことになるだろうが、そうでなければ、質問側があきらめない限り、求めた答えが出るまで同じテーマをめぐり何度も隣接ペアが繰り返されることになる。参考人の行う答弁の中で、どのような言語的手段が用いられて、それにより何が実践されているかを、詳細に追っていく。

2.2.2.1　「子供の20ミリシーベルト問題」から「いわゆる学校の校庭の利用基準のお話」へ

　まず「子供の20ミリシーベルト問題」について語っている部分（1〜27）を見てみよう。（ ）内の数字は資料にある行数を示す。

　ここには委員が二人登場する。一人目の委員が最初の隣接ペアの質問(1-3)で「子供の20ミリシーベルト問題」をテーマに持ち込んだ。委員の質問内容は、

　　　　 る考察（規制値1ミリシーベルトの根拠は何か）について」http://sokutei-machida.jimdo.com/ニュース/法律上の年間1msvの根拠/　（2014年9月15日）
15　たとえば、原子力規制委員会　原子力防災ネットワーク「環境防災Nネット」などを参照。http://www.bousai.ne.jp/vis/torikumi/index0301.html（2013年10月10日）
16　「制度的トーク」については、カメロン（2012: 147-151）を参照。

〔資料1 国会事故調〕

○崎山比早子君 それから、子供の二十ミリシーベルト問題なんですけれども、最初、文科省の方は、原子力安全委員会からということをおっしゃっていて、原子力安全委員会は、そういうことを言った覚えはないということでこれを決めたのは、どなたが、どういうことで決められたということなんでしょうか。

○参考人(渡辺格君) きょう御質問の事項とはちょっと離れますけれども、いわゆる学校の校庭の利用基準のお話だと思います。これは、いわゆる一時間当たり三・八マイクロシーベルト以上であれば使用制限をするべきということで、この三・八マイクロシーベルトを導き出すために、年間二十ミリシーベルトという値を使って計算をしたということでございます。これについては、災害対策本部が原子力安全委員会の助言を求めて、その助言を踏まえて、文部科学省が教育関係機関に通知をしたという経緯でございます。

○崎山比早子君 原子力安全委員会は助言をしなかったと言っていますが。

○参考人(渡辺格君) いや、これについては助言をしております。多分、先生がおっしゃっているのは、二十ミリシーベルトを基準と言ったつもりはないというふうに原子力安全委員会が言っておられるのであって、実は基準にしたということではそもそもないんです。ただ、そこの部分において、さっき言いました三・八マイクロシーベルト・パー・アワー以上の校庭については使用制限を図るというのが、あたかも、その計算のもとになった年間二十ミリシーベルトという数字の方が基準であるかのように多く伝えられてしまったというところが、その最初の部分における説明の仕方において問題があったのではないかというようなことは多くの方から指摘を受けております。その点、リスクコミュニケーションといいますか、二十ミリシーベルト以上ならだめ、以下ならいいということを言ったのではなくて、校庭の使用のあり方の計算の一つの数字として使ったということなので、そこの説明の仕方が十分ではなかったという御指摘があり、その辺の言いぶりについて、反省をすべき点はあるのかなというふうに思っております。二十ミリシーベルト・パー・年を基準と言ったものではないということを安全委員会が言っているということは我々も承知しておりますし、我々もそれを基準だと思っているわけではございません。

○横山禎徳君 そうすると、三・八というのは、何を根拠にやるということになるんですか。

○参考人(渡辺格君) 三・八は、二十ミリシーベルト・パー・年を、いわゆるうちの外で八時間、うちの中に十六時間いたという前提の低減率を掛けて計算をすると、一時間当たり三・八ということになります。

○横山禎徳君 計算はわかりますが、どっちも根拠がないということですか。

○参考人(渡辺格君) 年間二十ミリシーベルトという基準ではなくて、校庭を使ってよいかどうかという基準といいますか一つの目安として三・八マイクロシーベルト・パー・アワーというのをお示ししたということでございます。それが、いわゆる基準という言い方だと、それ以上ならだめ、それ以下ならいいというようなものが基準でありますので、その意味でいえば、三・八マイクロシーベルトを基準という言い方をするのは正しくなくて、三・八マイクロシーベルト・パー・アワーというのは、校庭を使う場合の一つの目安というふうに、ペーパーにはそういうふうに書いてあるんですが、多くのところでいわゆる基準というふうな捉えられ方をされてしまった。その辺の説明の仕方をもうちょっと工夫すべきであったというふうに私どもも思っているということでございます。

(中略)

○野村修也君 (前略)私たちが承知しているところでは、SPEEDIの情報は海外には流れていて、それに基づいて、一定の海外での対応がとられていたやに聞いているところでありますが、そのことは文部科学省は承知しておられたんでしょうか。日本国民に対しては公表されておりませんでしたが、海外ではその情報が流れて、SPEEDIの仮説データに基づく、シミュレーションデータに基づいた対策が講じられたやにも報じられているところでありますが、そのことは事実ではないということでしょうか。

それとも、事実であるとすれば、文部科学省はいつの時点でそのことを承知しておられたのか、そして、日本との間に情報格差が生じていることに対して、文部科学省として何かの対策をとられたんでしょうか。

○参考人(渡辺格君) 先ほど言いましたように、SPEEDIのデータを公開したのが四月の末、これが遅いという御指摘があるわけでございますが、緊急時対応機関として、例えば防衛省とかにも情報は提供しておりました。その一環として、アメリカ、米軍には情報を外務省経由で流しておりましたが、外国政府に流れていたということは承知しておりませんし、外国の機関に流れていたということは承知をしておりません。いろいろな国がそれぞれ自分のデータソースでいろいろなシミュレーションをやっていたということは、報道等で承知はしております。

○野村修也君 ちょっと私の聞き方が悪かったかもしれませんが、防衛省経由でアメリカの当局に流れているということは、それはいつの時点で承知されていたんでしょうか。

○参考人(渡辺格君) アメリカ軍に対して外務省経由で流れていたということは承知をしております。

42 ○野村修也君　いつの時点で。
43 ○参考人(渡辺格君)　その意味でいうと、アメリカ軍にも行っているということなので、アメリカ政府にも行っていたと思います。
44 ○野村修也君　もちろんそうだと思いますが、いつの時点で承知されていたんでしょうか。
45 ○参考人(渡辺格君)　外務省に情報を提供したのは三月十四日でございます。
46 ○野村修也君　そうなりますと、公表の要否については具体的な決定をしなかった三月十五日、三月十六日におきましては、公表等については原
47 子力安全委員会の方に決めさせようというふうに文部科学省内部で決定されたというときには、もう既に米軍及び米政府に対しては公表済みであ
48 ることは承知していた、そういう理解でよろしいですか。
49 ○参考人(渡辺格君)　外務省経由で情報を提供していたのはいろいろ支援をしていただくためでありまして、公表という認識では私どもござい
50 ませんでした。公表についてどうするかということについては、三月十六日に、主に運用するのが原子力安全委員会になった以降、経済産業省、原
51 子力安全委員会、それから文部科学省で、公表はどうするかという検討を行っていたわけでございますが、その検討に、いろいろ関係機関、そも
52 そも原子力災害対策本部全体として検討するということもございましたので、官邸等とも御相談しながらやっておりましたので、そういう関係も
53 あって発表するということになったのがかなり遅くなったということがございます。
54 ○野村修也君　感想だけ一言。先ほど、基準と目安とか、公表と連絡とかと言葉で逃げられても、国民から見れば、公表したのであっても連絡し
55 たのであっても同じなんですね。目安であっても基準であっても同じなので、それは目安として根拠があるのかどうかと聞かれたら、やはり二十
56 ミリシーベルトというのは何かの基準として使ったということは、さっきの話でも明々白々なわけですよね。そういう意味では、言葉遊びはやめ
57 ていただいて、目安なのか基準なのかとか、あるいは公表なのか連絡なのかということはもう今後一切言わないようにしていただければなと。感
58 想です。

以下のようにまとめることができる。

> [1] 20ミリシーベルト（以下mSv）を決めたのは、文科省か原子力安全委員会か。誰なのか。
> [2] 20mSvをどういうことで、つまり、どういう経緯で、あるいは、どういう根拠で決めたのか。

　それに対し参考人は「子供の20mSv問題」を「いわゆる学校の校庭の利用基準のお話」(4) と言い換え、その内容を「いわゆる1時間当たり3.8マイクロシーベルト（以下、μSv）以上であれば使用制限をするべきということ」(4-5) と定義している。さらに、「3.8μSvを導き出すために、年間20mSvという値を使って計算し」(5-6)、これについては文科省が原子力安全委員会の助言を踏まえて教育関係機関に通知したと、その経緯を説明している (6-7)。
　会話構造上「質問—答え」が成立しているし、内容的にも、委員に対する直接的な返答ではないが、経緯を説明することで質問に回答しているような印象

が与えられる。「いわゆる」という語は、何かわかりにくい内容をわかりやすく説明する時に使われることが多いが、ここにおいても「子供の20mSv問題」をわかりやすく具体的に「学校の校庭の基準のお話」と言い換えたと感じられる。しかし、この「言い換え」はどうも相手に理解してもらおうとする行為ではなさそうである。二度用いられた「いわゆる」で、委員の持ち出した「子供の問題」が「学校の校庭の基準のお話」に替わり、「20mSv」が背後に押しやられ「3.8μSv」が前面に出てきた。これにより、「子供の20mSv問題」という言葉、そして、その存在そのものを否定するかのような論の流れが用意されたことになる。それだけではない。子供を被ばくから、健康被害から守りたい一心の親たちの、国の対応に対する大きな怒りなどを含んだ、被ばく環境で生きる個々人の現実的な問題が、20mSvではなく3.8μSvだという、小さな世界にすり替えられたのである。

2.2.2.2 「決める」から「助言をする」へ

委員の「誰が」「決めたか」(2-3)という問いに対し、参考人は「災害対策本部が原子力安全委員会の助言を求めて、その助言を踏まえて、文部科学省が教育関係機関に通知をした」(6-7)と述べているが、ここで「決める」の代わりに「助言をする」という語がとられた。「決めた」という語を受け入れたのでは、原子力安全委員会か文科省かどちらかに責任の所在があることになる。そこで、「助言」とし、「助言」の責任の所在を原子力安全委員会においたうえで、「助言を踏まえる」という表現を用いて、決定内容に関する文科省の関与を曖昧なものにしている。しかし、いくら「助言」という語で「決定」を否定しても、文科省が子供を被ばくさせる「通知」を出したのであり、決定プロセスへの関与は明らかである。

次の隣接ペア(8-17)において、委員は「助言」という語を「(20mSvを基準とすることに)決めた」の単なる言い換えと捉えたのか、そのまま採用して「原子力安全委員会は助言をしなかったと言っていますが」(14)と問いただしている。それに対し、参考人は「いや、これについては助言をしております」

(9) と委員の主張を否定している。つまり、「助言」を行った機関は原子力安全委員会だと再び主張したうえで、原子力安全委員会が助言をしたのは事実だが、20mSvを基準にしたとは言っていないし、文科省もそう思っていないと述べている (9-10)。この不可解な主張で参考人が絶対に否定しようとしているのは「文科省が20mSvを基準に決めた」ということである。しかし、原子力安全委員会が助言をしたが、20mSvを基準にしたとは言っていない、とはどういうことなのか。

2.2.2.3 「基準」「根拠」「一つの目安」

「基準」は後に参考人本人が長々と説明しているが (22-27)、「それ以上ならだめ、それ以下ならいい」(23-24) という守るべき境界線を表わす語である。しかし、またもう一つ、たとえば、「東京を基準に考えると、地方の実態が見えないよ」など、単に「（物事を比較、判断するときの）目安とするもと」[17]という意味がある。つまり、参考人は「基準」という語の持ちうる二つの意味を明確に分けて、後者の意味で「基準」を使うことを避け、「年間20mSvという値を使って」(5-6)、「計算のもとになった年間20mSv」(11-12) という表現を取っていることがわかる。このように一つの語の持ちうる、責任問題に発展しうる意味合いを避けるため、別の表現に変えて、「原子力安全委員は、20mSvという数値を使って助言はしたが、20mSvを基準とするは言わなかった」という論理を成立させていることになる。「基準」という語を用いると、前者の意味の「20mSv基準」に取られることになり、それでは「子供の20mSv問題」を認めてしまうことになることから「言い換え」というストラテジーを取ったと思われる。

2度目の回答で20mSv基準を再度否定した (16-17) ため、3番目になる隣接ペアで別の委員が、3.8μSvを用いる「根拠」を尋ねる (18) と、質問のテーマを受ける形で「3.8は」(19) と回答している。つまり、会話構造上は規則に

17　沖森卓也／中村幸弘編著 (2003/2006)『ベネッセ表現読解国語辞典』p.286

則って答えているように見える。しかし、「何を根拠に」と尋ねたのに対して、参考人はまたも3.8μSvの導き出し方を説明している。4度目の質問で委員が、計算はわかるがどちらも「根拠」がないということか（18）と尋ねると、また「20mSv基準」を否定したうえで、「3.8μSv基準」とし、今度はさらに「基準」という語を「一つの目安」に変えて、質問の焦点を全くずらした（22-27）。「根拠」という語は、その数値を用いた理由を求めるものであるため、参考人は2度とも「根拠」という語を受け付けなかった。その後委員は「子供の20mSv問題」を追及できないまま、次の質問に移った。

2.2.2.4 「子供の20ミリシーベルト問題」のまとめ

　問題の核心は20mSvという非常に高い線量を、しかも子供に強いる決定を誰がどういう経緯で、何を根拠に行ったかを明確にさせようとするものであった。しかし、元々の委員の質問のどの部分をとっても、言及回避（「子供」「根拠」）や別の語への言い換え（「校庭の基準のお話」「3.8μSv」「助言」「20mSVという値を使って」「一つの目安」）によりはぐらかされているのがわかる。どの核心部分にも到達しないように入念に一つ一つの言葉を入れ替え、その上で、「その辺の言いぶりについて、反省をすべき点があるのかなというふうに」（15-16）「その辺の説明の仕方をもうちょっと工夫すべきであったというふうに」（26-27）と反省する形を取り、この問題を単なる説明の仕方のまずさにあったと結論づけている。つまり、子供を被ばくさせるという重大な責任問題がみごとに、説明不足という問題に矮小化されて、「骨抜き」が行われたのである。なお、「その辺の」「言いぶり」「〜かな」「〜というふうに」など、断言を避けようとする曖昧性を表わす表現が多く現われるが、明確な言語表現では主張できない事情を反映していると言える。

2.2.2.5　対抗する談話

　以上、相手の求めるような質問の核心に入らずに事態を全く別の次元に変えて扱おうとするために国側が用いた「言い換え」のストラテジーは、一見質問

に答える形を取って、実のところは類似語を用いて質問には答えず、その言い換えられた語の連鎖で全く異なる意味世界や論理を創りだすというものであった。質問する側である委員は自分の提示したコンテクストの中で言い換えられた単語を理解するので、その二つの単語の共通項に注目するが、回答する参考人は言い換えた語が持つ他の意味部分を利用して、焦点をずらして質問者の意図する核心部分をうまくすりぬけようとしていた。今回の例では、すでに一度目の答弁で、言い換えによる数値の世界、計算の説明という一定の語彙、論法が用意された。そして、一旦それらが用意されると、同じ意味世界の中で同じ語彙、論法が何度も用いられ、それが最後まで守られていた。

　では、この用意された談話をくずすにはどうしたらいいのだろうか。この、感情の入らぬ、数値だけを用いた矮小化された世界から、被ばくに脅えながら生活する人々の怒りがこもった世界へ話を呼び戻すにはどうすればいいのか。一つは、今回のように、談話の作りを詳細に観察し、その特徴を可視化することであろう。そして、できるだけ多くの談話を分析し、一定の傾向を把握することで、それらをもとに、おそらくは綿密に用意されたであろう談話をくずしていく対抗手段を提示、共有していき、「言葉遊び」ができにくい環境を作り上げていくことであろう。

　少なくともこの短いやりとりから言えることは、質問者側は、相手の言い換えに鋭く反応しなければならないということである。「基準」という語を避けるために、「計算のもと」を使ったのなら、その語を逆に利用し「では、計算のもとになった20mSvはどなたが言ったんですか」とか、「根拠」という語を避けているようなら、「どうして」と言い換え、「どうして20mSvが計算のもとになったんですか」などと、相手が避けようとしている表現を言い換えて質問することも効果があるかもしれない。一定の語の回避や別の語への言い換えに、何らかの意図を敏感に読み取り、そこを追求の起点とする必要がありそうである。

　また、逆に、言い換えをあくまでも許さない姿勢で臨むこと、つまり、事実を追求する側が用意した表現や談話形態をくずさないということも重要かもし

れない。自分達が最初に使った表現を固持することにより、攻められた相手が事実を言うことから逃げ切れなくなる可能性があるからである。以下で分析する「SPEEDI情報」のやりとりでは、こうした強い姿勢が見られた。

2.2.3 SPEEDI情報

上記の「子供の20ミリシーベルト問題」では、委員は提示した質問に対する回答を参考人から引き出すことができなかったが、ここにおいては回答を得ることに成功している。そのやりとりを詳細に見ていく。

委員は、以下のような論法を用いて（29-34）、SPEEDI情報の扱いについて質問した。

　　［1］以下の情報は事実か、事実でないか。
　　　①SPEEDI情報は国民には公表されていなかった。
　　　②海外には流れていた。
　　　③海外ではSPEEDIのシミュレーションデータに基づいた対策が講じられていた。
　　［2］上記の情報が事実だとすれば文科省は
　　　①いつの時点でそれを承知していたのか。
　　　②（海外と）日本との情報格差に対し、何らかの対策をとったのか。

それに対し、参考人は［1］の①に関しては4月末という公開時期が遅いという指摘があることを認め（35-36）、②に関しては、「アメリカ、米軍には情報を外務省経由で流して」（36-37）いたが、「外国政府や外国機関に流れていた」（37）ことは知らなかったとしている。つまり、アメリカ、米軍には（文科省が）情報を「流した」と他動詞で述べて、文科省が情報を流した動作主体であることを認める一方、後半部では自動詞「（情報が）流れる」を用い、それが外国政府、機関に流れた事実は知らないと発言した。③に関しては、委員が「その情報（＝文科省のSPEEDI情報）」（31）と聞いたのに対し、参考人は「い

ろいろな国がそれぞれ自分のデータソースで」(37-38) と述べ、その情報源が文科省であることを否定し、参考人はその情報を単に報道等で知ったとしている。

　[2] の①に関しては参考人が発言していないため、委員は「アメリカの当局に流れているということは、それはいつの時点で」承知していたか (39-40) と尋ねる。ここで、委員が「いつの時点」と尋ねるのは2度目である。参考人のストラテジーとして巧みだと感じるのは、参考人自らが文科省を主語とした能動文で「情報を流していた」(36-37) と言ったにもかかわらず、委員が「情報が流れていた」という自動詞に後退させて表現した、あるいはしてしまったのを受け継ぐ形で次の回答で「(情報が) 流れていたと」(41) という自動詞文を用いたことである。こちらの表現の方が責任の所在が見えなくなる。さらに「流れていたことは承知をしております」と表現することで、参考人は文科省を「情報を流す」という積極的な動作主体からその事実を「承知する」だけの消極的な関与者に後退させている。委員が「いつの時点で」というwh疑問文で尋ねたのに対し、回答はその残りの部分（アメリカ軍に対して外務省経由で流れていたこと）の確認となっている。すなわち「いつの時点で」という質問に参考人はまだ答えていない。そこで委員は3度目に「いつの時点で」(42) とその点だけを尋ねた。この短い直接的な質問から逃れられないはずの個所で「その意味で言うと」という表現が現われ、前の発言内容 (41) が修正されたのは、とにかく返答を避けるための一つのストラテジーであったのだろう。そして、4度目になる「いつの時点で」(44) を委員が繰り返すと、さすがにもう逃げ切れず、今度は能動文を用いて、外務省に情報を提供したのは3月14日だと明言した (45)。委員の執拗に繰り返す質問で、国民には公表しなかったが、3月14日の段階で既にアメリカに情報を流していた事実がこの時点で明るみになったのである。

　委員がその回答を受け、国民に対する公表の要否も決定する以前に米軍、米国に公表済みだったことを確認する (46-48) と、文科省は「情報を提供していた」のは支援をしてもらうためであり (49)、「公表という認識」ではなかった (49-50) と「情報提供」を「公表」と区別し、米軍への「公表」という行

為を否定している。情報提供の目的を米軍に支援をしてもらうためだとしたが、国民を避難させるための国民への情報提供は行われなかったということを意味する。なお、4度にわたる質問でようやく核心の3月14日という時点が明らかになったからか、[2]②の海外との「情報格差」に関する追及は行われなかった。その後委員は、これまでの参考人の発言の、言い換えによる「言葉遊び」に対し、「もう今後一切言わないようにしていただきたい」(54-58)と怒りを表している。

　これらの応答はなぜ人をいらだたせるのか。国民を被ばくさせるような重大事態であるにも関わらず、明らかに国には、国民の命より優先させるものがあるということ、それを隠すため、また、責任を逃れるために、さまざまな「言葉遊び」を駆使して、事実と遊離した世界を作りだしていることを見てとり、そこに狡猾さ、非情さを感じるからであろう。原発を推進する姿勢をとるかぎり、次々に生じる事態に対し、言葉で取りつくろわざるをえない。国が原発を強引に進めれば進めるほど、原発情報が隠蔽され、何らかの「話」や「論理」、そのための語彙が用意されることになる。

2.3　委縮するコミュニケーション

　以上、「硬直した道」の典型だと思われる談話を分析したが、ここでは、そのような談話がはびこる社会におけるコミュニケーションは、どのような様相を呈するのか、また、社会的にどのような影響を及ぼすのかについて考察してみたい。

　国が原発事故の現状を隠蔽する方向に進むと、隠蔽に手を貸す人、隠蔽を強いられる人々が現われることは必至である。そして、社会全体が発言の自由が束縛される重い空気に覆われるようになる。その結果、国民はその空気に自ら進んで、あるいは委縮しながらも従おうとする人と、そうした空気の中でも反対の声をあげる人に分断されることになる。特に、メディアなどにおいて事実を述べることが身の危険や失職につながるようになる状況では、たとえ国民、特に子供達の命に関わるようなことであっても、関係者は自分達の生活を守る

ために口を閉ざさざるをえなくなる。人間の持つ感情を抑え、虚偽の世界を口にするようになる。そうした状況は、命の尊さを理解できる、あるいは感じられる人間であれば耐えがたいものであろう。

　ここで簡単に上記のSPEEDI情報に関する情報格差についての筆者の個人的な出来事を紹介したい。それは、原発を進める日本の今のコミュニケーションのあり方と深く関わっているからである[18]。ドイツ在住の筆者は、2011年3月11日東日本大震災当日に、あるラジオ局から「原発をどう思うか」とインタビューされた。すでに地震当日に原発について聞かれたのである。すなわち、原発の非常に危険な状況が何らかの形で既に情報、あるいは推測として伝わり、それに関する認識もインタビュアーは持っていたことになる。一方筆者は、地震や津波のタイムリーな情報も一切把握していなかったなかで、原発に関する知識の欠如からその質問の意味すら把握できなかった。その後テレビでは福島原発事故の非常に危険な状態が繰り返しニュースで流れていたが、NHKでは主に計画停電のニュースが流れていた。ドイツのニュースから被ばくを避けるためには風向き情報が重要だと知るようになったが、NHKのニュースでは特にそのような情報は流れず、ニュースの後に通常の天気予報が流れていた。ただある時点から、天気予報で風向きが先に報道されるようになった。だが、それに関する説明が一切ないことが非常に不思議だった。しかし、ようやくその謎が上記の国会事故調のやりとりで確認できただけでなく、その事情も以下の情報で明確になった。元NHKアナウンサー堀潤氏が、NHKが文科省の方針に従って避難に必要な情報を報道しなかったことを震災後2年を経て、ツィッターで謝罪したのである[19]。また、堀氏は、あるインタビュー番組[20]で、以下の

18　この情報格差に関する経験は野呂／山下（2012:161）でも触れた。
19　「震災から2年。原発事故発生のあの日私たちNHKはSPEEDIの存在を知りながら「精度の信頼性に欠ける」とした文部科学省の方針に沿って、自らデータを報道することを取りやめた。国民の生命、財産を守る公共放送の役割を果たさなかった。私たちの不作為を徹底的に反省し謝罪しなければならない。」（2013年3月11日）　https://twitter.com/8bit_HORIJUN/status/310985898982510592　（2014年9月15日）
20　（2013年5月24日発信の古賀茂明と日本再生を考えるメールマガジン

ように述べている。

　たとえば当時、こんなこともありました。NHKでは気象情報を頻繁に流したんですが、とくに詳しい解説をせずに、風向きについて重点的に放送したんです。深夜の時間帯も、基本的には気象庁が発表する風の向きの画面を流してニュースとニュースの間のつなぎにしたんですね。これは僕らからしてみると、原子力発電所の状況が悪化しているので、風向きの情報を出すことによって、視聴者が自身で判断していただく、という意味を込めているんです。放送では「いま北西の方向に風が向いているので、風下になる地域の方は避難してください」とはなかなか言えないけれども、風向きを出すことによってわかってもらおうと。

　SPEEDIの存在を知っていたNHKが、地震や津波警報でやっているように、なぜストレートに「風下になる地域の方は避難してください」と言えなかったのか。NHKが国の方針に従い、国民の命を最優先しなかったことが明らかになったのだが、同時に、そこで働く人達の、人間的でありたい、事実を発言したいという自分を、左遷や失職などの恐怖から抑えざるをえない、口をつぐまざるをえないという、原発を進める国のコミュニケーションのもう一つの姿が浮き彫りになった。命より利権が守られる国策のなか、多くの国民が情報源とするメディアで事実を発信できない現実がそこにある。これが途方もない規模の事故後も原発を推進する国の「硬直した道」の事実なのである。「危ないから逃げてください」と素直に、当たり前に言える社会を作る可能性はないのだろうか。それには少なくとも二つの可能性があるのではないかと考える。一つは2.2で見たように、「硬直した道」を進む国や官の作る言葉の世界の虚構性を市民が批判的に見抜き、切り込む力をつけることである。もう一つは、「硬直した道」で支配的な談話そのものの意味連関を否定するような新たな談話のあ

　Vol.058、書き起こし6月25日特別版)

りかたを、そして、言葉と現実が遊離しない社会のあり方を探ることである。

3 「やさしい道」への可能性

3.1 ユンクが描く「やさしい道」

　1節で紹介したユンクは『原子力帝国』の最後の章を「Ausblick: Der sanfte Weg」(展望：やさしい道[21])と名づけ、「硬直した道」から脱する可能性を述べている。彼は新たに生まれた、原発に反対する運動に加わる人達を、「絶えず行われる対話や、新たな試みを通して人間にふさわしい生活はどのようなものかを探究して」(ユンク 1989: 234)いて、「厳密で、包括的で、そしてなにより批判的な知識を身につけていることが多い」(同: 236)と、また、「つつましさ、公平、自然との結びつき、美しいものへの愛、感情の肯定、参加、想像力／創造力の解放」(同: 240)など、人間が人間らしく生きるための価値を主張すると描写している。そして、「硬直した道」を歩む人達は自分達の「決定に頑固に固執することによって、将来生じるであろう比較にならないほどの大きな災禍の危険をあえて冒そうとする」(同: 241)が、「やさしい道」を歩もうとする人達にとって希望はあるのか、とユンクは問いかけ、環境に「やさしい技術」の発展に期待を寄せる。また、「やさしい道」を選ぶ人々の新しい生き方、価値観が拡散するよう、「電波」(今ならソーシャルメディアであろう)の役割を重視する。最後にユンクは言う。

　　一時的には、原子力帝国が力ずくで突き進み、権力をもたない新しい国際的な運動を地下の墓地に追いやることがあるかもしれない。しかし、

---

[21] 山口祐弘氏の訳では「展望：柔軟な道」となっているが、筆者はsanftを「やさしい」と訳したい。「柔軟」だと心のやさしさというニュアンスまで伝わらないと考えたからである。

近代技術のうえに成り立つ専制政治は、以前の権力支配よりも強力であると同時にまたもろさもそなえている。最終的には水のほうが、石よりも強いはずだ。(同: 242-243)

　ユンクが1977年の時点で書いたこの新しい運動は福島事故後に自然発生的に広がっていった日本各地のデモと非常に似通っている。組織に頼らず、個々人がそれぞれの意志で運動に加わる。それぞれの怒りを自分たちの言葉で表現する。政治に関わらなかった人達がツィッターなどを通して発言し、意見、情報を拡散していく。そこここの小さなグループが対話し、連帯して、やがて大きなうねりになっていく。石のようにかたくなに原発を固持し、原発事故を矮小化し続ける国においては、ますます言論の自由を抑えようとする動きが強まっていくだろう。しかし、国が「硬直した道」を歩めば歩むほど、それに対抗する談話も勢いがつく。その動きについて以下で観察していきたい。

3.2　三宅洋平の選挙フェス

3.2.1　コンテクスト

　2012年7月に結成された緑の党の推薦を受け、2013年7月の参議院全国比例区に立候補した、一般にはまだ無名であった三宅洋平というミュージシャン（以下、三宅洋平）が選挙戦において、新しいうねりを起こした[22]。選挙演説に集まる人々、ブログ、ツィッター上で拡散されるメッセージからこれまでの選挙とは大きく異なる運動が生じたことがわかる。その背景には国民の声を聞こうとせず、『原子力帝国』の道を走る国に信頼をなくした人々、閉塞感を抱い

22　三宅氏の得票数は17万6970票で、これは当選した自民党の渡邉美樹氏の10万4176票や、丸山和也氏の15万3303票より多い。社民党で唯一当選した同党幹事長の又市征治候補の15万6155票よりも多かった。(ハフィントンポスト 2013年7月23日 http://www.huffingtonpost.jp/2013/07/22/miyakeyouhei_n_3634080.html)　2014年9月10日

ていた人々が多くいたのではないだろうか。

　三宅洋平の何が人々の心を動かしたのか。言葉だけではなく、言葉を発するリズミカルな声、表情、ジェスチャー、身なり、ステージの作りなど、彼の「知」全体を構成するテクストおよびコンテクストが既存の常識を覆すものであった。ここでは、投票日前日の2013年7月20日のスピーチを例にとる（**資料2**）。2節同様、談話的実践の特に言語的手段に焦点を当て、その特徴を描き出したい。3.2.2から3.2.4までは単語をめぐる実践に、3.2.5から3.2.6までは論法をめぐる実践に注目する。

3.2.2. 既存語の言い換え

　2節で「言い換え」を行うことで、全く異なる意味世界が作られる様子を見てきた。「言い換え」という談話的実践は、通常、「言い換え」そのものが目的ではなく、相手に理解してもらうためや相手をはぐらかすためなど、何かを意図して行われると思われる。ここにおいても「言い換え」が大きな意味を持っていた。三宅洋平は「選挙戦」という既存の語を「選挙フェス」という新しい語に言い換え、街宣車ではなく、ステージに立った。この「言い換え」と、それに伴う彼の実践のなかでどのような意味世界が用意され、何が意図されたのだろうか。

　まず、「選挙戦」など選挙で用いられる「戦争メタファー」が語彙選択において拒否される。思想面においても、「戦い」「争い」が否定される。また、「フェス」、つまり、「祭り」とすることで本来の「政（マツリゴト）」と祭りが一つとなる。その結果、政治談話、日常会話、音楽といったジャンルが境界なく融合されることになる。参与者のカテゴリー関係から見ると、「選挙戦」の場合、（戦う）候補者とそれを聞く聴衆となるが、「フェス」となると、祭りを演じる人、楽しむ人全員が参与者となる。街宣車に代わる祭りのステージでは、選挙戦に定番の服装（スーツ姿に白手袋、たすきがけ）が否定され、Tシャツに短パン、野球帽という、これまでの選挙戦ではあり得ないカジュアルな姿の三宅洋平が登場し、祭りのステージが作られる。こうして、「戦い」が否定され、普

〔資料2　三宅洋平選挙フェス〕

YAHMAN!!。緑の党、推薦候補、全国比例区、三宅洋平です。初めましての方もいつもながらの方も今日はあと数十分よろしくお願いします。なんせ、明日が投票日、国が右行くか左行くかを決める大事な日。知らない奴の意見にもぜひ声を傾けてほしいんです。もう数十万が日本で動き始めたこの動向、ムーブメントを、新聞が伝えない、テレビが伝えないと文句を言う時代は終わりました。ありとあらゆるメディアが僕のところへ取材に来てます。あとは、時代の闇や悪を暴露する時代ももう終わりです。変わったんだということを、強く優しく大きく太く伝えていきましょう。まだ認められないという事情がある人達の事情も鑑みて、一人一人にわかる言葉を探して、俺が福祉政策を語るよりも、あなたが三宅洋平や山本太郎についておじいちゃんおばあちゃんに語ってくれることの方が、はるかに、おじいちゃんやおばあちゃん達の関心を呼べるんですよ。みんな、メディア、みんな、政治力、俺とあなたの質量一緒。あなたが山本太郎であり、三宅洋平。もうのさ、環境とかをないがしろにした経済のありかた、うんざりなんだよね。じゃあそれをロジカルにどういう風にできるか、おまえ、答え出してから口開けよって言う奴がいるんだ。いやいやいや、冗談じゃないよ。おかしいって思うことは腹の底からおかしいって言いたいんだ。放射能だって俺は恐れてる。ほんとはここにいるみんなだってマスクしてなきゃいけないんじゃないの？そういう状況だよ。俺が国だったらそう言う。これ、このマスクいいよ、今日。ヘンプ、オーガニックヘンプで作ったこのマスクは密閉度は低いけど気分はいいよ、好きに選びなってって。それ教えるのが国の親心だろ。じゃなきゃ何の国なんだよ。何の政府なんだよってことを僕はほんとに言いたいんです。情報を経済にとって都合のいいように操り、その機構のなかで働く人々は自分の思いとはかけ離れたもう一つの自分を作り、その中で我慢して生きるから、自由に生きる人を咎めるようになる。そういうことが連鎖する社会をもう終わりにしたいんです。警察官だって公安さんだって、みんな役割があってやってんですよ。家族もいる、明日や明後日に月給もらえなくなったら困る。だけど、それは全員一緒だってこと。忘れてほしくないんですよ。官僚や公務員のみなさんほど安定してませんから、ほとんどの人の生活は、荷揚げやりながらバンド続けてたこともあるけど、俺はバンドっていう夢を持ってるから、気持ちは解決できるよ。だけどアスベストまみれの環境の中で、明日も明後日も死ぬまでずっと働くって決めてる親方とかに俺は世話になってきて、ああこの人は何十年もこれをやって生きていくんだなって思ったよ。もっとそういう社会のさ、大動脈、血流になってる人達に、もうちょっと富が流れたっていいんじゃないの？そういうこと言うのが共産党以外にいてもいいんじゃないの。共産党だって社民党だって、こういう名もなき市民といっしょに手を携えていこうよ。政治の力学なんて俺達が変えられるんだよ。政治の分母を変えちまえばいいんだから。自民党の得票数、前回の衆議院議員で1700万票。選挙に行かなかった人が4000万人。日本で最大の勢力は政治なんかださくって興味ないねっていうある意味まともな人達なんだよ。そういう人に振り向いてほしい。(中略)だけどその大地を今まで守って生きてきたのは、その、たとえばそこの500人の島民だったりするんだよね。民主主義は多数決じゃダメなんだよ。民主主義ってはは、すべての人がラウドマイノリティ。大きな声を出すマイノリティであれるシステムにしなきゃだめだと思うんだよ。全ての個人には自分の思いがあって、全てのコミュニケーションは誤解と自己解釈の連続なんだ。誰もわかり合えないんだよ。だから話し合って和をとるために、政治と民主主義と議会政治を人間は発明したんだよ。(中略)大前提は何？絶対に相手を殺さない。これが民主主義の大前提なんだ。そのためには殺し合いをしないために極限まで自分の意見と自分の意見をぶつけ合うんだよ。それをアイヌの言葉でもチャランケっていう。民族と民族が今、明日まさに開戦前夜、明日から戦争ですよっていう日に、最後にその武力闘争をさけるために、部族長と部族長が話し合い続ける。それをチャランケっていうんだよ。国会を俺はチャランケの場に戻したいよ。絶対に武力闘争しないために、国会でちゃんと話したいんだ。俺達の意見持っていこうぜ。俺と太郎ちゃんと二人だったらさ、結構できるぜ。ましてや緑の党が2、3議席取れたらもっとやれるね。山田さんだっているよ、超がんばってほしい。俺達は心の超党派なんだよ。(中略)選挙の最終日だからちょっとすごんじゃってるけど、気持ちよく伝えるとこんこ考えよう。ビートがあれば伝わる。メロディがあれば伝わる。色を付ければ伝わるのか。踊れば伝わるのか、語らなくても伝わるのか、口が下手な人でもどうやったら選挙に出れるのか。口が下手な人の利権も代表すべきだよ。そういう社会を作りたい。多様でカラフルで誰も否定しないんだ。だから俺達みたいなものは新しい波だからネットでもばしばし叩かれるよね。俺もぼろぼろ、結構ぼろぼろ。ネトウヨの一言にいちいち傷つくんだよ、俺は。真に受けるから。こいつとも話し合いて一し、わかり合いて一と思うんだよね。だから傷つくんだよね。あられもない誹謗中傷。俺は絶対そんなことやりたくない。俺達は絶対そんなことやりたくない。中国となんて戦争したくない。戦争なんかもう古いよ、古い。もう人類

は気付いたんです。緑の党は全世界に90カ国のネットワークをもってるでしょ。脱戦争経済ってのは、世界市民が同時に消費動向を変化させなきゃ行けないんだよ。何気なく使ってた銀行のATM、メガバンク。そのお金がアフガニスタンやイラクで爆弾になってる可能性もいっぱいあるんだよ。何気なく飲んでるスターバックス、それだってよくわからねえぜ。俺も飲んでるけどね。清濁合わせ飲んでいこうよ。まず知ることさ。選挙や政治に意識を持つことから、自分の言葉を得るんだよ。(中略)お前がそうとしか思えないように、俺はこうとしか思えないんだよというところから、70億人の価値を全部大事にするのが、もう一回言うけど、政治なんだよ、民主主義なんだよ。全然忘れてるね、今の議会政治は。(中略)僕うのに、イージス艦2隻買うのに4000億円使ったらしいけど、10日ほど前に。国防ですよね、戦争の抑止力ですよね。そのうちの1艦我慢して、僕達に2000億円の文化事業費をくれたら、中国や韓国と市民と市民、官民一体になってつながり合う巨大な文化プロジェクト、やりますよ。イージス艦1機分の金で俺は戦争の抑止力作る自信があるよ。みんなと一緒に。何万、何十万、何百万人のもう既にある声と一緒に、それをオーガナイズするよ。俺達は今回17日間、ビラ25万枚、ポスター7万枚、そして各地に何千人何万人の人を、2000万円のみんなのボランティアで集めたんだよ。2000万円のカンパで。600万円は国に預けた供託金。1400万円でやってんの。2000億円も預けてみな、とんでもないことやるぜ。ワールドピースガバメントつくるぜ。(中略)戦争経済なんかもう要らないの。パレスチナもイスラエルも争ってる暇がないんだよ。地球のエコシステムはもう5年ももたないぜ。やろうぜ。子供達に世界を作ろうぜ。俺はみんなを信じてるよ。信じてる。語れ。あと数時間、伝えろ。語れ。この古きゆかしき選挙システムは今回で最後だから。そんなかでみんなのベストを尽くして。士族から変えようよ。親切で滑らかでスムーズでソフトで誰もギロチンにかけない革命。革命ですらない革命。俺達の日々の営み選択全て、それが革命だよ。信じてます。(中略)じゃあ、日本国の憲法と政府ともろもろ、天皇さんも聞いてるかな。もう忘れちゃったのかな。これのこと。僕の今日のスピーチの最後は憲法9条を読みます。僕達はこれを世界に宣言してるんです。こういう国だと僕達はって宣言したんです。それと現実を見比べて今の政権が言ってることを比較して、自分で未来を選んでください。僕は憲法9条を支持します。1、日本国民は、正義と秩序を基調とする国際平和を誠実に希求し、国権の発動たる戦争と、武力による威嚇又は武力の行使は、国際紛争を解決する手段としては、永久にこれを放棄する。さんざっぱら喧嘩してきたんだよ俺。ゴルゴ13が来たってね、返り討ちにする自信があるよ。だけどね、喧嘩に先はないよ。俺はもうこりごりなんだよ、闘いは。人類の歴史からもう争いをなくす時なんだよ。とってもださいんだよね、それは。もう変わる時だよ。何万年越しに達成したんだよ、人間は。もう歴史は変わった。あとは教えてってあげましょうね。これを生み出すために何百万人が死んだか。何千万人の母親が涙を流したか。これはね、GHQに押し付けられた憲法じゃないよ。あの時の日本人のこりごりした心からの叫びだね。財布取られないで、持ってかれたりしない国のスタンダードを世界のスタンダードにして、戦争ボケてるやつらに平和ボケがどんだけ楽しいか教えてやろうよ。最後に2番、前項の目的を達するため、陸海空軍その他の戦力は、これを保持しない。国の交戦権は、これを認めない。これが日本人なんです。YAH MAN！！ 正しい選択をしてください。17日間ありがとうございました。すべてのスタッフに大きな拍手を。集まってくれた全ての努力に拍手を。あと数時間伝え続けてください。みんなに伝え続けてください。そして選挙の結果如何に関わらず、もうムーブメントは起きたよね。これはムーブメントじゃないよ。エイジ。時代なんだよ。エイジ。ムーブメントは終わっちゃうけど。エイジは時代の区切りなんだよ。これは鼻の効く奴らが早く気付いたんだよね。鼻の効くバカこそ今の世界に必要だぜ。山本太郎や三宅洋平や、共産党の吉良よし子さんや、みんなね、体張って正しいこと言ってんだよ。山田正彦さんもそう。子供達にもわかるような話。実行しましょうね。明日の投票日の後、全く新しい日本の景色がそこにあることを僕は信じています。I BELIEVE IN YOU。I BELIEVE IN MIRACLE。YES I SAY PEACE！

http://blog.livedoor.jp/takeyabu31/archives/52119033.html を元に一部訂正省略

段着姿の候補者と聴衆が一体化して楽しむ「祭り」が「選挙演説」の場として用意された。

「選挙戦」から「選挙フェス」への「言い換え」はスピーチレベルの選択とも連動する。彼は徹底した話し言葉を用いることで、聴衆と自分を「水平的関係」[23]におこうとした。それに伴い、選挙でよく聞こえてくる「みなさまのご協力を」などの敬語の使用は一切なく、「俺、僕（たち）」と「あなた／みんな」の関係が築かれた。「水平的関係」は「親疎関係」の「親」の関係をつくる。カジュアルな普段の親しい関係である。「参議院選挙への立候補宣言」では、それを「いつものスタンスで、マツリゴト」[24]と表現している。政治を普段の場に、あるいは普段の場を政治に持ち込み、政治家と一般民衆という「上下関係」および「疎」の関係の壁を取り払ったのである。

3.2.3　既存語の「再定義」

三宅洋平はスピーチで、既存の語を再定義し、全く新しい意味をその語に付与するという談話的実践を何カ所かで行っている。「メディア」がその一例である。一般的に「メディア」とは、新聞、テレビなどの「マスメディア」を指す。そこには情報を与える「メディア」とそれを受容するだけのマス（大衆）がいるが、彼は、その受動的な存在であるマスを、「メディア」そのものに、つまり、自分で考え、事実を調べ、知ったことを自分の言葉で人に伝える能動的存在に変えた。聴衆を「メディア」「政治力」と位置づけ、これまでの国民不在の政治や選挙を、日常の人々の場に引きずりおろし、聴衆個々人を候補者と同じ位置に置き、また、選挙の担い手として力を与えた。

> みんな、メディア、みんな、政治力、俺とあなたは質量一緒。あなたが山本太郎であり、三宅洋平。(6)

23　フレイレ（1982: 99）
24　三宅洋平　日本アーティスト有意識者会議（N.A.U.）「参議院選挙への立候補宣言」http://miyake-yohei.jp/ （2013年10月9日）

また、政治の「最大の勢力」は自民党であるが、彼は、いわゆる無関心層と言われる、選挙に行かない人々に対し、「政治なんてださくって興味ないねっていうある意味まともな人達」(19)とポジティブな解釈を行い、それを「最大の勢力」(19)と呼んだ。
　情報伝達を意味する「コミュニケーション」を、「全てのコミュニケーションは誤解と自己解釈の連続なんだ。誰も分かり合えないんだ」(22)と描写し、「だから話し合って和をとるために、政治と民主主義と議会政治を人間は発明した」(22-23)とする。ここで三宅洋平のいう「和」も、個性が没する和ではなく、個々人の多様性を認める和、何となく分かり合える和ではなく、分かり合えない和である。
　三宅洋平は、多数決を基盤とする代表性民主主義を否定する。そして、声ばかり大きい少数派を意味する「ラウドマイノリティ」という語をポジティブに価値転換させ、民主主義を定義し直す。

　　　民主主義は多数決じゃダメなんだよ。民主主義ってのは、全ての人がラウドマイノリティ。大きな声を出すマイノリティであれるシステムにしなきゃだめだと思うんだよ（20-21）

　「多様でカラフルで誰も否定しない」(29)社会で、「70億人の価値を全部大事にするのが」(36)政治であり、民主主義だとして、個々人が政治に参加できる参加型社会、あるいは「草の根民主主義」を訴える。ちなみにこの「あれる」という「ある」の可能形も、どんな弱者も政治的発言が許容されるという、やさしい社会のありかたを表現する新たな用法だと思われる。
　戦争経済のコンテクストの中で武器の購入や武装など軍事力を強化することが「戦争の抑止力」になるという権力側の発想を、「武器」を「文化」に置き換えることでみごとに逆転させ、本当に戦争を抑止するのは文化の力だと主張する。

その（筆者注：イージス艦）うち一艦我慢して、僕達に2000億円の文化事業費をくれたら中国や韓国と市民と市民、官民一体になってつながりあう巨大な文化プロジェクトやりますよ。イージス艦一機分の金で俺は戦争の抑止力作る自信があるよ。(37-39)

　戦争に反対し、戦争メタファーも選挙フェスという祭り、政（マツリゴト）の世界に転換した三宅洋平だが、意外にも「戦い」を連想させる「革命」という語を用いて自分達で世界の歴史を変えようと呼びかける。しかしそれを「親切で滑らかで誰もギロチンにかけない革命。革命ですらない革命。俺たちの日々の営み選択全て、それが革命だ」(44)と「革命」を新たに定義する。経済重視の価値観を変化させ、日常生活の見直しを図ることを「革命」、「革命でない革命」と表現しているのである。

3.2.4　新語の導入

　響きの新しい語を導入したり、既存の語と語を新しく組み合わせたりする談話的実践も見られる。そのことで、やはり発想の転換を促していると思われる。たとえば、名もなき市民を「政治の分母」(18)と表現することで、政治の分母を変えれば政治の力学が変わると、無力な市民に力を与え、選挙に関心を向けるよう訴える。

　また、殺し合う前にとことん意見をぶつけることを意味する、アイヌ語の「チャランケ」(24)という語を紹介し、国会を「チャランケの場」(25)に戻したいと主張する。マイノリティのアイヌのこの言葉を民主主義の基礎をなすものとして提示し、選挙フェスのキー概念としている。

　以上、語彙レベルの言語的手段、「既存語の言い換え」「既存語の再定義」「新語の導入」について観察してきたが、次に論の運びや論拠の提示について見てみたい。

3.2.5 論の運び

　三宅の「普段／個人」と「政治／公」の融合は、スピーチ内容だけでなく、彼のスピーチの論の運び方にも多く見られた。それは、個人の普段の体験から始まって、やがてその連続体で国、世界のあるべき姿を描写するという手法である。ここに例を挙げる。

> 　ネトウヨの一言にいちいち傷つくんだよ。(中略) あられもない中傷誹謗。俺は絶対そんなことやりたくない。俺達は絶対そんなことやりたくない。中国となんて戦争したくない。戦争なんかもう古いよ。古い。もう人類は気付いたんです。緑の党は全世界に90カ国のネットワークを持ってるでしょ。(30-33)

　ネトウヨから受けた中傷誹謗という行為を強く拒絶する「俺」が「俺達」となり、おそらくはネトウヨの発言内容をほのめかしながら、「中国との戦争」に異議を唱える。そして、「人類」はもう「戦争」自体を過去の産物だという認識を持っているとする。この「人類」とは、全世界の「緑の党」[25]とその思想を共有できる人達のことを指すとも考えられるが、「喧嘩に先はないよ。俺はもうこりごりなんだ、闘いは。人類の歴史からそう争いをなくすときなんだよ。とってもださいんだよ、それは」(49-50) という発言からだと、地球規模で戦争をなくす必要性を訴えるために「人類」を用いていると解釈できる。これらの論の運びは、選挙フェスに集まった人々の日常生活、日常的な感情と政治、世界情勢が一線上につながる効果をもたらすと思われる。

25　「エコロジカルな知恵」「社会的公正」「参画型民主主義」「非暴力」「持続可能性」「多様性の尊重」(グローバル・グリーン憲章2012) を原則とする、世界の90の国や地域でネットワークを持つ政党、政治団体。http://greens.gr.jp/world/ (2014年9月26日)

3.2.6　論拠

最後に論拠をどのように提示するかに注目したい。

> もうこのさ、環境とかをないがしろにした経済のありかた、うんざりなんだよね。じゃあそれをロジカルにどういう風にできるか、おまえ、答え出してから口開けよって言う奴がいるんだ。いやいやいや、冗談じゃないよ。おかしいって思うことは腹の底からおかしいって言いたいんだ。(7-8)

人間の持っている感情、感性が、今の経済のありかたに危険信号を発している。ロジカルな回答を待つより、それが十分な論拠だと、今の世界の危機的状況を把握し世界を変えるためには一生物である人間の身体性、感性に信頼を置くよう訴える。数値などに基づく、ロジカルではあるが、経済最優先で人間性を顧みない見方に対し、人間的な感情が十分な論拠を形成するという点で、こうした捉え方は1.1で見たユンクとも共通するものである。

以上、三宅洋平の談話的実践のいくつかを見てきた。語彙、意味、文体、論の運び、論拠の提示等々、談話のさまざまなレベルを使って、支配的な談話の持つ意味を変化させ、市民参加型民主主義、脱原発、脱戦争経済、脱経済至上主義、今回は触れられなかったが農業の重視等々の主張を創りだしていることがわかった。三宅洋平の生活スタイル、価値観、思想が彼の言葉、行為、身なりなどの対象物を通して一つの有機的なコンテクストを作り上げており、それが人々の心に共感を呼んだのだろう。まさに「硬直した道」における社会観、コミュニケーションなどその全体的なコンテクストをくずす「対抗する談話」を実践しているといえる。ただし、「闘争」メタファーを否定する三宅は、対抗する知の広がりを「日本で動き始めたこの動向、ムーブメント」(2、55)「新しい波」(30)「エイジ、時代」(55-56)と形容している。

4 まとめ

　本論は、ロベルト・ユンクの『原子力帝国』の「硬直した道」を概観し、福島の原発事故はなかったかの如く演出する日本の政治、社会状況と重ね合わせ、原発とコミュニケーションについて考察した。国会事故調の答弁を「硬直した道」の談話の一例として、主に「言い換え」という言語的手段を用いた談話を分析した。事実を隠蔽する国の方針に従うメディアとそこで働く、自らの倫理感を自制せざるを得ない人達の委縮するコミュニケーションの例も見た。
　また、そうしたコミュニケーションに「対抗する談話」について考察した。一つは、「硬直した道」の談話は、言葉遊びが多いため、詳細に談話分析をすることで、その作り、および、よく用いられる言語的手段を把握すること、そして、その知識を実際のコミュニケーションの場で利用することの必要性を見た。もう一つは、ユンクが描く「やさしい道」および2013年参議院選挙に立候補した三宅洋平のスピーチを例に、脱原発社会を指向するコミュニケーションの姿を「対抗する談話」と捉えた。ユンクと三宅洋平の両者に共通するものは、人間にとって本当に大切なものは何かという非常に簡素な、したがって根源的な問いかけであった。脱原発とは単にエネルギー政策に関する一つの選択というものではなく、何より、平和、民主主義への道、地球規模の環境保護と位置づけられなければならないと考える。『原子力帝国』を脱しないかぎり、世の中は嘘がベースになった談話が幅を利かせ、人々はさまざまな言論抑圧に対し、委縮した日常を営まざるをえなくなる。筆者がここで示したのは、原発推進の談話と脱原発の談話の二項対立ではない。そうではなく、このまま進むと本当に取り返しのつかない事態が生じると予想されるからこそ、そこから抜け、希望ある社会を築くためには、言葉と現実が遊離していないか、批判的に社会を観察し、声を上げる市民が増える以外にないということを言いたかったのである。
　ドイツ政府が脱原発を決断するまでにおよそ40年にもわたる推進派と反対

派の闘いがあったという[26]。日本全体の（また世界全体の）市民の批判的能力が高まり、国に監視される国民から国を監視する国民に変換が遂げられるよう、日常レベルから政治に関心を持ち、社会に参加する人々が増えていくことを願う。「人間が地球にとって有益な微生物であれる社会を作りたい」、これは三宅洋平の参議院選挙への立候補宣言[27]の一文であるが、自然に対する謙虚さ、自分の思考、行動に対する謙虚さ、言論の自由への希求、人間の持つ創造性／想像性の発揮などが国レベルの政策に組み込まれた社会の実現をみんなで目指したい。

〔参考文献〕
イェーガー，ジークフリート著、山下仁訳(2010)「談話と知——批判的談話分析および装置分析の理論的、方法論的側面」ヴォダック，ルート／マイヤー，ミヒャエル編著、野呂香代子監訳(2010)『批判的談話分析入門』三元社
ヴォダック，ルート／マイヤー，ミヒャエル編著、野呂香代子監訳(2010)『批判的談話分析入門』三元社
内橋克人(2011)『日本の原発、どこで間違えたのか』朝日新聞出版
カメロン，デボラ著、林宅男訳(2012)『話し言葉の談話分析』ひつじ書房
川原茂雄(2014)『原発と教育』海象社
熊谷徹(2012)『なぜメルケルは「転向」したのか』日経BP社
シュラーズ，ミランダ・A.(2011)『ドイツは脱原発を選んだ』(岩波ブックレットNo.818) 岩波書店
高木仁三郎(2011)『原子力神話からの解放——日本を滅ぼす九つの呪縛』講談社
野呂香代子(2009)「クリティカル・ディスコース・アナリシス」野呂香代子／山下仁編著『新装版「正しさ」への問い——批判的社会言語学の試み』三元社
野呂香代子(2014)「批判的談話分析」渡辺学／山下仁編『ドイツ語の社会語用論』ひつじ書房
野呂香代子／山下仁(2012)「読めたのに読み解くことのできなかった原発安全神話」『ことばと社会』編集委員会編『ことばと社会』14号、三元社

26　熊谷(2012: 57)。熊谷(2012)の他、シュラーズ(2011)には、ドイツのエネルギー政策転換への道のりが分かりやすく述べられている。
27　脚注24を参照。

フレイレ，パウロ著、里見実／楠原彰／桧垣良子訳（1982）『伝達か対話か——関係変革の教育学』亜紀書房

安冨歩（2012）『原発危機と「東大話法」——傍観者の論理・欺瞞の言語』明石書店

Holzinger, Hans (2013) "Sonne statt Atom: Robert Jungk und die Debatten über die Zukunft der Energieversorgung von den 1950er-Jahren bis heute". JBZ Verlag.

Jungk, Robert (1977/86) "Der Atomstaat –vom Fortschritt in die Unmenschlich-keit-" Rowohlt Taschenbuch Verlag〔ロベルト・ユンク著、山口祐弘訳（1989）『原子力帝国』社会思想社〕

国会事故調査委員会会議録第二号
    http://warp.da.ndl.go.jp/info:ndljp/pid/3856371/naiic.go.jp/wp-content/uploads/2012/08/2nd-report.pdf　（2013年6月16日）

国会事故調『報告書』
    http://warp.da.ndl.go.jp/info:ndljp/pid/3856371/naiic.go.jp/report/　（2014年9月15日）

三宅洋平選挙フェス「三宅洋平・山本太郎（選挙フェス＠渋谷ハチ公前）2013/07/20」
    https://www.youtube.com/watch?v=H7uE26gwF7Y　（2013年9月15日）

三宅洋平 選挙フェス（2013年7月20日）文字起こし
    http://blog.livedoor.jp/takeyabu31/archives/52119033.html　（2013年9月15日）

第8章

「それでも日本で留学生活を続ける私」をめぐる「やさしさ」
東日本大震災後に語られた留学生達のライフストーリーより

松本　明香

【キーワード】東日本大震災、留学生のライフストーリー、「それでも日本で留学生活を続ける私」、やさしさ

1　はじめに

　2011年3月11日午後2時46分、東日本は表現しようのない激しい地震に突然襲われた。この東日本大震災（以下、「震災」）は、巨大地震の揺れだけでは終わらず、大津波や東京電力福島第一原子力発電所（以下、「原発」）からの放射能漏れといった複合災害を引き起こし、多くの人命とそれまでの平穏な生活を奪い去った。原発事故に伴い、首都圏では多くの人がこれまで経験したことのない計画停電が実施された。また震災により政治は混乱を極め、経済活動も大打撃を受けた。1000年に1度とまで言われる大地震とそれに伴う大津波、そして原発事故は、今まで人間が抱きつづけてきた「想定」を悉く覆していくものだった。「地震大国」と言われ、防災訓練の経験を積んできた日本人もこれほどの規模の大災害が起きるとは思っていなかったし、日本の教育機関で学ぶ外国人留学生（以下、留学生）にもこの思いは共通していただろう。「安心・安全社会」と信じていたからこそ日本を留学先に選んだが、まさか自分の留学中にこのような大災害が起こり、当たり前としていた日常生活が脆くも崩れるとは予想していなかったに違いない。

筆者は、大きな揺れを経験し、放射能汚染の拡大が懸念されていた都内に住んでいた私費留学生達にインタビューを行い、震災発生後の彼らの行動や心境の変化について聞いた。そしてこれらをもとに、彼らが震災後も日本で留学生活を続けるという判断に至るまでの経緯とその後の留学生活をライフストーリーにまとめることを試みた。そこには不安定な動きを続ける社会を見続ける姿、そしてそのような状況下にありながらも今後も日本で留学生活を続けていこうとする、災害前とは異なったアイデンティティを構築する姿が見受けられた（松本2012)[1]。アイデンティティの（再）構築とは他者（また他者を含めた社会）との関わりの中で実行されるが、この関わり方は震災前と後とでは大きく異なるし、それぞれの立場、生活を抱える留学生ごとにも大きく異なる。そのため、アイデンティティの（再）構築も留学生ごとに異なってくる。このように震災後、そして原発事故が起きた後の日本で、留学生が他者といかに相互行為を展開し、どのような軌跡を経て、新たなアイデンティティを構築したのかに注目したい。

　以降では、まず筆者がこの問題に着眼した経緯、研究の手法と調査の概要を記す。そして調査協力者である3人の留学生のライフストーリーを示し、そこからの考察を述べる。最後に、本書の共通のテーマである「やさしさ」という観点を通して、留学生達の相互行為、そして彼らの留学生活の受け入れ側の姿勢について見直しを図りたい。

2　問題の所在と目的

　筆者がこの研究を手がけた経緯を説明したい。

1　松本（2012）では1人の調査協力者のデータのみを提示し、その協力者の震災後に新たに築かれたアイデンティティについて考察を試みたが、本稿では3人の調査協力者のインタビューデータを用いることでさらに多角的にこの問題について考えたい。

筆者は1995年1月の阪神・淡路大震災の後、民間日本語学校の講師を務めていた知人から、震災で死亡した就学生（当時）の話を聞いたことがある。その経験から、2011年の東日本大震災発生後も国内の外国人住人、特に留学生の動向が気になった。

　震災発生後の報道の中で、外国人住人の「帰国ラッシュ」が連日取りざたされたことは知られているが、この報道に対し筆者は違和感を抱いた。原発からの放射能漏れ事故が発生し危機的状況が進む中で、各地の空港から出国する外国人を映し出し、また彼らが「『パニック』になって国外脱出」（塩原 2011）を図っているというイメージを我々に与えた。さらには今後の日本での生活に不安を抱え避難する人たちの避難先がたまたま国外であっただけで「脱出」とする報道や、「脱出（帰国）＝日本を見捨てる行為」とする論調もあった。それらに対し、筆者は、震災の後の現状に危機感を覚え、また今後の生活に不安を抱えているのは外国人住人も日本人も同じであるはずだが、外国人住人の避難行為には批判が寄せられるものなのか、不安を覚えて日本から離れるのは、彼らにとって容認される行動と認められないのかという思いを持った。また、日本に留まる選択をした外国人住人達の行為を、「外国人であるにもかかわらず…」と称賛し、「外国人を『国民』とは異なる存在として位置づけているという点」（鈴木 2012: 19）が見られる報道についても、日本人と外国人という枠組みで住人を二分するように感じられた。

　上記の事象に、本研究において調査協力者となってくれた留学生達の行動を重ねてみたい。東日本大震災が発生したのは3月であり、多くの大学が年度末の休暇中であった。筆者が勤務する都内の短期大学（以下、短大）も同様であった。多くの学生が、アルバイト先や自宅などで地震を経験した。その後メールや電話等の使用が困難な状態が続き、受け入れ機関である短大からすべての留学生に適切な指示を出すのは難しい状態であった。留学生達はそれぞれの自己責任で震災に、また震災で急変した生活に対応しなければならなかった。

　筆者が問題の所在として着目したいのは、この「自己責任で」という点である。彼らが生活している都内は、被災地から遠く離れており、地震や津波で直

接的な被害を被ったわけではないため、彼らが早急に避難しなければならないわけではなかった。また原発事故による放射能汚染の拡大という前例のない災害だったため、日本人においても留学生を含む外国人住人においても、その危険性に対する認識は個人や所属機関によって違いが見られた。情報源がいずれであっても、それをどう解釈するかは個人に一任され、放射能の届かない遠方に避難する者、あるいはとりあえず大丈夫だろうとその場での生活を続ける者といったように対応は様々であった。これは別の言い方をすれば、避難を喚起するような強い力は働いていなかったということである。外国人住人、留学生も同様で、日本国外に避難するかリスクの高い地域にとどまるかは個人の判断に任されていた。しかし、筆者が関わっていた留学生達にとってこの判断は容易とは思えない。日本社会で言語的、社会的にハンディがある彼らが、それぞれで生活している中で起きた震災、原発事故という不測の事態において、できるだけ確かで納得のいく情報を自身の判断で選択していかなければならなった。そこで、混乱する社会の中でこの難問に対峙し、一つの結論として「日本留学継続」という判断に行きついた、彼らのそのプロセスを詳細に追う必要があると感じられた。

　まず、東日本大震災を都内にて経験し、その後も在籍校に残り日本での留学を続けた留学生3人にインタビュー協力の依頼をした。インタビューでは震災の経験及びその後の心境や行動について特に詳しく語ってもらい、ライフストーリーを作成した。これらのストーリーから、彼らが経験したこと、何を考え、どういった経緯で日本留学を継続すると決めたのか、このようなプロセスを経て構築された彼らのアイデンティティや「留学」の「意味づけ」(やまだ 2000)はどのように変化したかを考察することを本稿の目的としたい。また、この分析を通し、留学生を含めた外国人住人達が帰国するか日本にとどまるかの判断をした際、その判断は決して安易な考えからきているのではなく、各々の社会における生活基盤上の繋がりや、過去・現在・未来といった時間的な広がりを視野に入れ、総合的に判断した結果であることを提示できればと思う。

3　手法

　本稿で焦点としたいのは、留学生達が震災後いかに過ごし、そしてインタビュー時に自分の経験をいかに振り返っているかという点である。これらは極めて個別的な具体性を持つものであり、本稿ではこの個々の具体性、一人ひとりの人間が体験した、ローカルでミクロな個別現象（遠藤 2011: 36）に迫りたい。また、科学的な手法により追求される「事実」に関する「真偽」を問うのではなく、語り手である留学生がこの「東日本大震災の経験」と「日本での私の留学生活」をどのように関係づけて語るかにも光を当てたい。そのためには語り手である留学生の経験に基づいた主観的なリアリティこそが重要である。同じ「事実」であっても語り手によってその「事実」の解釈、さらにはいくつかの「事実」の関連づけ、組織だて、物語の構成は異なってくる。その語り手の主観性によって構築される、「私の東日本大震災の経験」の具体性に注目したい。

　そこで本研究で用いるのが、ライフストーリー分析という手法である。これは調査協力者へのインタビューというコミュニケーション過程を通して、語り手の過去の人生や自己経験の意味を伝える語りをしてもらい、そこから聴き手がライフストーリーを構築し分析を進めるもので、そこで語られた語り手の経験や見方の意味を探求する主観的世界の解釈（桜井 2005）を行う研究法である。やまだは「人生の物語（life story, narrative of life）研究とは、日常生活で人びとがライフ（人生、生活、生）を生きていく過程、その経験プロセスを物語る行為と、語られた物語についての研究をさす」（やまだ 2000: 146）と述べており、この両者を含めてライフストーリー研究と呼ぶとしている。さらにここで出てくる「物語」とは「2つ以上の出来事（event）をむすびつけて筋立てる行為」（やまだ 2000: 147）と定義しており、ライフストーリー研究では、人間は物事を理解するために物語を用いると考える。つまり、我々は自分の経験、自分と周囲の世界の意味を語ることで、物事を理解するのだと言える。さらに我々人間は「外在化された行動（behavior）や事件の総和として存在しているのではな

く、一瞬ごとに変化する日々の行動を構成し、秩序づけ、『経験』として組織し、それを意味づけながら生きて」(やまだ 2000: 147) いる点も見落としてはならない。

　そしてここで注意しなければならないのは、ライフストーリーの構築は、決して語り手だけが担うものではなく、聴き手の存在も忘れてはならないということである。語り手は「聴き手とのいま・ここでの関係性」(佐藤 2013: 88) の中で語りを行い、またその語りが行われる対話の中での聴き手と語り手の関係性やフィールドでの立ち位置、インタビューにおける発言、立ち振る舞い等も記述の対象となるという見方がある (石川 2013: 82)。

　このように、語り手の語りから創り出されるライフストーリーは決して固定的に完結するのではなく、聴き手や過去の自分、将来の自分等との関係性の中で絶えず変化を繰り返す動的なものという特徴を持つことがわかる。さらに言えば、人間は複数のコミュニティの間を行き来したり、あるいは複数のコミュニティに同時に関わったりする多面性を持つ。語り手の語りの中では、こうしたコミュニティ間の移動や、その時々において他者、社会、そして過去や将来の自分と展開する相互行為次第で、多様な「私」というアイデンティティが現れると考えられる。

　本研究では、留学生各々の「東日本大震災の経験」やそれに伴う彼らの心の動き、日本で留学生活を続けるというアイデンティティの構成、そして再構成し続ける「留学」の意味に迫るには、ライフストーリー研究法の上記の特性が生かせると判断した。

4　調査協力者とインタビューの方法

　ライフストーリー・インタビューは筆者が関わる都内の短大に在籍する留学生達に依頼した。この短大では毎年 100 名ほどの新入生を迎える中で、10 人前後留学生を受け入れている。留学生達の国籍は中国が多く、全体の 8 割ほどを占め、他は韓国や台湾、カンボジア、ネパール等である。ほぼ全員が短大入学

前に日本国内の民間の日本語学校で基礎的な日本語を学習しており、次のステップとしてこの短大に進学する。卒業後の進路としては帰国する者、日本で就職する者と様々であるが、中には4年制大学の3年次に編入を希望する学生もいる。筆者は留学生の日本語科目担当としてすべての留学生の日本語教育に1年次から関わっており、彼らとは比較的近い存在である。また日本語の学習内容以外に他教科の学習の難しさやアルバイト先での苦労等、日本での生活全般について話を聞くことが多い。

　今回はその中で3人の留学生がインタビューに協力してくれた。カンボジア出身の女子学生Q[2]、韓国出身の男子学生D、中国出身の女子学生Cである。多くの私費留学生がそうであるように、この短大の留学生達も学業と並行してアルバイトをしなければ日本での生活を続けることはできない。ほとんどの留学生達が、授業が終わると同時にアルバイト先に直行するような毎日である。そのような多忙な留学生達の中で、「（私も震災の経験を）話したい」と快諾してくれたのがこの3人の留学生であった。インタビューはQとDは震災から約2か月後に、Cは約10か月後に筆者の研究室にて行われた。Cだけ遅れたのは、Cは4年制大学の編入を希望し、それまでの間その試験の準備に忙しかったからである。そのような理由でCは編入試験、そして学内の学年末試験等が終わり落ち着いた心境の中でインタビューを行った。またインタビューはできるだけ語り手である調査協力者の発話を阻害しないように配慮しつつ、聴き手である筆者と調査協力者の関係性、特に過去1年～1年10か月の間で培ってきた間柄が意図的に隠されるといったこともないように、自然な対話が展開するように心がけた。

2　調査協力者達の個人情報保護の観点から、本稿ではすべてアルファベットで示す。

5 それぞれのライフストーリー

5.1 Qのライフストーリー

　Qはカンボジア出身の女子学生で、震災当時この短大の1年次に在籍していた。日本語学校で日本語を学んだ後短大に入学したが、日本語学校卒業後もその日本語学校所有の寮に住み続けた。日本語の学習には苦手意識を持っていたが、積極的に学業に取り組んでいた。明るい穏やかな性格で、留学生だけでなく教員や日本人学生達からも慕われる存在だった。

　震災発生時、Qは都内のファストフード店でアルバイトをしていた。激しい揺れにQは恐怖を感じたが、店では地震発生前と同様に接客が続けられ、そのことにQは驚き、戸惑った。早く店を閉めるようにとの指示は出たが、Qの勤めるファストフード店のスタッフ達は普段と変わらず業務に就いていた。その合間にQは手元のスマートフォンで英国BBCニュース等を見て、この地震の情報を入手していた。その後、Qが暮らす寮はファストフード店から近かったためすぐに帰宅することができたが、途中で帰宅困難となっている人たちを多く目にした。そのことで事態の大きさを認識したが、やはりアルバイト先の日本人が平時と変わらず接客していたのが頭に残った。帰宅後、いつでも避難できるように飲料水や現金、パスポート類をリュックに入れ、4日間ぐらいはGパンで寝ていた。Qの寮がある地域は停電にはならなかったが、東京タワーやレインボーブリッジの照明は落とされていた。普段と異なるその姿にQはショックを覚え、「悲しそう」[3]、「寂しそう」と思った。

　その後も、Qはアルバイトを続けたが、その間日本にいるカンボジアの留学生達と連絡を取り合っていた。そのうちに大使館が、原発からの放射能拡散の恐れがあるため関西地方等に避難したほうがいいと言ってきた。筆者は、国に

---

[3] インタビュー中の留学生の言葉をそのまま残した方がいいと思われる箇所は、「　」を用いて記載する。

よっては大使館から半ば強制的な帰国勧告をしてきたという情報を耳にしていたので、Qに大使館は関西に行きなさいと強く言ってこなかったのかという意味で、「(それは) 命令じゃない？」と尋ねた。するとQは普段の穏やかな口調と異なる強い調子で「命令じゃない、アドバイス」と言った。

　アルバイト先の外国人スタッフや寮で同室の友人達は帰国の途に就いた。ある友人はQに危ないから逃げなさいと強い口調で言った。この時、実はQは帰国するための航空券を高額で入手していた。しかし、Qは帰国したくなかった。帰国したくない理由には、アルバイト先ではスタッフがいなくなったこと、多くの外国人がいなくなって（東京の街が）寂しそうに見えること、東京は原発から離れているので安全だと自分で判断したこと等があった。また、すぐに短大の新学期が開始される[4]ため、たとえ帰国したとしても国に滞在できるのは1週間だけで、その程度の期間の帰国なら「帰っても意味がない」と思った。Qは自国にいる両親に連絡をしたが、この時両親は日本の現状を知らなかった。Qは父親に電話で自分は大丈夫であることを伝えた。父親は心配したが、Qの言葉を信じていた。一方、航空券を入手していることは父親に伝えなかった。最終的にQは自分の責任で航空券をキャンセルし、日本で生活を続けることを決定した。

　寮で同室だった友人達が帰国して、部屋でQ一人になった時は怖さを感じたが、英国BBCニュースを聞いて常に新しい地震の情報を入手していたので余震は怖くなかった。東京にいれば大丈夫だと思った。ただやはり怖いのは原発だった。しかしみんなが守ってくれると思っていた。その一方で日本の政治家は信じられないと思った。

　Qは震災発生の前は漠然と「もっと日本人のように体験したいなー」と思っていた。それが震災発生後、大惨事を経験した日本を見ていると、節電等の形で苦難を「シェア」し、厳しい状況の中でも電車に乗り通勤しそれぞれの職務を果たし、店は商品が少なくても営業を続けている、それを見ることは自分に

4　実際にはこの時点ではまだこの短大は従来通りの4月に新学期を開始するという決定はしていない。

とって勉強になる。そのような社会だから「日本は絶対、下にならない、あのダウン？ならない」し、自分も日本社会の中でそのようにありたい。また、外国人が大勢日本から出国して東京の町が静かになり寂しそうだ。外国人は日本の情勢がいい時には訪れるが、何か問題が発生し状況が悪化すると「みんな逃げちゃう」。彼らにも自国に家族がいるし色々な考え方があるので帰ることは悪くない。しかし「ちょっと危ないだけで（沈黙）」と思う。自分は「がんばりたい」と思った。極めて悪い状況の東京にとどまったことで、Qは周囲から「おかしい人」と思われていると感じた。なぜ東京から出ないのか、国に帰らないのか、関西に行かないのかという問いを投げかけられた。しかしQは「地震があっても、私知りたい、もっと知りたいから、その中に（沈黙）いたい（笑い）」と思った。

　短大は例年通り4月上旬に新学期を開始した。Qも通常と変わらずに通学し、翌年3月短大を卒業した。

5.2　Dのライフストーリー

　Dは韓国出身の男子学生である。震災当時短大の1年次に在籍中だった。
　Dは韓国の高校を卒業してすぐに来日した。1年半の日本語学校での就学期間を経て、短大に入学した。Dは明朗活発な性格の上に日本語力も高かったので、入学当初から男女問わず日本人学生の友人を大勢作っていた。だが、1年次後半には授業の欠席が目立ってきた。その理由の一つにアルバイトに熱中しすぎること、もう一つにDが一年次の夏に、北朝鮮と韓国の関係が一触即発の状態になったということがあった。それを受けてDの父親はDに、今すぐ帰国して兵役を受ければまだ危険に晒されないですむ、すぐに帰国して軍隊に入るべきだと言ってきた。しかしD自身は短大を卒業したいと思ったため、父親の意見を聞いて悩み出した。そうしたことを背景にDの欠席は多くなっていったのだが、最終的に父親の考えは受け入れずに、日本での留学を続けることを決めた。そんな中で春休みを迎えていた。

震災発生時、Dは夕方からのアルバイトに備えて、都内の自宅で休んでいた。地震の揺れは長く感じられ、その時はもう死ぬかなと思った。韓国では地震を経験したことはなかった。本震後、子どもや女性が泣く声や消防自動車のサイレンも聞こえ、不安が募った。自分が一時間後どうなるかわからないと思った。韓国に連絡をすると、父親は大丈夫ならそれでいいがやはり不安だからと帰国を勧め、母親は日本のニュースを見るたびに涙が出ると言った。Dはそれで帰国を決意した。既に出国希望の外国人達が都内の入国管理局に押し寄せていたため、Dが出国手続きをするのにも時間がかかった。空港に向かうまでも余震が起きたため精神的な疲労が大きかった。飛行機が韓国の空港に到着してようやく安心できた。

　しかし韓国に戻ってすぐに日本に「帰り」たくなった。自分の出身地である「地元」に戻っても、することがない。家族も友だちも仕事や学校に行っている。自分にはお金もない。だから自宅で退屈な時間を過ごす。そんな韓国での生活は1週間で辛くなった。そう考えると、「放射線でやばいと思う」が、自分にはやりたいことがあって日本に留学しているのだから、日本に行った方がいいと思えてきた。また日本でのアルバイトも気になる。留学生にとってのアルバイトは日本人学生のアルバイトとは意味が違う。生活のためであり、2、3週間アルバイトを休んだら親から仕送りしてもらわなければならなくなる。震災後やはり一時帰国していたアルバイト先の韓国人店長がそろそろ日本に戻ると連絡してきたこともあり、Dは「俺も（日本に）帰ろっかな」と思った。また短大は通常通り4月から授業を行うということを短大のホームページで確認した。しかし家族は日本に戻ることに反対したので、内緒で航空券を入手し再来日した。

　東京に到着してから実家に電話をした。その時父親からは、Dがそこまでしてやりたいことを信じる、やりたい気持ちを受け取ると言われた。初めて親と心が通じた気がした。そこからもっとがんばろうという気持ちになった。Dが東京に戻ってきてからも余震は続いた。しかし以前とは「その時の心構えが違った」。また大きい地震が来たとしたら、その時は死んでもいいと思えるぐら

いの気持ちだった。

　その後も原発は落ち着きを見せる様子はなかった。Dには日本のニュースを十分に聞き取れる日本語力があり、原発のニュースは「だいたい理解できた」。そのため余計に原発の状況に対する恐怖感が高まった。また、人によって原発からの放射能に対する考えが異なり、そのことが一層不安を煽った。Dの周りには「日本は（もうすぐ）死ぬよ」と言い残して帰国した人もいた。そのような不確かな情報や周囲の声を聞き、D自身も「怖いのはわかるけど、どうしたらいいの」と戸惑った。そして「外国人としてはやはりここ（外国である日本）で死にたくない」、自国で死ぬならわかるが、「外国に留学している時に死ぬのはあり得ない」と思った。そう考えると、やはり自分も留学を続けずに帰国して家族の近くにいたほうがいいという考えに引っ張られそうになった。しかしそこで「心構えを強くして頑張りたい」という気持ちになった。そして、震災前に自分が抱いていた「留学」の意味は「軽かった」と思えてきた。日本語学校の時から続くアルバイトと学業の生活に疲れ、その生活に飽きていたと振り返った。今回の大地震から始まった一連の出来事は、D自身にとって大きな意味があったと感じ、これらをきっかけにもっと頑張ろうという気持ちになった。また、それと同時にこれらのことで日本という国が外国人にとって「悪い思い出」になってほしくないと思った。

　4月になり、短大では新学期を迎えた。学校の友達は「地震があったの？」というような平気そうな顔をしていた。それを見てDの中の不安も軽減した。しかしあの時の心構えは胸の深くまで入れておこう、忘れてはだめだと思った。

　インタビュー時に振り返って考えると、韓国で過ごした1週間は、色々と考える貴重な時間となった。もしあのまま日本にいたら30秒後どうなるかわからなくて不安だっただろうが、一回韓国に帰ることで落ち着くことができた。そして将来のことを考えたり、普通だったら本はあまり読まないがこの1週間は本も読んだりした。そして震災のこと、周囲の人のことを考えるきっかけにもになった。

5.3　Cのライフストーリー

　Cは中国出身の女子学生で、震災発生時Q、Dと同様にこの短大の1年次に在籍していた。

　Cは来日後1年半の日本語学校での準備期間を経て短大に入学した。Cは入学当初から経営学を学びたいと言っており、短大卒業後は四年制大学の経営学部の3年次編入を強く希望していた。さらに帰国したら小売業を営む将来設計を立て、短大でも将来を見据えて勉学に励んでいた。一方で日本語能力は高いとは言えなかった。本人もそれを自覚しており、本人なりに日本語力向上に努めていた。体は丈夫ではなく、病気治療のため1年次の夏休みに数週間帰国した。その際家族から留学を中断し帰国することを勧められたが、自分の夢のために留学を続ける意志を伝えてきたと、筆者に話したことがあった。性格は穏やかでおとなしく、日常生活の中では控えめなところが多かった。しかし勉学に対する熱意には複数の教員から称賛の声が上がっていた。

　震災発生時、Cは都内の学生寮にいた。地震直後はどうしていいかわからず何も考えられなかった。中国では大地震に関する基本的な知識は得ておらず、避難訓練も一回参加したことがあるだけだった。震災後、自分には地震の知識がないことを実感した。その後3日間は寮から出なかった。食料も水も少なくなった時、「(中国に) 帰りたい」という気持ちが高まった。

　地震発生の日の夜、Cはインターネットで自国の父親に連絡を取った。父親からは帰国を促され、C自身もそうしたかった。しかし航空券が高騰して入手できず帰国できなかった。そこでCはアルバイト先の中華料理屋の店長に相談したところ、店長は地震への備えや原発の現状などを話してくれた。この店長は震災以前にはCが進学する大学を選ぶ際に相談に乗ってくれた。震災後は放射能の汚染拡大の報道がある中で、様々な説明や助言をしてくれた。Cが震災や放射能の情報を収集する際に難解な言葉に困っていると、店長が助けてくれた。この店長はCが来日する前から知り合いだったわけではなく、単純に雇用者とアルバイト従業員という間柄であったが、特に震災後、このようなプロセ

スを経て、Cはこの店長に絶大な信頼を抱くようになった。

　交通事情が悪かったため震災後3日間はアルバイトに行けなかったが、その後はアルバイトに通った。一方、自国にいる父親から再び帰国を促された。自分も帰りたかった。しかし航空券は買えなかった。またこの時点で四年制大学編入の試験について考え始め、「帰ろうか、日本でもうちょっと頑張ろうか」と「たくさん迷った」。

　この時期、原発の問題が浮上した。自分でテレビやラジオ、新聞から情報を入手していたが、この原発に関する情報には難解な日本語が多く、「外国人としてはっきりわからない」と思った。そのため中国のインターネットサイトで情報を入手しようとしたところ、今後また大地震が日本で発生する等の情報が掲載されている。そのようなことで不安は募る一方であった。そこでアルバイト先の店長に「店長さん、私帰りたい」と不安を訴えたところ、店長は放射線量を計算したり、放射能対策として薬やマスクを用意してくれたりした。このようなことがCの不安を和らげた。また周囲の日本人達も落ち着きを取り戻していった。店に商品が少ない中でも秩序を保ち買えるものだけを購入するといった、通常の生活であるかのような日本人の姿を見て、Cは安心した。

　Cは留学を中断し帰国するか、このまま日本での留学生活を続けるか悩んだ末に、最終的に日本で留学を継続する決定をした。父親はやはり帰国するように言ってきた。勉強より命の方が大切だとも言った。だが、Cはこれまで日本語学校から続けてきた努力、仮に中国に帰った場合に始まるかもしれない生活、今後自分が希望する日本の生活、またアルバイト先の店長からの支援といったことを自分なりに「分析」し、「もうちょっと日本にいてみよう」と決めた。そしてインタビュー時にそれまでのことを振り返り、あの時帰らなくてよかったと思ったと語っている。

　2011年秋にCは都内の四年制であるA大学の3年次編入試験を受験し、合格した。そして翌年春短大を卒業し、A大学の学生として学生生活を送り始めた。

6 考察

 こうした語りから、留学生達の日本にとどまって留学生活を続けようという決断までのプロセスがうかがえてきた。それは、通常とは異なる日本での生活を送る中で、複数の思いが起こり、悩んだり、改めて現状を俯瞰したり、自分の選択した道を肯定し、あるいはこれでいいのかと自問をしたりという、決して単純とは言えないものである。以下では、このように彼らの語りの中から見えてきたものについて、必要に応じインタビュー時の筆者との対話例を挙げながら考察していきたい。

6.1 日常性の維持への志向

 震災前の華やかな東京になじみのあったQは、震災後節電のため東京タワーやレインボーブリッジの照明が落とされ、外国人の少なくなった東京の街が悲しそう、寂しそうだとインタビュー中繰り返し語っていた。そのような東京の街を見て、改めて東京のにぎやかさが普通のこと、日常的なことであるようにと望んでいたのだろう。そしてQは、震災後もそれまでと同じように経済活動を行おうとしている日本社会に注目し、自分もそこに身を置き、社会参加していきたいと思った。実際に、Qは震災後も震災前と同じようにアルバイトを続けながら短大に通っていた。短大そしてアルバイト先といったコミュニティに関わり続けることで、彼女の中で日常性が保たれたのであり、今後もそうし続けたいと語っていた。

 Dはライフストーリーにも記したように、震災後一時帰国し韓国の実家に滞在した。そしてすぐに再来日をしている。この背景には、韓国滞在中D自身は日本での生活の多忙さから解放されてのんびりと休息できる時間を過ごしていた一方で、周囲の家族や友人はいつもと同じように忙しい日常を送っていた状況があった。自分だけが日常の忙しさから離れて「非日常的な」時間を過ごす

のに違和感を抱いた。

【対話1】
D　：で帰ったとしてもー、やっぱり今の日本の留学生って地元に帰ったら、やることが全然ないです。
筆者：うんうん。
D　：ただ、家で家族と一緒に寝て、ご飯食べて、テレビ見て、本とかも読んで、ゆっくり寝て、そういう日々が続くから、もう日本は放射線でやばいと思うけどやっぱり帰り**[5]
筆者：うん。
D　：また親からの心配が始まったんです
筆者：んー。
D　：なんであんなところに帰ろうとしてるの。
筆者：それは何日？いつごろのこと？
D　：多分1週間後だと思う。
筆者：あ、もう1週間でそうなったの、退屈になってきたの。
D　：1週間でもつらかったですよ。
筆者：ああ、そう。
D　：なんか、家には誰もいないし、毎日が友達だろうが、知り合いも仕事、学校とか。
筆者：うんうん。
D　：出かけるんだったら夜だし。お金もないんですよね、やっぱり留学生には。

　上記の対話の最後に現れているように、人と関わりながら日常的な生活を送るにはやはりお金の問題が出てくる。生活の拠点を置き、経済的な自立が図れ

5　「**」は聞き取り不可能であった部分を示す。

るのは、この時のDにとっては韓国の実家がある町より東京なのである。アルバイトで生活費を稼がなければ、Dの望むような生活は経済的には成立しない。つまり東京に戻ること自体がDの日常を取り戻す手段であり、それを選んだDは日常性を志向していたと言えるだろう。

またDとCは、周囲の日本人達の行動が震災前とあまり変わらないこと、そしてそのことが自分の安心材料となっていたことを語っていた。Cはそのことでこのまま東京の生活を続けようという気になった。Dも地震があったのかと思うような友人の素振りを見て不安が軽減したと言う。こうした日本人の様子が彼に以前と変わらない日常性をさらに志向させたのだろう。

日常性を維持したいということは、一見、変化を伴わない、変化を望まないように見える。もちろん、彼らが求める日常性とは震災前の状況・生活にある。確かに震災前は地震や放射能に不安を感じない居心地のいい状況・生活だった。しかし、彼らが求める日常性とは震災前と変わらない状況ではない。Dが「(震災)前は(「留学」の意味が)ちょっと軽かったとおもいますよ」「(震災後に留学継続を決断した)あの時の心構えは胸の奥深くまで入れておこう、忘れてはだめだ」と語ったことからも推測されるように、震災という非日常の経験を通し、過去となった震災前の日常を見直すことで、彼らにとっての現在の、そして今後の留学生活における日常性は大きく変化したと言えるだろう。また、QやDのように、新たに再編された日常性を維持しようとする中で、自らもそこにあるコミュニティに関わっていきたいという意志は、日本にとどまる判断に大きく影響している。

6.2　帰国への疑問

この考察に入る前に、東日本大震災後の留学生達にとっての「帰国」という言葉が持つ二つの意味を確認したい。一つは、現段階の危険を回避したり、無事である自分の顔を見せることで自国の家族を安心させるための短期的な一時帰国であり、再び来日する可能性をもつ。もう一つは日本での留学生活を完全

に打ち切り、自国で新たな生活をスタートさせる帰国である。留学生によってその使い方は異なり、また一人の留学生の中でもどちらか一つには決定されず、その時々で使い方は異なる。

そしてこの「帰国への疑問」とは、上に述べたように一時帰国にせよ完全に自国で新しい生活をスタートさせるにせよ、直ちに国に帰るという行動に踏み切ることの意義を見出せずにいることを表す。

Qは上記の前者の意味で「一時帰国」という意味を使っており、たとえ一時帰国をしても国に滞在できる期間は1週間ほどで、その程度帰国しても「意味はない」と言い切っていた。Qの中で帰国するということに大きな価値は見出されなかったのである。Qはそれよりも日本での留学生活の中で日常性の維持を志向し、日本にとどまる選択をしたのである。

Cが震災発生当初の事を語る時、どちらの「帰国」の意味を用いていたのかは不明である。一時的に帰国したいと語っていたとも、留学を打ち切って完全に帰国したいと語っていたとも考えられる。しかし対話2に見られるように、この場面では筆者が質問を投げかけたこともあり「帰国」の意味は後者に絞られている。

【対話2】
　筆者：ここの学校を辞めて、もう全部やめて、中国に帰っちゃうとか、もう日本の留学をやめるっていう気持ちにはならなかった？
　C　：うーん、実際は、あっとなんとか、日本語学校に1年半、プラス短大1年で2年半日本で過ごしました。あの時は途中はあきらめることは、んー、ちょっと嫌いかな。
　筆者：うんうん。
　C　：これ、性格も、せいから、すごく嫌いです。なんかプラス自分は例えばこのことについても考えました。んー、すぐ中国帰って、この2年半のなんか日本に勉強することの結果が全部、なんだかあきらめて。

筆者：無駄になる？

　　　C　：はーい。無駄になると思いました。

　Cは、震災が起きて情勢が不安定になっているからといって直ちに国に帰ったら、将来の夢のために日本語学校時代から苦労しながら続けてきた学業が「無駄になる」と感じている。Cにとって「帰国」とは、自分の将来の夢を断念することである。2011年6月21日付の読売新聞には、日本語学校に在籍していた外国人留学生は震災後一時帰国をしてそのまま留学を断念した者が多かったが、それに対し大学や大学院で学ぶ留学生達は日本での留学生活に「復帰」する割合が高かったという記事が書かれている。この記事では千葉大学留学生課の言葉を用い、「留学生にとって、大学は選抜試験を通過してようやく入学した場所。中退するとなれば、何年も費やした努力やコストを放棄することになる」という分析が紹介されている。Cのライフストーリーに現れた事例はまさにこの記事に即したケースと言える。「帰国すべきか否か」という問いを投げかけられると同時に、それまでの留学生活を振り返り、帰国してから歩むことになるだろう将来と、留学を継続した場合に歩む将来とを否応なしにも天秤にかけて考えなければならなくなった。今までの苦労や努力に見合った将来が帰国後にも得られるのだろうかという疑問、そして帰国することへの躊躇を感じた留学生はCだけではないだろう[6]。

6　同様のことは社会人となった元留学生にも見られる。佐藤（2014）は日本語学校、日本の大学を経て日本企業に就職した元留学生にインタビューを行い、震災をきっかけに今後の自分の生き方について考えるようになったというストーリーを得ている。その中で元留学生は、「国に帰っても、親以外に自分に優位になるものは」（p.61）ないと述べ、日本への帰化を決断したということである。このように震災によって今後の帰国について深く考えるようになった留学生は少なくないと思われる。

6.3 他者との関係性の再認識

　ここでは留学生自身が自分と関わる他者との関係性への見方をどのように変化させたかを見たい。まずDとCが関わった他者との関係性について考えたい。Dは以前は何かと心が通わなかった父親との関係性について語った。それまで父親はDにとって兵役の一件でもわかるように厳しい存在だった。その父親が今回はDが留学を続けるために再度日本に向かったことに対し理解を示し、Dもその父親と心が通じ合ったことを喜んでいる。

【対話3】
D　：だから、親にも、結局日本ついて電話したら、もう着きましたよーって言ったら、もう親に初めてお前がやりたいって言ったから、そこ信じるけど。
筆者：うん、うん。
D　：やりたい、気持ち受け取るね、だから頑張れ。
筆者：うん。
D　：逆に、息子として親にはいって、自分が一番言いたかった話ですよ、それが。
筆者：うん。
D　：で親に言われて、初めてゆった気がしましたよ。はいって言ったら、そこからなんか通じたですね、気持ちが。
筆者：うん。
D　：もっとがんばろーって。

　このように父親との会話から「心構えを強く持って」「がんばろう」という気持ちを改めて持ったと言う。今後の留学生活を後押ししてくれる父親と信頼し合える関係性を築くことができたと認識し、そのことで自分が選んだ留学継

続という道を進もうと決めたのである。

　Cは直接的に生活を支援してくれたアルバイト先の店長との関係について意識的に語っていた。

【対話4】
C　：自分はなんとかあったら、日本に困ったことがあったら店長さんと相談します。
筆者：ふーん。すごい親切な人だね。
C　：＜笑い：ふふふ＞
筆者：＜笑い：ふふふ＞へー、じゃ今も同じアルバイトしてるの？
C　：ああ、そうです。
筆者：別に、あれでしょ？中国にいたときから知り合い、お父さんの知り合いとか、そういうんじゃないでしょ？
C　：うん、違います。ただあとアルバイトに、なんとか探す時、ここに面接して、探したら、あの知り合いになった。
筆者：すごくいい人だね。
C　：はい＜笑い：はははは＞
筆者：へー、そんな人なかなかいないからね。
C　：そうですね。だから私も、自分が日本にいる、この人と会ったらすごく運がいいと思います。

　このように震災前から相談相手になってくれていた店長であるが、震災後はさらに大きな心の支えとなり、彼の支えがあったことはCが留学を続ける一因ともなっていたことがわかる。そしてCは改めて店長と自分との関係性を過去から現在を通して見直し、この人に会えたのは運がいいと語った。

　DやCの事例を見ると、今まで関わってきた身近な他者との関係性が震災を経て変化している。そして今まで強く意識していなかった信頼という形の関係性が再構築され、それを見直し、その人たちからの応援を実感することで、引

き続き留学生活を日本で送ろうという気持ちになっている。日本社会で店長との関係を見直したCの事例のように、災害時等の危機的状況にある場合、人的リソースが少ない留学生達[7]にとっては地域社会との繋がりが心の支えになり得るだろう。

一方、Qが持つ他者との関係性についての認識はどうであろうか。DやCの留学継続に作用している他者との関係性の再認識がポジティブなものと考えるならば、Qのライフストーリーには他者を批判的に見ることが日本にとどまろうという気持ちに作用している様子が表れている。以下の対話5からは、日本にいた外国人、特に自分の身近にいた仲間達も一斉に帰国したことに対して批判的な目を向けていることがわかる。

【対話5】

Q　：みんなあの、外国人、日本の、あのー、いいことだけでここに来る、みたいな勉強して**して、

筆者：うん。

Q　：で、あの、問題あってみんな逃げちゃう、ああ、出てきて、あの日本人だけ残ってる。あとなんかすごく寂しいな。

筆者：うん。

Q　：かわいそう＜笑い＞でも確かになんか両親、むこうが家族自分の家族あるから、みんな心配かけて。

筆者：うん。

Q　：それが、まあ、みんな色々な関係、考えあるから。

筆者：うん。帰／／[8]る。

Q　：　　／／帰っても、そうみんな帰っても悪くない。

7　留学生が一般の日本人学生に比べてハイリスクであり、危機において課題を解決するにあたっての人間関係、知識や情報、経済力といったリソースが少ないということについての言及は横田・白土（2004）に詳しい。

8　／／は一つ後の発話が重なったことを表す。

筆者：うん。
Q　：いても悪くないけど、ちょっと悪いだけで＜沈黙＞
筆者：うーん、なんかそういうふうにQさんに言ってもらうと、じゃ頑張んなくちゃなーって思うね。
Q　：私もがんばりたーい＜笑い＞。

　この対話中でQは離日した外国人達の行動を、日本の状況の良い時に来日し、都合が悪くなると去っていくといった日和見的なものと考え批判している。が、その直後に彼らの家族に対する思いへの理解も示している。彼らの心情も理解しているからこそ、批判する言葉もお茶を濁す形となり、さらに沈黙が生じている。沈黙からは明確な発話意図を読み取ることはできないが、自分の思っている言葉を日本語で表現できない可能性もある一方で、彼らを批判したい気持ちをそのまま言葉に出していいかどうかというためらいとも考えられる。この一連の対話の流れの終わりではQは「私もがんばりたい」と語っているが、これは離日した外国人達がとった行動と自分は異なる立場であることを顕示するものとも考えられる。またこの直後に対話6が展開した。Qが放射能の被害が及ばない地域に避難しないために周囲の人から「おかしい」と言われたことを語る場面である。

【対話6】
Q　：あの、悪いことの中に、なんかその中にいた、難しい。
筆者：うん
Q　：みんな聞かれると、私たぶんおかしい人と思ってる。なんで、はい。なんで、あの、東京出ないです。あの国も帰らない。関西も行かないし。
筆者：＜沈黙＞ああ。
Q　：で、地震があっても、私知りたい、もっと知りたいから、その中に＜沈黙＞いたい＜笑い＞。

先の対話5の経過の中で、自分の考えは離日した外国人達のものとは違うと感じたことが引き金となり、より自分の立場を明示するものである対話6が生まれたのであろう。自分が周囲から「おかしい」と見られたことで、かえって「逃げるという行為に背を向ける私」[9] を作り出している。離日する他の外国人達を見たり、自分がリスクの高い中にとどまりそのことで批判を受けたりすることを通して、彼らと日本社会、Q自身と日本社会の関係性の違い、そして彼らと自分は日本社会に対して異なる見方を持っている者どうしだという関係性を認識している。そしてそのことでQは一層「自分は日本にとどまりたい」という思いを強くし、今後東京で過ごす自分の姿を示している。

6.4　自己肯定感

　最後に3人とも自身の行動について肯定的に捉える語りをしている点に注目したい。この「自己肯定感」が、「日常性の維持への志向」「帰国への疑問」「他者との関係性の再認識」を通して固めつつあった「日本での留学生活の継続」の判断をより確定的なものにしている。
　ただしその肯定する対象はそれぞれ異なっている。Qの場合は留学継続を自分で決定したことに対しての肯定である。Qは本震直後かなり気が動転していたが、その後の事を話す際、地震についても放射能のリスクについても自分の責任で情報収集し、それほど怖いとは感じていなかったと語った。その上で東京にとどまって生活を続ける決意をしたと語った。以下の対話は筆者がQに、大使館から関西地方に避難するように言われたのは命令かと質問した場面からである。

9　同様に「逃げなかった」ことで自分とその社会との関係性を再認識している事例は、1995年の阪神・淡路大震災後の留学生の話にも見られる。詳細は浅田（1996）の中の留学生達による「座談会・震災体験と日本」を参照のこと。

【対話7】
Q　：東京だから、安全だなー。
筆者：安全だと思った。でも大使館の人はうるさく言わなかった？
Q　：大使館。
筆者：関西に行きなさいとか。
Q　：うるさくないけど、それはアドバイスだけ、
筆者：あそう。
Q　：はい、アドバイス。
筆者：命令じゃない。
Q　：命令じゃない、アドバイス。
筆者：うんうん。

　筆者には普段穏やかなQが強い口調で「命令じゃない、アドバイス」と言ったのが非常に印象に残った。このQの姿には他者に指示されて動く（動かない）のではなく、自分で行動を決定しようとする意志が現れている。他にもQは父親に、自分の判断で帰国しないことと決めたと電話で告げている。このようにQは他者との相互行為を重ねるうちに、「（リスクの高い東京から）逃げなかった自分」、「真剣に考えた自分」、「懸命に情報収集した自分」、「自らの意志で日本留学を継続する決定をした自分」という意識を強めており、それをインタビュー内で語ることで、自分の責任で決めた日本留学継続の道は間違っていなかったのだと言い聞かせているようだった[10]。

　Dの場合は震災後1週間帰国したことに対しての肯定感である。帰国して実家に滞在したこの1週間があったからこそ、今までの日本での多忙な生活を振り返ることができ、そして再び日本で生活し留学を続けることについて強い意志を持てるようになったと語っている。

10　小笠（2012）でもこの「自己肯定感」について「自分は逃げていないという自負」、「自分で留学継続を決めた」の2つの概念が提示されている。

【対話8】
D　：だから、そういう疲れた自分自身を、なにも、なにもない
筆者：うん。
D　：2週間だろうが1週間、もう休憩。予定にはなかった休憩ですね。
筆者：うん。
D　：だから続くことができた、と思って。
筆者：ふーん。
D　：また日本に来たら、だからこそそれがあったからこそ、もっと心構えも強くなったし。
筆者：うん。
D　：もっと頑張ろうっていうきっかけになったんですね。

　Cは来日し日本語学校、短大で過ごしてきた2年半の間に努力を重ねてきたことと、帰国すべきだという二つの考えの間で葛藤していたことは6.2で述べた。その努力を重ねてきた過去の自分を振り返り、以下のような対話が展開した。

【対話9】
C　：それでもう一つは、自分の夢は、す、じ。留学生として一人で、外国で暮らすことが、とてもつらいですよ。
筆者：うん。
C　：だから、この自分の夢のために、2年半つらいことも我慢しました。
筆者：うん。
C　：だからもうちょっとね、我慢すればなんかできるかなーと思った。

　このようにCは、自分の過去2年半の努力について自負しており、それを踏まえてこの先の日本での生活に期待を寄せている。「帰国への疑問」から日本での留学生活の継続に傾いた意志を、過去の自分を肯定することで強固なもの

にしている。さらに震災発生10か月後に行ったこのインタビュー時において、帰国ではなく留学の継続を選んだことを振り返り、「(あの時)帰らなくてよかった」と語っている。結果的に希望の大学の編入試験に合格したからであろうが、そうしたインタビュー時（現在）から、帰国せずにさらに努力を続け留学生活を送ろうという決意を固めた過去を「照合」（やまだ 2000: 148）し、肯定的に自身を評価している姿である。

6.5 留学生達のライフストーリーからの提言

　以上のように、今回インタビューに協力してくれた留学生達の語りから、帰国ではなく日本で留学を続ける選択肢を選んだ背景とプロセスについて考えることができた。そこからは、震災という非日常性を経た上で新たに構築された「日常性の維持への志向」、直ちに国に帰ってもこれまでの日本での努力を重ねた生活に見合うものがあるのかという「帰国への疑問」、震災をきっかけにして生まれた「他者との関係性の再認識」、そして日本留学の継続の判断、震災後の一時帰国、震災前の自分の努力等自分の行動を認める「自己肯定感」等の特徴的な点が見られた。これらの点の背景ではそれぞれの留学生と他者を含む社会、社会的状況、過去の「私」、未来の「私」との相互行為が幾度となく繰り返されており、その過程において自分自身が認める「私」が再構築されていることがわかる。Qのライフストーリーには、それまでの日常とは異なって「寂しそう」な東京から離れがたくなったQの姿が見られる。そして、周囲の外国人には東京にとどまる気持ちを理解してもらえず、「おかしい人」と思われながらも、震災前と変わらない生活を続けることを志向し、東京から離れずにいようという自分の意志を肯定している「私」が確認できる。Dのライフストーリーでは、一時帰国の後、父親との相互行為を経て、D自身と父親との信頼関係の構築を認識する「私」が見られる。Cのライフストーリーからは、震災後の恐怖から帰国を切望する一方で、将来の自分の夢を再確認し、またこれまで苦労を重ねてきた過去の自分を振り返り、さらにアルバイト先の店長のよ

うな周囲の他者との関わりに支えられていることを実感している「私」が現れている。三者ともこのように多面的で複合的な「私」を経て、それまでの「日本で留学している私」とは異なる新たなアイデンティティ、「それでも日本で留学生活を続ける私」を構築していることがわかる。このアイデンティティは決して固定的、静的ではなく、他者や社会的状況と交渉を繰り返す中で常に変容している。この構築の過程を見る限り、彼らは帰国するか、あるいは日本留学を続けるかの決定を短絡的にしたわけではなく、彼らなりの自問自答や熟考を重ね、「ありたい私」の姿を模索しながら下した判断であったと言える。

　また、Qは震災前に日本の留学生活でしたかったことと震災後の日本社会を見て抱いた今後したいこととは異なっていると言った。Dはそれまでの「留学」の意味は「軽かった」と語り、震災後に抱いた「留学」とは異なっていたと語っていた。このようにそれぞれが持つ「留学」の意味は震災前と震災後では変化が生じている。そしてこの意味の変化は、震災前の「日本で留学している私」から新たなアイデンティティである「それでも日本で留学生活を続ける私」の構築にも強く関わっていたと言えるだろう。

　今回調査協力をしてくれた留学生達は、迷いながらも震災後も留学継続を決意し、この新たなアイデンティティを構成しつつ留学生活を続ける結果に至った。しかし一方で、留学生の中には原発事故の影響に危機感を持った家族から強く帰国を要請され、「留学」の意味を問い直す間もなくやむなく留学継続を断念した者もいるし、日本にとどまりながらも「留学」の意味を見失った者もいるかもしれない。このように不測の出来事が、留学生が持つ「留学」の意味の変化、「留学」に対するモチベーションの変化を招く可能性があることを、我々は受け止めなければならない。

　今回の震災を経験した留学生のライフストーリーから私たちは何を考えるだろうか。「震災後○％の留学生が帰国した」、「○％の留学生が大学に残った」という数値上の結論に目を向けるばかりではなく、留学生それぞれが震災を通して日本社会で見たもの、感じたこと、また震災後も日本で留学生活を続けるという判断に行き着いたプロセス、そして留学生一人一人の中に生じた「留学」

の意味の変容等をより深く、より多角的に見ることが必要なのではないだろうか。高倉 (2012) は東日本大震災において被災地となった東北大学の学生、教職員等の関係者の震災に関する語りの記録を掲載した『聞き書き　震災体験　東北大学90人が語る3.11』(とうしんろく2012) の中で「個人の体験がどのようなものであったのか、同じ人間として向き合いながら聞き、理解に努めるということが行われなければならない」(p.23) と述べ、留学生に関しては「どのような思いで故国に帰国していったか、あるいは大学にとどまるという意志を固めたのか、それらは決してひとくくりにまとめることはできないし、類別するべきではない」(p.24-25) と論じている。本稿で取り上げた留学生達は甚大な被害を経験したわけではないため、この本に集められている被災の体験と同列には扱えない。しかし、震災の影響を受けたそれぞれの人間の個人的・主観的な経験の理解に努めることの重要性、また「自己責任」のもとで下したそれぞれの留学生の判断に対する配慮の必要性は、震災後の社会に挙げられた共通する課題と考えられる。これは留学生達の生活を理解し支援するためにも、また各々の立場での震災経験を風化させないためにも意味を持つものであろう。さらにはそれらを今後の留学生の生活指導、学習指導に生かすために検討を重ねる[11]ことは、日本語教育を含めた留学生教育において重要な課題と言えるだろう。

7　「やさしさ」について考える

　最後に本論文集のキーワードである「やさしさ」の観点を通して、留学生と

11　名古屋大学では東日本大震災後の留学生への対応の記録が一般公開されている。詳細は北山 (2011)、山口 (2012) を参照のこと。後者の山口 (2012) には被災地にある東北大学、東北からの被災者の避難ルートとなった地にある新潟大学、被災地から離れた場所に位置する名古屋大学での震災後のスタッフの対応の記録が書かれており、場所によって異なる対応の比較を見ることができる。

他者の相互行為や留学生の「私」の構築の様子、そして彼らがとどまると判断した日本社会について考えていきたい。

　Qのケースでは、震災後の東京の街に対し「悲しそう」、「寂しそう」というQの思いが見られた。そのような東京に寄り添い、自分は「おかしい人」と思われようともここに残ろうとし、そして災害があっても災害前と同じように経済活動を持続しようとする日本社会に対して敬意を抱き、災害後の日本社会の「力になりたい」というQの思いは、Qの日本社会に対する「やさしさ」と見ることができるだろう。またDは、震災、原発事故を経験した日本社会が外国人に悪く見られるようになるのではないか、と思いやっていた。国際的にダメージを受けた日本社会に対する彼なりの「やさしさ」を映し出している。そしてCのケースでは、震災後、戸惑うCに対して優しく接してくれ、不安を取り除こうとするアルバイト先の店長の「親切心」という「やさしさ」が、Cの日本にとどまるという意志に影響していた。そしてC自身も日本にとどまることで店長の「やさしさ」に応えようとしていた。このような、店長の「やさしさ」に対するCの「恩返し」が、彼女の「やさしさ」であったと筆者には感じられた。

　留学生達のライフストーリーから見えてくるこのような「やさしさ」は、明らかに「やさしさ」を示す行為として前景化されたものではない。日本での生活を続けようという判断までのプロセスの中で、筆者が「やさしさ」と読み取ったものでり、ライフストーリーの読み手によっては「やさしさ」としては見えてこないかもしれない。そもそも「やさしさ」とは極めて主観的なものであるため、普遍的な基準を設けて分析できる対象ではない。しかし、筆者がここで見た彼らの行為は、相手（この場合、東京の街や日本社会、店長）を思いやる気持ちである。思いやる気持ち、すなわち「やさしさ」を向ける相手の存在があったからこそ、留学生自身もその相手に関わりながら日本での生活を続けたいと望んだのだろう。この「やさしさ」とは、それを向ける相手に対して起こしたものであるが、同時にその主体自身にも作用する性質があり、最終的には留学生達の「それでも日本で留学生活を続ける私」にも反映してくる相互作

用的なものであると言えるのではないか。

　さらに、留学生を受け入れる我々ホスト側社会の姿勢も、こうした「やさしさ」の視点で見直してみたい。ライフストーリーを見る限り、本稿に登場した留学生達は次から次へと押し寄せる膨大な情報に翻弄されていた。今回の震災で、社会はテレビ、ラジオ、口コミ、インターネット等による情報過多状態に陥り、さらに通信手段の発達から留学生達の国でも即時に日本の震災の報道がなされた。それを見て懸念した家族たちから国での報道を電話で聞かされ、改めて事態の大きさを認識し戸惑う留学生もいた。量の面だけでなく情報の内容理解の面でも、原発事故については意味を理解できない特有の専門用語が飛び交い、日本語を母語としない彼らがこれらの情報を把握し必要な事柄を選別するのは非常に難しかったという問題があった。そのような中、日本国外への避難を急ぎ、空港や入管に殺到した外国人住人達の行動を「無知や不安に駆られただけの無分別な行動と見てしまっていた」（若松 2012: 174）と、その姿勢[12]を反省し、彼らの行動を「平常時とは異なる状況に適応するための必死に努力する」（若松 2012: 174）、生きる上で当然の姿であると受け留めることも、「やさしさ」のひとつの形ではなかったかと筆者は考える。

　留学生の帰国、あるいは留学継続の判断についても同様で、上に記したように、膨大な情報の中で、日本を離れ帰国するのか、それとも日本にとどまるのかという判断は留学生自身の自己責任に帰するとし、彼らを困難な状況に追い込むだけにしていなかったか。そして彼らが帰国しなかったことに対して、受け入れ側はただ喜んでいるばかりでよかったのか。あるいは帰国を決めた留学生に対しては、「留学中断（留学継続を断念）」という安易な言葉で片付け、その判断に至るまでのプロセスや背景にある諸々の事情、そして彼らの胸の内に対して理解を示さないということはなかったか。筆者はこれらの問いに答えを

12　橋本（2012）も、震災後離日した外国人住人の行動を、日本にとどまるか帰国するかの苦渋の選択であったとし、「慎重に且つ難しい判断を迫られての結果だった」（p.241）と述べ、彼らが安易な選択をしていたという記事を載せた報道について言及している。

持っているわけではない。また、一つの解答が導き出せる問いでもない。しかし、震災から4年が経過しようとしている今[13]、それぞれの立場、状況で震災に遭遇した留学生達の行動や心境のプロセスを今一度精査し、結果的に今回の震災、原発事故が彼らの生活や将来の進路に、そして日本の留学生教育のフィールドにどのような影響を及ぼしたのかを再考する時期にあるのではないか。そして、今回用いた「やさしさ」という視点は、多くの価値観が混在するフィールドの中で人々の相互行為を考察する際に、ひとつの道標となる可能性があるのではないかと提案したい。

参考文献
浅田豊(1996)「震災体験を語る──日本・日本人像の変容」鈴木正行(編)『阪神・淡路大震災　その時留学生は　神戸が好きになりました』川島書店, 35-60.
石川良子(2013)「ライフストーリー研究の意義と可能性」『2013年度日本語教育学会春季大会予稿集』81-83.
遠藤薫(2011)「序章　われわれは東日本大震災から立ち直れるのか」遠藤薫(編)『大震災後の社会学』講談社現代新書, 13-43.
小笠恵美子(2012)「災害後の留学継続の判断要因──短期留学生の場合」『アカデミック・ジャパニーズ・ジャーナル』第4号, 45-50.
北山夕華(2011)「東日本大震災にともなう交換留学生への対応」『名古屋大学留学生センター紀要』vol.9, 151-155.
桜井厚(2005)『ライフストーリー・インタビュー　質的研究入門』せりか書房
佐藤正則(2013)「元私費留学生のライフストーリーから　＜選択＞の意味」『2013年度日本語教育学会春季大会予稿集』87-90.
佐藤正則(2014)「日本語教育を実践する私がライフストーリーを研究することの意味　元私費留学生のライフストーリーから」『リテラシーズ』14, 55-71.
塩原良和(2011)「コメント」『神奈川の外国人コミュニティのこれから──東日本大震災と多文化共生の地域づくり』(資料)
鈴木江理子(2012)「東日本大震災が問う多文化社会・日本」駒井洋(監修)、鈴木江理子(編著)『東日本大震災と外国人移住者たち』明石書店, 9-32.
高倉浩樹(2012)「「とうしんろく」の経験──個人的・主観的な体験と記憶の価値」と

13　2015年2月現在

うしんろく（東北大学震災体験記録プロジェクト）（編），高倉浩樹・木村敏明（監修）『聞き書き　震災体験──東北大学90人が語る3.11』新泉社，22-27．
橋本直子(2012)「国際移住機関（IOM）による人道的帰国支援と在日外国人らの選択」駒井洋（監修），鈴木江理子（編著）『東日本大震災と外国人移住者たち』移民・ディアス研究2，明石書店，233-243．
松本明香(2012)「日本で留学を継続する私──中国人女子学生のライフストーリーをもとに」『日本語教育方法研究会誌』vol.19,30-31．
山口博史(2012)「大規模災害への国内大学留学生関連スタッフの対応──東日本大震災フィールドノートからの予備的考察」『名古屋大学学術機関リポジトリ』
　　http://ir.nul.nagoya-u.ac.jp/jspui/bitstream/2237/16323/1/%e5%a4%a7%e8%a6%8f%e6%a8%a1%e7%81%bd%e5%ae%b3%e3%81%b8%e3%81%ae%e5%9b%bd%e5%86%85%e5%a4%a7%e5%ad%a6%e7%95%99%e5%ad%a6%e7%94%9f%e9%96%a2%e9%80%a3%e3%82%b9%e3%82%bf%e3%83%83%e3%83%95%e3%81%ae%e5%af%be%e5%bf%9c-1.pdf（2013年10月7日最終アクセス）
やまだようこ(2000)「人生を物語ることの意味──なぜライフストーリー研究か？」*The Annual Report of Educational Psychology in Japan*, 146-161．
横田雅弘・白土悟(2004)『留学生アドバイジング──学習・生活・心理をいかに支援するか』ナカニシヤ出版
読売新聞「大学、9割以上に復帰／鈍い日本語学校、経営に影響」（2011年6月21日掲載記事）
若松亮太(2012)「災害時の情報アクセスと内容理解──外国人住民の「混乱」の背景にあるもの」駒井洋（監修），鈴木江理子（編著）『東日本大震災と外国人移住者たち』移民・ディアス研究2，明石書店，174-189．

おわりに

義永　美央子

　本書は、『正しさへの問い――批判的社会言語学の試み』(2001年／2009年に新装版を刊行)、『共生の内実――批判的社会言語学からの問いかけ』(2006年／2011年に新装版を刊行) という批判的社会言語学シリーズの三作目である。第一作から全てに関与している山下・野呂・植田、第一作に関わり今回改めて参加した義永の他、本書では大阪大学大学院言語文化研究科の修了生である藤原・松本・布尾・石部、同研究科の院生である中島が加わった。執筆者たちの経歴や現在の仕事、研究上の方法論や立ち位置はさまざまであるが、全員がことばの教育や研究に携わっているという共通点がある。ことばは決して真空の中で使われるのではなく、ことばを使うその場その場で特定のものの見方や関係性が構築されるという意味で、きわめて社会的・政治的なものである。ことばを使ったり、教えたりする際に、ある集団の価値観を無批判に伝えるのではなく、ことばのもつ社会性、政治性に自覚的でありたい。本書はこのようなスタンスを共有しながら、「やさしさ」という古くて新しい価値を提案している。

　とはいえ、「やさしさ」は「優しさ」「易しさ」という多義性をもっており、どこか曖昧模糊としてとらえどころがない。執筆者が互いの原稿を読みあい、意見を交換するなかでも、「結局、やさしさってなんだろう？」と何度も皆で頭を抱えた。そんな中、執筆者の一人から出されたコメントを以下引用する。

　　拙稿も間違いなくそうなのですが、他の皆さんの論考を読んで、本論文

集で提案される「やさしさ」の多くは、旧来の目に見えて「やさしくないもの」に対する対案ではなく、見た目の上では「やさしいもの［と、当人たちは思い込んでいる（いた）もの］」を置き換える提案であると感じました。問題がやさしさの相克となるために話がややこしくなりますが、(中略)「『旧』やさしさ」の解体を明示する必要があると感じました。

　前二作は「正しさ」「共生」という、私たちが生きる社会で間違いのない「善」と考えられがちな価値観への再考を促すものであったが、一見やさしいものの中に潜む独善性やあやうさを検討するという点で、実は本書も前二作と共通のテーマを扱っているのかもしれない。本書の執筆は、執筆者自身にとっても自らの生活や社会との関わりを反省的に振り返る機会となった。「やさしさ」の中に潜む独善性やあやうさ、それは決して「彼ら」の問題ではなく、私たち一人一人の問題だと、自戒をこめて書いておきたい。しかし、自らを顧み、またそれを他者と分かち合い、何らかの行動に移すことで、私たちの社会は少しずつ変わっていくだろう。このような思いをこめて、本書を世に送り出すことにした。本書の内容に共感してくださる方だけでなく、疑問や反論をお持ちの方とも本書をきっかけに何らかの対話ができれば、これに勝る喜びはない。

　本書の出版にあたっては、三元社編集部の石田俊二さんに大変お世話になった。また原稿の整理・校正について、大阪大学研究支援員制度の支援を得て、文学研究科博士後期課程の藤原京佳さんにご尽力いただいた。記して感謝したい。

2014年12月

索引

A-Z

AOTS　053-054, 058
EPA（Economic Partnership Agreement）　045-051, 053-055, 058-059, 062-063, 065-066, 068, 073, 110
HIDA　053
JICWELS　047, 052, 064
KJ法　077
MannWhitneyのU検定　080, 082
PAC分析　077
Spearmanの順位相関分析　080, 082
SPEEDI情報　214, 216, 223, 226-227

あ

アイデンティティ　019, 030-031, 035, 037, 040, 129, 137, 154, 158, 242, 244, 246, 268
アコモデーション　099
言い換え　120, 218-222, 225, 230, 233, 235, 238
医学コミュニケーション　116
伊沢修二　141-143
異文化交流　167, 200
異文化理解　167, 200
依頼者　201-203
医療コミュニケーション　105, 107, 116-118, 120
医療社会学　107, 114
医療人類学　115
インテグレーション　125, 134-137, 148-149
隠蔽　211, 213-214, 225, 238
ウェルフェア・リングイスティクス　109
エンパワメント　020-021

か

海外技術者研修協会（AOTS）　053
海外産業人材育成協会（HIDA）　053
外国人住人　243-244, 271
介護福祉士候補者　045-048, 050-051, 055, 059, 062, 066, 068, 110
解釈可能化　099
開発教育　100-101
家父長主義（パターナリズム）　115-116
川本宇之介　138-142
看護師候補者　045-048, 050-051, 054-056, 060, 062, 065-066, 068, 110
患者中心の医療　115
患者役割　114
規範　020, 029, 073-075, 078, 081, 086, 088-089, 097-100, 131, 143, 165, 170, 186-187, 189-192, 194-199, 201, 203, 207
欺瞞　211-212
共生言語としての日本語　021, 029
共生日本語　022, 027-030, 032, 040, 066
共通語　030, 106-108, 110, 112-114, 118
近代的言語観　125, 128, 141, 145-149, 159-160
敬語観　073, 076-077, 095-096, 098, 100-101
敬語（不）使用　073, 098-099
敬語使用意識　073, 076, 078-081, 095-096, 099
敬語体系の簡素化　077, 086
敬語の回避　077, 089, 097-098, 100
経済連携協定（EPA）　045, 055, 059-060, 062-063, 110
ケセン語　108
言語景観　165-167, 198
言語権　125, 128, 149, 152, 154-155, 157-160
言語的少数者　126, 150-151, 154, 157
言語の商品化　165, 167, 200, 204
原子力産業　209-211
原子力帝国　209-210, 228-229, 238
原発事故　210-212, 214, 216, 225-226, 229, 238, 241-242, 244, 268, 270-272
合理的配慮　067
口話主義者　138-141, 143-144, 146-148, 160
口話法　125-126, 128, 130-131, 133, 137-151, 160
国語　036, 125, 128, 139, 141, 143-148, 160

国際厚生事業団（JICWELS）　047, 052, 064
国会事故調　209, 213-214, 217, 226, 238
子供の20ミリシーベルト問題　214-216, 221, 223
これからの敬語　096, 101
根拠に基づく医療　115, 119

さ

サイエンス・カフェ　117
自己肯定感　264-265, 267
自己責任　243, 269, 271
就学コース　048
就労コース　048
商品化　172, 186, 198, 200-202, 204
情報保障　047, 066-067, 110, 129
人事　153, 155
スピーチレベルシフト　076
世界英語　038
接触場面　026-029, 078, 098-099
設置者　168
選挙フェス　229-231, 233, 235-236
戦争メタファー　235
専門用語　059, 061, 106, 118, 120, 271
相互理解　033, 075, 111, 167, 200

た

対価　186, 198, 201-203
多言語社会　129, 146-147, 149, 159-160, 166
多言語表示　165-168, 191, 198, 200-201, 203-205
多元文化社会　073, 075
他者との関係性　035, 260-262, 264, 267
談話的実践　212, 230, 233, 235, 237
同化主義　066, 100, 141
どうぞ　165, 167-170, 172-173, 179, 184-189, 197-198, 200-205, 207

な

西川吉之助　138-142
日常性　255, 257-258, 264, 267

日本語第二言語話者　073, 089, 099
日本語対応手話　128, 130-131, 152-153, 156-157, 159
日本語の所有権　037-038
日本語の作り直し　045, 047, 068-069
日本手話　125, 128-131, 150-160
入力者　202-203

は

橋村徳一　138-142, 144
パターナリズム　115-116
東日本大震災　022, 109, 226, 241, 243-246, 269
（批判的）談話分析　115, 212, 238
表示内容決定者　194, 196, 202-203
表示物作成者　191, 202-203
複言語・複文化主義　019, 021, 031-036, 038-039, 129
ベルギー　106-107, 119
放射能　191, 215-216, 241-244, 248, 252-254, 257, 263-264
母語場面　027, 078, 098
母語場面の日本語　028-029
母語話者の接触能力　022, 026

ま

緑の党　229, 236
三宅洋平　209, 213, 229-231, 233-235, 237-239
民主主義　210, 234-238
メシノタネ　019, 200-201, 203
物語と対話に基づく医療　118
文部科学省　130-132, 135, 153, 155-158, 160, 213-215, 218-220, 223-224, 226

や

やさしい日本語　022-025, 032, 064, 066, 068
やさしさ　019-022, 032, 036, 038-039, 045, 066, 069, 101, 107, 118, 120, 127-128, 138, 141-142, 146-149, 158-160, 166-167, 198, 200-201, 209-210, 228, 241-242, 269-272
有識者検討会　059
ユニバーサルデザイン　023, 066-068
ユンク、ロベルト　209-210, 228-229, 237-238

ヨーロッパ言語共通参照枠　021

ら

ライフストーリー　074, 241-242, 244-246, 248, 250, 253, 255, 259, 262, 267-268, 270-271
留学生　019, 037, 078, 089, 092-094, 098-099, 106, 241-248, 251, 255-256, 258-260, 262, 264, 266-272
留学生活　241-242, 245-246, 254-255, 257-260, 262, 264, 266-268, 270
臨床方言学　105, 109-110, 112-114
ろう学校教員　125, 128, 149, 151, 153, 155, 157-158, 160
ろう教育　036, 125-129, 131, 133-136, 138, 141, 143-147, 149-151, 153-156, 159-161

執筆者紹介

義永　美央子（よしなが　みおこ）IIIIIIIIIIIIIIIIIIIIIIIIIIIII 編者・第1章・おわりに
【現職】大阪大学国際教育交流センター教員（大阪大学大学院言語文化研究科兼任）
【専門】日本語教育学、応用言語学
【著書】『日本語教育学の歩き方』大阪大学出版会、2014年（本田弘之／岩田一成／渡部倫子との共著）。
【主要論文】「ネイティブスピーカー再考」野呂香代子／山下仁編著『「正しさ」への問い——批判的社会言語学の試み』三元社、2001年。「伝達能力を考える」西口光一編著『文化と歴史の中の学習と学習者』凡人社、2005年。「第二言語習得研究における社会的視点——認知的視点との比較と今後の展望」『社会言語科学』第12巻第1号、2009年。「学習者の特性に配慮した基礎日本語教育のデザイン」『留学生大量受け入れ時代に向けた大学における新たな日本語スタンダードの構築』平成21-24年度科学研究費補助金（基盤研究B、課題番号21320093、研究代表者西口光一）研究成果報告書、2013年。「日本人中学生の異文化受容態度とその関連要因——米国・中国との比較から」『異文化間教育』40、2014年（潘英峰との共著）。
【翻訳】ロン・スコロン「行為とテクスト——社会的（相互）行為におけるテクストの位置と媒介された談話の分析と社会的行為の問題を統合的に考える」ルート・ヴォダック／ミヒャエル・マイヤー編著『批判的談話分析入門——クリティカル・ディスコース・アナリシスの方法』三元社、2010年。

山下　仁（やました　ひとし）IIIIIIIIIIIIIIIIIIIIIIIIIIIIIIIIIIIII 編者・はじめに
【現職】大阪大学大学院言語文化研究科教員
【専門】社会言語学、ドイツ語学
【著書】野呂香代子／山下仁編著『「正しさ」への問い——批判的社会言語学の試み』三元社、2001年。植田晃次／山下仁編著『「共生」の内実——批判的社会言語学からの問いかけ』三元社、2006年。Claus Ehrhardt / Eva Neuland/ Hitoshi Yamashita (Hrsgs.): *Sprachliche Höflichkeit zwischen Etikette und kommunikativer Kompetenz*. Peter Lang、2011年。渡辺学／山下仁編著『講座ドイツ言語学3——ドイツ語の社会語用論』ひつじ書房、2014年。
【主要論文】「読めたのに読み解くことのできなかった原発安全神話」『ことばと社会』14号、2012年（野呂香代子との共著）。„Die verschleiernde Funktion der Sprache". In: Karina Schneider-Wiejowski / Birte Kellermeier-Rehbein / Jakob Haselhuber (Hrsgs.): *Vielfalt, Variation und Stellung der deutschen Sprache*. De Gruyter、2013年。「社会言語学から見た未来共生学の課題」『未来共生学』、2014年。

布尾　勝一郎（ぬのお　かついちろう）|||||||||||||||||||||||||||||||||||||||||||||||| 第2章
【現職】佐賀大学全学教育機構教員
【専門】日本語教育学、社会言語学（言語政策など）、批判的談話分析
【主要論文】「大阪における多言語表示の実態——まちかど多言語表示調査、外国人へのアンケート調査、行政・鉄道への聞き取り調査から」『言語の接触と混交』大阪大学21世紀COEプログラム「インターフェイスの人文学」、2006年（佐藤誠子／山下仁との共著）。「日本人の共生意識——外国人イメージ・言語意識・言語サービスに関するインタビュー調査から」『言語の接触と混交』、大阪大学21世紀COEプログラム「インターフェイスの人文学」、2007年（佐藤誠子／WOO WAI SHENGとの共著）。「自己について語る新聞社と『公正さ』——毎日・朝日の将棋名人戦争奪報道をめぐって」『社会言語学』VII、2007年。「『身内』の不祥事報道における新聞の隠蔽・自己正当化ストラテジー——第三者名義株式保有問題を題材に」岡本能里子／佐藤彰／竹野谷みゆき編『メディアとことば』第3巻、ひつじ書房、2008年。「インドネシア人看護師・介護福祉士候補者受け入れに関する新聞報道——『日本語』と『イスラム教』をめぐる記述の問題点について」『社会言語学』IX、2009年。「海外からの看護師候補者に対する日本語教育」『日本語学』Vol.30/2、2011年2月号。「言語政策的観点から見たEPA看護師・介護福祉士候補者受け入れの問題点——国家試験に関する有識者検討会をめぐって」『社会言語学』XII、2012年。「看護師・介護福祉士候補者に対する専門日本語教育——初級からの取り組み」『専門日本語教育研究』第15号、2013年。「看護師・介護福祉士候補者受け入れをめぐる国会での議論の分析——日本語教育政策の観点から」、『社会言語学』XIV、2014年。

藤原　智栄美（ふじわら　ちえみ）|||||||||||||||||||||||||||||||||||||||||||||||| 第3章
【現職】立命館大学政策科学部教員
【専門】日本語教育学、社会言語学
【主要論文】「社会文化の接面に立つ学習者を理解する」西口光一編著『文化と歴史の中の学習と学習者——日本語教育における社会文化的パースペクティブ』凡人社、2005年。「日本人とインドネシア人の『断り』に見られるラポートマネージメント——発語内行為領域と参加領域に関する分析より」『言語と文化の展望』英宝社、2007年。「韓国人日本語学習者の敬語観に関する一考察」『ユーラシア研究』8/4、2011年。「工学系大学院留学生は留学生活をいかに捉えているのか——PAC分析による事例考察」『留学生交流・指導研究』16号、2014年（杉浦秀行との共著）。
【翻訳】バーナード・スポルスキー「世代間言語継承を展望する——モデル構築と例証」パトリック・ハインリッヒ／松尾慎編著『東アジアにおける言語復興——中国・台湾・沖縄を焦点に』三元社、2010年。

石部　尚登（いしべ　なおと）|||||||||||||||||||||||||||||||||||||||||||||||| 第4章
【現職】日本大学理工学部教員
【専門】社会言語学、地域研究（ベルギー）
【著書】『ベルギーの言語政策——方言と公用語』大阪大学出版会、2011年。『「ベルギー」

とは何か？――アイデンティティの多層性』松籟社、2013年（岩本和子との共編）。
【主要論文】「領域性の原理と単一言語主義――ベルギーの言語政策のナショナリズム的側面について」『ことばと社会』第12号、2010年。「ヨーロッパにおける『言語の領域性』――ベルギーの政策的言語境界線の生成と固定について」『多言語社会研究会大会年報』第6号、2011年。「多言語主義と相互学習主義――ベルギーにおける第2言語教育から」『言語政策』第7号、2011年。「フラーンデレンおよびワロニーにおけるケベックの言語政策の影響」『ケベック研究』第6号、2014年。
【翻訳】ロバート・フィリプソン著『言語帝国主義――英語支配と英語教育』三元社、2013年（平田雅博／原聖／浜井祐三子／細川道久／信澤淳との共訳）。

中島　武史 (なかしま　たけし) ||||||||||||||||||||||||||||||||||||||| 第5章
【現職】大阪市立聴覚特別支援学校教員、大阪大学大学院言語文化研究科博士後期課程在籍
【専門】社会言語学、ろう教育
【主要論文】「聾学校におけるろう児と教師の関係性と低学力」『社会言語学』XIII、2013年。「ろう児に対する英語リスニング試験の妥当性について」『言語文化共同プロジェクト2013　批判的社会言語学の展望』2014年。

植田　晃次 (うえだ　こうじ) ||||||||||||||||||||||||||||||||||||||| 第6章
【現職】大阪大学大学院言語文化研究科教員
【専門】社会言語学、朝鮮語学
【著書】植田晃次／山下仁 編著『「共生」の内実――批判的社会言語学からの問いかけ』三元社、2006年。
【主要論文】「『総聯朝鮮語』の基礎的研究――そのイデオロギーと実際の重層性」野呂香代子・山下仁編著『「正しさ」への問い』三元社、2001年。「批判的社会言語学からの接近」野間秀樹 編著『韓国語教育論講座』第2巻、くろしお出版、2012年。「金島苔水とその著書――日本近代朝鮮語教育史の視点から見た商業出版物としての朝鮮語学習書」李東哲主編『日本語言文化研究』第三輯（上）、延辺大学出版社、2014年。

野呂　香代子 (のろ　かよこ) ||||||||||||||||||||||||||||||||||||||| 第7章
【現職】ベルリン自由大学言語センター日本語講座教員
【専門】社会言語学、日本語教育学
【著書】野呂香代子／山下仁編著『「正しさ」への問い――批判的社会言語学の試み』三元社、2001年。
【主要論文】「読めたのに読み解くことのできなかった原発安全神話」(山下 仁との共著)『ことばと社会』14号、2012年。「批判的談話分析」渡辺学／山下仁編著『講座ドイツ言語学3――ドイツ語の社会語用』ひつじ書房、2014年。「『環境・エネルギー・原子力・放射線教育』から見えてくるもの」ひつじ書房、2015年（印刷中）。「学習者の日常を取り入れた活動とは？――経験知重視の対話に基づく授業設計」ドイツ語圏大学日本語教育研究

会『Japanisch als Fremdsprache Vol.4』OSTASIEN Verlag、2015年（印刷中）（三輪聖との共著）。
【翻訳】テウン・ヴァン・デイク「談話に見られる人種差別の否認」山下仁／植田晃次編著『「共生」の内実——批判的社会言語学からの問いかけ』三元社、2006年（山下仁との共訳）。ルート・ヴォダック／ミヒャエル・マイヤー編著『批判的談話分析入門——クリティカル・ディスコース・アナリシスの方法』三元社、2010年（監訳）。デボラ・カメロン「アイデンティティ、差異、パワー」林宅男監訳『話し言葉の談話分析』ひつじ書房、2012年。

松本　明香（まつもと　はるか）　第8章
【現職】東京立正短期大学現代コミュニケーション学科教員
【専門】日本語教育学
【主要論文】「能動的な学習の実態——外国人生徒の日本語学習場面における会話分析」『言語文化と日本語教育』第24号、2002年。「何が留学継続を決定させたのか——東日本大震災後に行った留学生に行ったインタビューより」『東京立正短期大学紀要』第40号、2012年。「『防災を考えよう』の実践——日本事情クラスで行う意義と可能性」『アカデミック・ジャパニーズ・ジャーナル』、第6号、2014年。

ことばの「やさしさ」とは何か
批判的社会言語学からのアプローチ

発行日　初版第 1 刷　2015 年 3 月 25 日

編　者　義永美央子＋山下仁
　　　　©Yoshinaga Mioko + Yamashita Hitoshi

発行所　株式会社 三元社
　　　　〒107-0052　東京都港区赤坂 2-10-16　赤坂スクエアビル
　　　　電話／03-5549-1885　FAX／03-5549-1886
　　　　http://www.sangensha.co.jp

印刷　　モリモト印刷株式会社
製本　　株式会社越後堂製本
コード　ISBN978-4-88303-383-6

printed in Japan